◎中国现代文化世家丛书（第二辑）

春梦水流痕
——合肥张氏家族文化评传

陈泓 著

国家出版基金项目
NATIONAL PUBLICATION FOUNDATION

郑州大学出版社

图书在版编目(CIP)数据

春梦水流痕:合肥张氏家族文化评传/陈泓著.—郑州:郑州大学出版社,2015.12(2016.8 重印)

(中国现代文化世家丛书.第二辑)
ISBN 978-7-5645-2738-9

Ⅰ.①春…　Ⅱ.①陈…　Ⅲ.①家族-文化研究-合肥市　Ⅳ.①K820.9

中国版本图书馆 CIP 数据核字(2015)第 307420 号

郑州大学出版社出版发行
郑州市大学路 40 号　　　　　　　邮政编码:450052
出版人:张功员　　　　　　　　　发行电话:0371-66966070
全国新华书店经销
河南安泰彩印有限公司印制
开本:710 mm×1 010 mm　1/16
印张:14.25
字数:210 千字
版次:2015 年 12 月第 1 版　　　　印次:2016 年 8 月第 2 次印刷

书号:ISBN 978-7-5645-2738-9　　定价:42.00 元
本书如有印装质量问题,请向本社调换

中国现代文化世家丛书
编辑委员会名单

◎

主　　编　詹福瑞　党圣元　张鸿声
执行主编　骆玉安
成　　员　（以姓氏笔画为序）
　　　　　　马　达　王　锋　王同毅
　　　　　　王振羽　王莉娟　孔庆茂
　　　　　　叶　新　冯保善　刘士林
　　　　　　刘成纪　刘运来　苏克勤
　　　　　　李风宇　李道魁　吴　昕
　　　　　　何晓红　沈卫威　张　霞
　　　　　　张功员　张志林　张鸿声
　　　　　　赵金钟　骆玉安　党圣元
　　　　　　徐　栩　凌　青　黄　轶
　　　　　　詹福瑞
主编助理　张　霞　席静雅

·代总序·
跨越时空的文脉

◎

在中华民族五千年的文明史上,"家"与"国"总是作为一个不可分割的社会有机体相伴而存。历史的长河滚滚向前,更迭不已的朝代衍生的名门望族难计其数。这些显赫家族中的一部分在繁衍存续中以文化为纽带,形成独特的群体,成为文化世家。这些文化世家及其杰出人才为华夏文化的传承与发展发挥过巨大的示范作用,在一定程度上影响着中国历史与文化发展的进程。如:齐鲁大地上以孔子肇始的孔氏世家,享誉儒林两千余年,堪称"中国第一文化世家";义宁的陈氏家族以陈宝箴、陈三立、陈寅恪而负盛名;杭州钱塘的钱氏家族,因千余年来文风昌盛、人才辈出而被誉为江南望族;安徽桐城方氏家族,自明末至今一直享誉文坛,有"中国近世三百年第一文化世家"之称。

改革开放以后,特别是20世纪90年代以降,中国进入新的文化复兴时期,国人比以往任何时代都更加重视科技、教育和文化,也更加珍视人才。事实表明,代表先进文化最高水平的社会群体,正是那些位居学术最高领域的专家、学者等文化精英。中国现代转型以来,那些文化、思想领域的领军人物,在推动社会变革和学术创新等方面贡献巨大。研究发现,这些专家、学者和精英人物,大都出身于文化世家,有着良好的家庭文化背景和丰厚的学养。文化世家所呈现的人才辈出的现象,成为中国现代史上一道亮丽的景观。

在我国文化典籍中,"世家"一词早有所见,其注解也多有不同。《孟子·滕文公下》中出现"仲子,齐之世家也"①之说;《史记》以"世家"记述王侯诸国大事,有《世家》30篇;欧阳修所撰《新五代史》,沿用司马迁《史记》的体例,书中也开举《列国世家》10篇。我国古代王侯开国,子孙世代承袭,所以称世家。后来,人们将世代显贵、以某种专业世代相承的家族或大家泛称为世家。《现代汉语词典》对"世家"有如下3种解释:封建社会中门第高,世代做大官的人家;《史记》中诸侯的传记,按着诸侯的世代编排;指以某种专长世代相承的家族。②

根据研究和多方因素理解,"世家"当指有特殊职业或专长、社会地位显赫,或代表某一领域、阶层特色并世代传承的家族。考虑到文化的特殊性,文化世家则是文化在家庭、家族中长期积淀,并经过多代人不断赓续、传承而形成的特有文化现象,是以家风、家训、家教等文化单元为标志,以家族杰出人物群体为代表的世代相传的家族体系。

现代文化世家则是源自19世纪末,成长于20世纪初,繁盛于20世纪中期并延续至今的,以家族文化传承为基本特色的不同家族的集成。中国现代文化世家总是以家族的一个或多个、能够影响或引领某一时代或某一领域发展的杰出人物为代表,进而形成一个具有浓郁的家族特色、对社会产生广泛而重要影响的群体。

中国现代文化世家的兴起和成长大致在19世纪末20世纪初至今100年多的时间。历史地看,20世纪以来的中国文化留给我们许多值得深思的空间。从1840年至1949年这段充满屈辱的历史,国人经受的痛苦是空前绝后的;然而,这一时期的中国却呈现出文化多姿、人才辈出的局面,所谓"国破山河在,家脉代代传"。这是中国根亲文化的魅力和生命力之所在。

---

① 《孟子》,中华书局2006年版,第142页。
② 《现代汉语词典》,商务印书馆2012年版,第1185页。

实际上,中国现代文化世家的家族脉络根须还可以上溯至300多年前的明末清初时期。那时,中国开始出现资本主义萌芽。商业资本的发达不仅带来经济繁荣和人口大量流动,也促使人们思想的开放和转变。封建的小农经济依然占统治地位,人们在获取有限的物质满足后,在精神上也有了更加新异的追求。特别是到了清朝末年和民国年间,西方列强的入侵和洋务运动的助推,让许多有钱人家对家族的振兴和子女的抚养有了颠覆性的认识。尽管"学而优则仕"的思想根深蒂固,但富家子弟求学读书并非为了单一的科举及第。由于视野的开阔,富裕人家往往不惜重金聘请名师对子女进行一对一的培养,或让年幼的子女体面地进入私塾,或挤进洋人的教堂,甚至远渡重洋,为的是让子孙后代冲出家门,获取更加宽阔的人生发展空间,去施展抱负,光宗耀祖。这样,官富子弟不仅躲避了战乱的袭扰,更能浸染异域文化,从而成就了大批人才。

晚清至民国时期,中国经历了前所未有的动荡局势。一方面,清廷的腐败无能引起民众造反;另一方面,外族入侵加剧了中国的贫弱。社会贫富悬殊,阶层急剧分化。当时的局面是,寻常百姓不仅生活窘迫,甚至生死难测;富豪家族生活安逸,甚至花天酒地,更可破财消灾,让自己的子弟躲避人祸,享受现代优质教育。即使是割据一方的军阀,也往往处心积虑地让自己的亲属弃武从文,期望发迹于文化世家。时局动荡,社会倒退,却难以遏制文化的萌动与繁荣。而乱世时期的富家子弟往往不乏有志之士,他们倾心文化功名,客观上造就了家族文化的繁荣,使文化世家风起云涌。

从人才学的角度进行考察,文化世家的整体成长往往又伴随国运兴衰而行,其历程也往往变幻纷呈,瑰丽多姿。中国的历史就是这么怪异,有时越是动荡不安,文化越是奇异多姿。春秋战国时期是这样,三国两晋南北朝时期是如此,近代的清末民国时期也概莫能外。

20世纪初,中国最后一个封建皇帝被赶出宫廷,伴随频仍的天灾和人祸(战乱和政治腐败),裹挟中西文化泥沙的巨浪席卷中国大地,中国彻底沦为半殖民地半封建社会。民国时期虽时局动荡,军阀混战,但文化却一直未能断裂,反而出现极度繁荣的景观。这一时期,军阀的利益、地盘纷争不断,文化的发展空间相对宽松;军阀的粗野庸俗,反而衬托出文化的精细高雅与尊贵,追求风雅成为时尚,文人地位也随之攀升,这在客观上促进了人才成长和文化繁荣的局面。现有史料足以证明,即使在1928年那样战火纷飞的动荡年月,成立伊始的国民政府中央研究院仍然做着遴选院士的长远计划,并终于在20年后的1948年成功地评选出中国首届81名院士。首届院士不乏文化世家子弟,如梁思成、梁思永兄弟,冯友兰、冯景兰兄弟等。这一现象值得我们研究和探讨。

  1949年中华人民共和国的成立,标志着一个新时代的到来。由于时局稳定,加上国家恢复生产和经济建设都亟需大批各行各业的人才,许多流亡于海外的专业人才(多为旧时代文化世家子弟)纷纷回国。他们在参加新中国建设的同时,因为其卓越成就和高尚品德,成为科技文化领域的典范,从而使家族文化成为优化社会环境的重要因素,促进了家族文化繁荣时期的来临。随着时局的动荡变迁,特别是"十年动乱",许多家庭遭遇灾难,甚至出现家族内部政治斗争,相互陷害,亲情无存、文化割裂;加上中国计划生育政策的实施,家庭结构的变化,家族文化遭遇内外夹击,影响了家族文化的繁荣与发展。时至今日,已经难以见到中国传统家庭四世同堂、子孙满院的格局,而文化的一度断裂,也从根本上影响了文化世家的发展,我们也很难见到20世纪中期那样的文化世家了!

  沉舟侧畔千帆过,病树前头万木春。20世纪90年代至今,随着科教兴国战略的实施,中国对科技和人才的重视程度前所未有,迎来了科技发展和人才成长的最佳机遇。同时,随着时局的稳定,和谐社会的发展,人们在享受现代科技带来的现代化便捷生活的同时,也渴望回归自然,怀念旧日民族文化传统。从20世纪乡土文学受到热捧,到同乡会、同学会、恳亲会、姓氏寻根、家谱赓续等活动,无不带有浓郁的中华民族传统文化色彩,同时也为家族文化的凝练创造了良好的氛围。中国家族文化在和谐发展的当世焕发出勃勃生机。

  随着人类社会的不断进步,家族文化必然也会有新的发展,虽然嫡亲家族还需等待时日,而松散的家族联系必然也能够成就新兴的文化世家,成为新的人才成长的独特环境。况且,随着国家计划生育政策的调整和综合国力的不断增强,人们生活水平的不断提高,和谐社会的健康发展,新时期中国文化世家也必然会以新的形态呈现并在人才成长链中发挥出榜样和示范的作用。

中国现代文化世家根植于中华民族的肥沃土壤,深受民族文化浸润,有着鲜明的特色。

中国现代文化世家中的家族文化根基源自中华民族传统文化。我们选入的所有现代文化世家,都弥漫着中华民族的文化氛围。不管是新会的梁氏家族,还是无锡的钱氏家族,或者是唐河的冯氏家族、湘乡的曾氏家族、义宁的陈氏家族,他们首先是以中国传统文化为主要特征的书香门第。这些家族的杰出人物不仅有着良好的家风和深厚的家学渊源,而且其中的杰出代表人物从私塾开始多有大师引路,并大都出国留学,深受异域文化的影响,可谓学贯中西,所以在他们身上总能闪现出新异文化的光芒,通透着文化的锐气。如东至周氏家族中的周一良,在其出生的次日,母亲萧琬即患急病猝然离开人世,幸被父亲周叔弢的德国朋友、牧师卫礼贤抱回家让夫人用牛奶喂养了一年才送还周家,再由周一良的三姑母(旧式的文化女性、孀居而又无子女)扶养。周叔弢对儿子煞费苦心,不惜重金请来名宿大儒坐馆家塾。周一良的老师如张憼、毓康、温肃、唐兰等,或为当世鸿儒,或是文化名流,或与"大清天子同学少年"(陈寅恪语),而且还有外籍教师教学外语,使其通晓英、德、日等国语言,后来他成为中国著名的历史学家。又如,义宁的陈氏家族中,陈寅恪是中国现代最负盛名的诗人之一,还是中国现代历史学家、古典文学研究家、语言学家,被称为"清华百年历史上四大哲人"之一。其父陈三立是著名诗人、"清末四公子"之一,其祖父陈宝箴曾任湖南巡抚。因陈寅恪身出名门而又学识过人,在清华任教时被称作"公子的公子,教授之教授"。

综观中国现代文化世家展示的家族文化,有着明显的世代传承特色。每一个家庭中的杰出人物都不是单打独斗的,而是呈现出群英荟萃、相映生辉的局面(这一点在梁启超的子女中展示得更加明显)。他们或是科举精英,或是乱世怪才,有人甚至当上了皇帝的老师(翁同龢曾是同治、光绪两代帝师)。这些家族成员文化层次极高,职业新潮,特色明显。比如东至周氏家族中的周馥为一品监生,周学海为两榜进士的良医,周学熙曾任民国时期的财政大员,周明夔(叔迦)为佛学大师,周绍良是著名的红学家、敦煌学家、佛学家、收藏家和文物鉴赏家,周一良是著名的历史学家。又如新会梁氏家族中的梁启超是国学大师,他的子女梁思顺、梁思成、梁思永、梁思忠、梁思庄、梁思达、梁思懿、梁思宁、梁思礼等,也都成为当世英才。再如唐河冯氏家族的冯沅君、冯友兰、冯景兰、冯宗璞分别在文学、哲学、史学、地质学等方面成就卓著。这些代表人物堪称时代精英,他们从事的职业、徜徉的领域都留下了时代光辉;他们的成果都能够荣登当世的最高境界。他们身上的人文精神也成为时代楷模,激励了一代甚至数代人在人生的道路上健康成长,并在后人的追捧中不断发展、完善。

中国现代文化世家中的家族动辄几十甚至几百年的家族史,在当地声名显赫,德高望重,也大多恭行自律,家教严谨,讲究门风,形成独特的家训。如无锡钱氏家族的"姓钱但不爱钱",常熟翁氏家族的"读书""为善",湘乡曾氏家族的"耕读传家"等。中国现代文化世家以姓氏血缘为纽带,各个家族都有自己严格的宗祠家谱,家族特色明显;重视独特文化的凝练和世代延续,在传承中注重创新。如湘乡的曾氏家族能够在继承中兴名将遗风的同时,不仅人才辈出,还使良好的家风得以传承和创新。家族文化的兴衰与家族精英关系密切,一个家族的文化兴盛与衰落往往都离不开精英人物引领潮头、发扬光大。

中国现代文化世家的兴盛年代处于晚清、民国向现代转型时期,许多世家穿插了家学深厚、贤良德高的优秀女性。旧式中国社会,虽说女性的地位总体不高,但人们往往又把家风的树立、门户的筑垒寄望于良家女子,所谓"妻贤夫祸少,子孝父心宽"。这些家族中的女性不仅践行家族文化,而且以卓越的成就承担起家族文化的传承与创新。那时,相对稳定的大家庭模式和女性主内的家庭管理方式,客观上给女性施展管理才能提供了平台。殷实的家境使妇女可以免于生计所迫,让她们安心在家操持家务,教育孩子;有些女性从幼年开始即经受先进文化的熏陶,接受良好教育,成为女中豪杰。同时,女性受到的良好教育形成更加浓郁的文化氛围,并通过生活中悉心关心幼年家庭成员,以其无微不至的人文关怀、女性崇高的品德和良好的言行举止,影响家族成员健康成长。

在家庭成员成长过程中,女性发挥作用最典型的当属曾氏家族中曾国藩次子曾纪鸿之妻郭筠(字诵芳)。郭筠1岁即由父亲郭沛霖(曾国藩好友)做主许配曾家,12岁不幸丧父,幼年已成曾家女主人。因忙于家务无暇读书,直到和曾纪鸿完婚郭筠才有饱读诗书的机会。更为不幸的是,郭筠34岁又丧夫成寡。令人钦佩的是,郭筠持家教子有方,成为曾家富厚堂拿得起放得下的第一夫人。在富厚堂,曾家子孙几十口人都听她的号令!郭筠写有《曾富厚堂日程》,并有以自己的艺芳馆书斋名目、王闿运作序而传世的《艺芳馆诗存》。郭筠晚年立有6条"家训",策勉男女儿孙谋求自强自立,同时不要求年幼女性缠足,不赞成八股文章,也不愿孙辈去考秀才,却要他们学外国文字,接受新式教育。① 正是曾家有了这位贤惠的郭夫人,才使得曾氏家族能够在曾国藩等长辈虽过世经年仍然呈现一派繁荣昌盛的景象,并且这种景象在传承曾国藩治家精神的同时,又有新的、与时俱进的历史性转变。

中国现代文化世家开放的文化心态使得家族文化深受异域文化浸染,形成文化锐度,易于人才的脱颖而出。由于其时间跨度正处于中国社会的转型时期,时局的动荡、中西文化的碰撞,彻底颠覆了国人一贯的保守矜持、故步自封的性格,生存的需要逼迫他们在被动了解西方文化(其实早期更应该是科学和宗教文化)的同时,审视中国传统文化。他们发挥了自己的聪明才智,溅出奇异的光华,形成高锐度的思想和科学成果。这样,这些家族的子弟往往能够在同一时代、同一群体中或特立独行,或鹤立鸡群,或脱颖而出。

中国现代文化世家的精神动力来自兼容并蓄的开放心态和中西贯通的文化精神,这种精神催生人才的花丛枝繁叶茂;同时,其宽阔的文化视野形成兼容并蓄的文化发展路径,从而使得家族文化总能跟上时代的步伐,文化生命力强健。经济实力的增强往往能够带动精神境界的进一步提高,国家是这样,民族是这样,家庭也同样如此。成长于跨世纪的中国现代文化世家,由于世代显赫,随着经济、政治地位的提高和家族影响力的增强,其文化心态也逐步开阔。其家族代表不仅对中国传统文化批判、审视和合理吸纳,也同时关注西方文化,做到兼容并蓄;同时,新的事物、新的思想也成为他们的关注对象。所以他们总能成为时代的弄潮儿,紧

---

① 岳南:《南渡北归·南渡下》,湖南文艺出版社2013年版,第521~522页。

跟时代步伐,在守成的同时不乏创新,使家族文化具有极强的生命力。现代文化世家群体彰显的中国家族文化,是中国现代文化的主要组成部分。其涵盖的勤奋进取、艰苦奋斗、自强不息、爱国爱家、亲情友谊等人类先进文化的重要因素,将贯通时空,成为民族富强、家庭兴旺、个人成才的重要动力。

"中国现代文化世家丛书"已列入国家出版基金项目。根据策划者的总体目标,这套丛书要汇集20～30个在中国现代史上文化渊源比较深厚、影响力巨大的家族。这是一项内容丰富、任务艰巨的工程。为兼顾学术高度,丛书所选作者大都在各自承担家族传承的研究方面积累有丰富的史料和扎实的学术功底,具有较强的书稿撰写和文化品位把握能力。在承担丛书任务时,他们对前人已有的研究成果认真梳理,并多有创新。这些,都为丛书的品牌形成打下了坚实的基础。

"中国现代文化世家丛书"将影响中国现代历史进程的文化世家集中整理并大规模展示,以史学和传记文学的视角进行研究,意义重大。以家庭作为社会细胞进行文化解剖,以大量鲜活的中国现代杰出人物群体和翔实的史料展示跨世纪文化环境,表现健康向上、和谐进步的优秀文化,必将丰富和创新社会主义先进文化内容,对整个社会产生积极的影响。以展示影响中国历史的文化家族及其杰出人物群体为追求目标,不仅对国人产生示范效应,在世界范围内也会引起关注,从而丰富国际文化内涵,具有更加长远的文化战略意义。以时代、家族、人物作为研究、建设和传播中国文化的方法和路径,不仅创新了文化研究和文化传播的方法,也为民族文化的传承与创新提供了参考依据。深刻挖掘家族文化的伦理内涵,凝练和传承家族文化中的传统文化,通过家族文化与现代文化的冲突与融会,能够全新缔造中国人文精神,丰富国学内涵,推动民族文化复兴。

文化世家中的家族文化是中华民族优秀传统文化的重要组成部分,它源自中国传统文化,又富于创新,是民族文化传承创新的重要典范。从目前关注的这些文化世家看,其之所以能够在所处时代世代显赫,最重要的原因是这些家族沉淀了最精华的民族文化,吸收了最富于生命力的民族精神;同时,这些家族往往又能够冲破中国传统文化藩篱,吸收异域文化精华,其家庭成员往往能够进取守成,跨世系、跨时代延续发展。可以毫不夸张地说,中国现代文化世家的存在和发展,最典型地体现了中国文化的传承与创新。

中国现代文化世家展示的人才群体及其依存的文化形态,是国家和谐文化建设的重要载体。文化世家在历史上的成长和发展,曾经为中国社会的和谐稳定以至崛起发挥重要作用,也是传统文化中不可或缺的构成要素。这些家族中优秀人物的荣辱沉浮以及家族的兴衰变迁,从一个侧面展示了中国近代社会发展的轨迹,透视了中国知识分子忧国忧民的心路历程。我们完全可以通过中国现代文化世家的发展史去了解中国社会生态发展演变的梗概和脉络。

家庭教育、家族文化传承及其凝成的文化环境等对培养和造就杰出人才的重要作用,传承和创新民族文化,在更广阔视野下探寻优秀文化对人才的影响,都是当今不可忽视的文化命题。"中国现代文化世家丛书"首次以家族文化的形式作为切入点,系统挖掘中国传统文化和世界先进文化碰撞产生的独特文化,探究在这一背景下的中国家族文化及其对人才成长、家族兴起、国家富强的影响,推动我国学界对中国现代家族文化的重视和研究,其学术意义非同寻常。

党和国家领导人高度重视包括中国优秀传统文化在内的先进文化建设,确定了文化大发展大繁荣的宏伟目标,肯定了家族文化等优秀传统文化在"文化强国"战略中的基础性地位,倡导传承与创新文化。2013年9月26日,习近平总书记在会见第四届全国道德模范及提名奖获得者时说:"中华文明源远流长,蕴育了中华民族的宝贵精神品格,培育了中国人民的崇高价值追求。自强不息、厚德载物的思想,支撑着中华民族生生不息、薪火相传,今天依然是我们推进改革开放和社会主义现代化建设的强大精神力量。"2015年2月17日,中共中央、国务院在人民大会堂举行春节团拜会,习近平同志发表重要讲话,他明确指出:"中华民族自古以来就重视家庭、重视亲情。家庭是社会的基本细胞,是人生的第一所学校。不论时代发生多大变化,不论生活格局发生多大变化,我们都要重视家庭建设,注重家庭、注重家教、注重家风,紧密结合培育和弘扬社会主义核心价值观,发扬光大中华民族传统家庭美德,促进家庭和睦,促进亲人相亲相爱,促进下一代健康成长,促进老年人老有所养,使千千万万个家庭成为国家发展、民族进步、社会和谐的重要基点。"党的十八大报告中明确指出,"文化是民族的血脉,是人民的精神家园。全面建成小康社会,实现中华民族伟大复兴,必须推动社会主义文化大发展大繁荣,兴起社会主义文化建设新高潮,提高国家文化软实力,发挥文化引领风尚、教育人民、服务社会、推动发展的作用"。中共中央十七届六中全会通过的《中共中央关于深化文化体制改革推动社会主义文化大发展大繁荣若干重大问题的决定》也特别强调:"优秀传统文化凝聚着中华民族自强不息的精神追求和历久弥新的精神财富,是发展社会主义先进文化的深厚基础,是建设中华民族共有精神家园的重要支撑。"

我们试图通过"中国现代文化世家丛书"的出版,并通过遴选出来的在中国现当代具有代表性的文化家族群体,挖掘中华民族传统文化中的精髓,展现中国文化在近代社会的传承与发展,厘清中国传统文化血液流淌和分布的脉络,进而为当下的文化大繁荣大发展提供有益的借鉴和参考,为实现中华民族复兴的梦想发挥积极作用。

骆玉安
2013年10月一稿,2015年8月修改于郑州

目录

引子
细水长流

第一章
光禄大夫张荫谷
江西来客 …………… 005
张家团练 …………… 010

第二章
封疆大吏张树声
长缨论功 …………… 016
弃武登文 …………… 021
树珊之死 …………… 026

第三章
名士公子张华奎
青袍儒生 …………… 031
慈父贤母 …………… 034

第四章
醉心教育张冀牖
走出合肥 …………… 041
妻子陆英 …………… 050
创办乐益 …………… 057
至性人生 …………… 066

第五章
张元和与顾传玠
昆曲情缘 …………… 072
一介之玉 …………… 078
昆声雅韵 …………… 088

第六章	精灵女孩	097
张允和与周有光	爱如流水	104
	难途有寄	109
	多情到老	116

第七章	身披彩翼	123
张兆和与沈从文	甜酒醉人	132
	沈家主妇	135
	坎坷沉浮	145

第八章	青梅在手	155
张充和与傅汉思	断章无题	160
	西南笙歌	165
	天涯晚笛	169

第九章	乱世姻缘	176
诗意张家六兄弟	多才俊彦	181
	音乐奇才	183
	自然之子	188
	坚守乐益	192
	交响指挥	196

第十章	耕读传家	200
诗礼传家启示录	立身立学	203
	以身作则	204
	顺其自然	206

附录　安徽合肥张氏家族世谱图 ………………………… 210
主要参考书目及文献资料 ………………………………… 211
后记 ………………………………………………………… 213

引子 细水长流

◎

1938年冬天的一个早晨,张允和跟往常一样,开开心心地去七星岗附近的早点铺买了油条和豆浆,准备等周有光吃完早饭上班后,自己去参加枣子岚垭的一家曲会。

但周有光仿佛有心事,喝豆浆时一副吞吞吐吐、欲说还休的样子,允和问也没问出结果,周有光迟疑了一下,便拿着包去国民政府经济部农本局上班了。

允和满心狐疑地收拾了碗筷后,去枣子岚垭唱昆曲。允和才辞了在成都光华中学的教职,在兵荒马乱的岁月里,去曲友家参加曲会唱昆曲是她最快乐的日子。每次,如果有曲会,她说出去,他总说:"你早点回来!"有时即使她告诉他,曲会结束后曲家准备了晚宴要晚些回来,他也会习惯地性地说:"你早点回来!"今天……这是怎么了?

在曲会,允和心里总想着有光反常的表现,在曲会唱了一支曲子就坐不住了,便急着回去告辞赶回了七星岗。

周有光下班回来,允和已经做好了晚饭。两人默默地吃完饭,允和快收拾好的时候,有光走到她身边,轻轻地帮她捶着背,深情地望着她:"歇一会儿吧！你累不累？"

"不累，今天没唱几支，没等到大家散场我就回来了。"允和回答。

有光下了很大决心似的，把手伸到口袋里，抽出了一份电报，犹豫了一下，还是递给了允和："昨天下午到的。"

允和展开，电报上只有六个字："父逝，告弟妹，元。"

允和脑子轰的一声，人几乎倒下，她全身发冷，仿佛掉到了一个冰冷的地窖，只有眼泪是热的，一滴、两滴，串成了两行水流滚在手上、电报上。

这一夜，电报压在枕边，允和再也不能合眼。夜，极其安静，整个重庆都进入了梦乡。在这小小的亭子间里，在这个极其安静的夜晚，允和一边流着泪，一边一遍遍地回忆着父亲的音容笑貌。她仿佛远远地听见父亲在叫："小二毛，来，给我篦一篦头。"

而一个月前，当她的大姐元和鼓起勇气，将自己将要与曾经的昆曲伶人顾传玠订婚的消息写信告知在合肥张老圩的父亲，希望得到父亲的同意时，她没有想到，父亲因病已于10月13日离开了他深爱着的十个儿女。收到继母韦均一的回信，得知父亲去世的噩耗，有如晴天霹雳，她跟允和一样，躺在床上失声痛哭。

元和自然知道，父亲张武龄是不会干涉儿女的婚姻大事的，不会在意对方的门户地位、经济状况，孩子们告诉他，他会笑着接受。如同早年，曾有邻居因为元和的美丽，遣媒人向张武龄提亲，张武龄哈哈一笑说："儿女婚事，他们自理，与我无干。"从此媒人再也没有上过门。因此，张家孩子的婚姻都是自己做主，"自"己"由"来的。

元和更多的是希望父亲能给予她精神上的支持。当时，一个大学校花、才女、名门闺秀将下嫁给一个曾经的昆曲演员，来自各方面的舆论压力和反对声，使元和承受着巨大的精神压力，她知道，父亲是会支持她的，一如从小到大，支持她们所有的选择一样。

在父亲这一角色上，张武龄是极其成功的。他祖籍合肥，祖父张树声是晚清名臣，曾协助李鸿章组建淮军，后任江苏巡抚、两广总督等职；父亲张华奎是晚清的清流名士，曾任川东道；而张武龄自己则放弃了在合肥安逸舒适的生活，举家迁至苏州，在苏州倡导新式教育，办乐益女中与男校平林中学,他将全部家产和毕生精力都献给了教育事业。在办学中他是一位开明的教育家,在家庭中他是一位开明的父亲。他对儿女宠爱有加,然而除了教育,他对孩子们没有任何投资,四个女儿和六个儿子,从小生活在安逸富足的家庭环境中,但他们并没有成为遭人厌恶的纨绔子弟,而是自食其力,并根据各人的爱好最终各有所长、各有所成。

尤其是张家四姐妹被称为最后的大家闺秀,个个兰心蕙质、才华横溢。叶圣陶曾说:"九如巷张家的四个才女,谁娶了她们都会幸福一辈子。"长女元和,精通昆曲,其夫顾传玠为名噪一时的昆曲名家;次女允和,擅长诗书格律,其夫周有光为著名经济学家、语言学家;三女兆和曾在人民文学杂志社担任编辑,夫为一代文豪沈从文;四女充和精通书画、昆曲,执教于耶鲁大学,为传播中国文化做了大量贡献,夫为汉学家傅汉思。六个弟弟也不亚于四个姐姐。老大宗和是贵州师范大学历史系教授;老二寅和曾任职于申报、解放日报等报社;三弟定和曾任中央戏剧学院教师和中央歌剧舞剧院的作曲家;四弟宇和是家中唯一从事自然科学研究的,任南京中山植物园研究员;五弟寰和继承父业担任"乐益"校长,始终从事教育工作;最小的宁和二十六岁时便成为中国交响乐团第一任指挥,后为比利时皇家乐队成员。

然而,孩子们的成长与成功,张武龄没有看到。他去世时,仅四十九岁。当时,他的孩子们因战争,或逃难于西南,或正在逃难的路上。只有年仅十二岁的小儿子宁和陪在他的身边。十个儿女失去了温暖的父爱,因为战争的阻隔,直到1943年冬天,孩子们才将他的灵柩运到美丽的骆小河湾与他的第一位妻子陆英合葬。

张武龄的女婿沈从文曾为张家姐弟的家庭刊物《水》写道:"水的德性为兼容并包,从不排斥拒绝不同方式,侵入生

家庭刊物《水》

命的任何离奇不经事物,却也从不受它的影响。水的性格似乎特别脆弱,极容易就范。其实,则柔弱中有强韧,如集中一点,即涓涓细流,却滴水穿石,无坚不摧。"水的这种性格也正是张武龄的性格。作为合肥张氏家族承上启下的一个关键人物,张武龄书写了不以追求权势、财富为目的,而以启蒙教育、精神创获为职志的家族文化历史。也正是这一点,引导我们去走近这个家族,去认识它,解读它,并从中获得教益和启示。

第一章 光禄大夫张荫谷

◎

白云飘,青烟绕,绿荫深处是我的家。小桥呵,流水呵,梦里的家园路迢迢呵。 微风轻轻地飘,飘落梨花春去了,明月高楼,匆匆秋老,老红了枫叶愁难消。

——张寰和词、张定和曲《忆江南》

江西来客

在中国近现代史上,涌现出了众多的豪门贵族和文化世家。与其他世家所不同的是,安徽合肥西乡的张氏家族不仅以官宦显世,且以文化世家而闻名遐迩。

清末至民国年间,合肥地区最有名望的豪门大家有五家:李家、刘家、周家、蒯家和张家,人称"五大家族"。也有人将张(张树声)与龚(龚鼎孳)、李(李鸿章)、段(段祺瑞)四姓,称为"合肥四大姓"。张家与另外的几大家族都有联姻,关系密切。所以,清末至民国年间的合肥流传着《十杯酒》的民谣：

> 一杯酒，酒又香，合肥出了个李鸿章；
> 二杯酒，酒又美，合肥出了个段祺瑞；
> 三杯酒，酒又醇，合肥出了个张树声；
> …………

当时，合肥地区流传着不少这样的歌谣和俗语。因闻名天下的李鸿章兄弟的故乡来自肥东，而张树声兄弟、周盛波兄弟、刘铭传兄弟等均出自肥西，稍后曾为皖军魁首多年的段祺瑞也出自肥西，故当地有"肥西的将，肥东的相""肥东出相，肥西出将"等说法。

肥西的张氏家族，其祖籍是江西的瓦家坝，瓦家坝亦名瓦屑坝。约在明代，瓦家坝张氏家族中的一支，在张家某公的率领下渡江北上，迁到了合肥南乡。明末清初之际，南乡的这支张家后裔传承至张鳌时，又迁至合肥西乡，定居于肥西周公山下的殷家畈，这支张家后裔后来逐渐发展为豪门大户，殷家畈也因张家声望而更名为张老圩。所以，肥西张氏后裔尊张鳌为西乡始祖。对此，同治十二年（1873），李鸿章在为张树声的父亲张荫谷撰写的《张公荫谷墓表》（亦名《诰赠光禄大夫江苏巡抚加一级张公墓表》）中称："公讳荫谷，字蓝畦，先世著籍江西，明时讳鳌者，始迁安徽庐州合肥县。至公曾祖讳从周，居周公山。山介大潜、紫蓬二山间，巍然众望，人遂称周公山，张氏族浸以大……"

肥西的张氏家族传承至张荫谷、张树声父子时，太平军崛起并北上，张家父子创办团练，立有赫赫战功，张氏家族因此声望渐起，人皆以世家目之。因张树声是肥西张家的长子，后官至两广总督、署理直隶总督兼北洋大臣，是享衔一品的封疆大吏，

肥西张老圩旧址

朝廷倚界甚殷,自然成为肥西张氏家族的发迹人。

有专家研究认为,合肥地区半数以上的先民来自于江西。不仅张家,"合肥四大姓"的另外三姓,以及其他诸如周、刘、吴、蒯、洪、倪等几个大姓,相传祖籍都在江西的鄱阳湖畔。因此有"江西瓦家坝,我们的祖家"之说。①

这些家族为什么会不约而同地从江西瓦家坝迁移到合肥地区?

宋元之际,中国社会经历着剧烈的动荡。先是宋、金和宋、元之间的战争在江淮地域不断交错进行,大量人口南迁,导致包括皖北地区在内的北方很多田地荒芜。元朝入主中原后,居住在江淮地区的汉人被元统治者称为"第四等人",元顺帝还奉行"汉人无补于国,可悉空其人以为牧地"的措施,将庐州(今安徽合肥)等江淮流域的大面积土地划供蒙古贵族做牧场,赶走了不少以土地为生的农户。此后不久,安徽地区爆发了韩山童、刘福通领导的红巾军起义。官府与民众之间、义军与义军之间的相互厮杀对垒,造成连年战乱,民不聊生,江淮地区灾民流离失所,饿殍陈尸荒野,大量土地无人耕种,一片破败萧条。

1368年,朱元璋在南京称帝建立明王朝,将现在的安徽地区划入直隶,重点经营。为了迅速恢复和发展江淮流域的经济,也为"驻屯"防止外族人南下,朱元璋决定大规模移民,将一批批江南富豪强行迁往他的老家凤阳,同时还采取各种措施,鼓励向安庆府、庐州府等地迁徙。明初政治稳定,吏治比较清明,直隶庐州的徭役赋税也相对较轻,于是不断有江西鄱阳湖一带的居民向合肥周边的江淮之间迁徙。大批的外迁人口沿抚河、信江、昌江、乐安江(婺水)及其众多的河道顺流而下,在饶州城外的瓦屑坝集中,然后登舟穿过鄱阳湖北上,再顺长江而下,进入今天的江淮流域。

当年的移民,在客居他乡后,留给他们后代的记忆更多的是他们的出发地瓦屑坝。鄱阳莲湖瓦屑坝在制陶产业鼎兴期原是陶埠集市,集市边有人工开掘、运输陶器的黄金水道瓦屑坽。逮至明初,这里成为一个濒临

---

① 戴健:《从瓦屑坝走出来的合肥名人家族》,《鄱阳湖文化研究》,2010年合辑第2期。

鄱阳湖、货流和客流集散的水码头,码头上有起着护岸作用的坝,瓦屑坝因此而得名。瓦屑坝作为江西移民一个集中出发的登程渡口,最终成为他们后代的集体故乡。①

大量移民不断拥入,很快恢复了皖中的农业经济,并促进了皖中经济的振兴与发展。此时的皖中,不仅成了朝廷的"粮仓",人口也高居全省之冠。而迁移到皖中地区的移民,多聚族而居,并在开垦荒芜土地的过程中,逐渐形成了一个个以宗族为核心的自然村落。随着人口的增多再以一个个村庄为中心,逐步向四周辐射。如刘铭传、刘盛藻家族自元末明初以来,"群聚而处于(大潜)山之前后左右,不下二千家";唐定奎、唐殿奎家族自江西迁来肥南,"支派繁衍,九族克敦,丁口之众,五千有奇"。周氏家族15世、万丁以上。② 宗族成为合肥最基层的社会组织和势力。《合肥风俗记》云:"四乡之民,多聚族而居,故宗法极重。每族各设一祠堂,族大者多至四五处,祠内供历代祖先牌位。每届清明、冬至二节,族人群赴祠中祭祀。或族中有重大事件发生,亦于祠中开会决之。祠有田房等不动产,每岁有族中年高有德者管理之,其所得之利息,则存放以谋合族之公益。"③至清朝,皖中地区土地兼并严重,生存竞争激烈,使普通族人百姓更加紧密地依靠宗族、求得宗族势力的保护。而几乎每个宗族均有公产、义田、义仓,均有对贫困族人抚恤赡养的规定,更加强了贫困族人对宗族的依赖。

清朝中后期,由于社会动荡,加上吏治腐败,贼寇猖獗,"遍地皆贼,遍地皆抢",很多豪门巨户在咸丰、同治年间就开始构建自己的武装,结寨以自保,筑圩以自守。他们充分利用当地的地势地貌,以村落为基础,建成具有防御功能的"圩寨"。这些圩寨大小不一,结构也不尽相同,有的"一村落,围以土墙,南开一门,吊桥以木版为之,仅通行人";有的"规方百

---

① 当今天部分合肥人开启他们的寻根之旅,再访他们的故乡时,这个曾经重要的码头集镇早已衰落为岛边的小村镇,且改称为瓦燮坽,瓦屑坝所在的莲湖地区也已成为湖中之岛,坝因不再有存在的意义而湮没。
② 毛立平:《十九世纪中期安徽基层社会的宗族势力——以捻军、淮军为中心》,《清史研究》,2001年11月第4期。
③ 胡朴安:《中华全国风俗志》,上海科学技术文献出版社2011年版,第533页。

丈,堑地以为濠,因土以成垒,穴垣以居炮,峭楼以阚敌";还有的"圩大不过四里,小以二三里为度。门留二处,须安吊桥,枪炮宜二百根……安设炮台,定须出角,可打三面……外濠宽宜一丈五六尺,深一丈,底宽丈许"①。

皖中宗族世家所办的地方武装称为"团练"。"团练"又称为"乡勇""乡团"或"民团"等。这些团练大都以农民为主体,平时不脱离生产,农闲时训练,战时出征,主要是为了御匪,保卫家园,属于据地自保、守望相助的民间自卫武装。其组建的大致标准为:"以县境四乡分为四团,每团设一团总团副,每村设一练长,发给条款,无论绅庶士富大小乡村一律团练,一律设局。平时操演不得一日间断,每月各归各局会操一次,又赴总局会操一次。"②团练主要靠宗族维系,其主干成分也是宗族成员。如刘铭传在组织团练时,"同先君各募团勇二三百人,以族中子弟为最多,训练成军,旗帜鲜明,纪律严整,纵横扫荡六、合、舒交界三百里以内,不特粤、捻畏威,即土匪亦闻风敛迹"③。

团练的势力不容小觑,在咸丰年间备受统治者的重视,成为国家或地方正规武装力量的重要辅助力量。淮军的发祥地和早期活动的中心区域就在安徽庐州府特别是合肥东西乡、舒城、庐江共辖的三河,以及安庆府桐城、太湖等皖中地区。淮军主体的前身,是以庐州合肥东乡李文安、李鸿章父子为首的李氏家族,合肥西乡周公山张荫谷、张树声父子的张氏家族,大潜山刘铭传的刘氏家族,紫蓬山周盛华、周盛传、周盛波兄弟的周氏家族,以及三河潘璞、潘鼎新父子的潘氏家族为首的皖中团练。而紫蓬山、周公山、大潜山皆位于肥西,东西连成一线,号称"三山",规模尤大,战斗力也最强。

合肥张家,就是在这样的背景下脱颖而出的。

---

① 梁家贵:《宗族与晚清民国时期皖北地区社会变迁》,《阜阳师范学院学报》,2012年第6期。
② 《续萧县志》·卷九·《兵防志》。
③ 姚永森:《刘铭传身世及家世诸问题考辨》,《社会科学战线》,1984年第3期。

张家团练

肥西地处安徽中部、合肥西南、巢湖之滨。这里历史悠久,风景秀丽,"东抱拍浪巢湖,南掬三河圣水,西挽秀色小井,北偎腾空新桥,中枕青碧紫蓬",素有"淮军故里、巢湖明珠"之美誉。这里在商、周时期是"淮夷"之地,战国时属楚国,隋置庐州,因东淝水与南淝水交汇于此,又称合肥。

张家世代所居的西乡周公山,海拔一百八十三米。山上绿树苍翠,环境优美。据曾经担任过淮军名将周盛波、周盛传家族私塾教师的清末方志专家李恩绶①考证,周公山是周瑜童年的读书处。山上原有周瑜庙,内塑周瑜像及其坐骑白马。山东南部有周瑜洗砚池,池广丈余。清嘉庆《合肥县志》第四卷载:"周公山,在城西南七十里,归志云:上有周瑜读书处。"后周瑜庙坍塌,洗砚池尚在,池水清澈可见。

也许是古风使然,抑或相互间的影响,皖中各大家族无论大小,都保持有耕读之风。

张家家境殷实,尤以耕读传家。张氏自先祖于明朝迁至周公山,历代繁衍,"巍然众望",成为影响乡里的大族。张荫谷,字蓝畦,从少年起就专心苦读,道光咸丰年间,他作为府学生员(即秀才),曾三次参加乡试,但都名落孙山。"遂弃诗书,督家政",将主要精力放在张树声、张树珊等九个儿子的教育上。他白天操持生计,晚上则陪儿子们一起读书,为他们一一讲解,教授做人作文之法,至深夜仍然娓娓不倦。相比于其他家族对子弟所要求的粗通文墨不同,张荫谷对儿子们的教育极为严格,无论在诗书礼仪、武术攻略等各方面,他都有较高的要求,让儿女们不敢稍有懈怠。而他自己也以身作则,李鸿章称他为"生而端毅,刻励为学,无子弟之过。仁心义质,与年相长";"公状貌凝重,有坚卓不摇之概"。《蓝畦张赠公传》中也有"公以高材为府学生员,孝友任恤,族间敬爱,负一乡硕望,性

---

① 李恩绶青年时博览经史,1884年到合肥游历,在淮军名将周盛波、周盛传家任私塾教师。他对肥西的人文地理十分了解,后来,他在修志局学生的协助下,先后编修《紫蓬山志》《合肥香花墩志》《巢湖志》《庐阳名胜辑要》《采石志》等地方志。

端毅,教诸子有法"的记载。他为人讲究法度规矩,加上德高望重,颇得乡民们的推崇,乡间大小事大都由他出面主持公道,成为"巨乡硕望"。

张荫谷早在道光年间便开始留意办团练勇。当时"寿州盗起","入掠"肥西周公山,深于谋略的张荫谷聚集族人,率众"以兵法击之走"。当时,太平军尚未起事,但国家"政不能料理民事,军不足保卫平安",他敏锐地意识到"天下将乱",遂"广纳豪健材武之士,与诸子往来相习"。对这些招募来的豪杰之士,他不仅好生招待,还"谆谆以忠孝大义譬晓之",苦口婆心劝导他们要为人正直,讲究礼仪道德。不久,天下果然大乱,"粤西贼(指太平军)起","遂窃踞庐州","捻贼(指捻军)又乘间纵横出没"。

咸丰元年(1851),以洪秀全、杨秀清等为首的农民,在广西桂平紫荆山麓金田村竖旗造反,建号太平天国,军曰太平军,仅经过两年多的战斗,便从广西一隅跃进至长江流域,此后又攻占江左重镇江宁城(今南京),奠都于此,号称天京,建立了一个与清朝封建政权相对峙的农民政权,严重威胁着清王朝的统治。

随着太平天国运动的蓬勃发展,各地民众也纷纷举起义旗,彼此呼应,掀起了声势浩大的反清高潮。太平军定都天京后,相继分兵北伐与西征,所到之处势如破竹,所向披靡。当太平军进军至皖中地区时,张荫谷见形势危急,立即拿出全部家当,招纳贫户,"倡率团练",扩充武装队伍,既为自卫,也为声援官军,并挑选其中精锐,命其子张树声、张树珊、张树槐、张树屏等为统带,率队"从剿巢、英、霍、太、潜诸邑,所向有功"。

此时,安徽北部"捻子"也趁机起义,与太平军遥相呼应,形成掎角之势。早在嘉庆年间,安徽北部的亳州、蒙城、宿州、阜阳、颍上、霍邱、怀远、灵璧等地,各大宗族就出现了"结捻"现象,并形成名为"捻子"的谋生、抢掠、互保团体。所谓"一村有捻一村安,一族有捻一族幸"。太平天国运动爆发后,特别是太平军北伐到皖北以后,捻首张乐行与当地其他捻首,"各竖旗帜",举兵抗清,并与河南、江苏、山东部分地区的反清力量会盟,组成"捻军",祭旗起事。合肥处于安徽省的中间地带,属"军事要地",是南北两军之必攻之地。

当时,庐州府驻有绿营兵,兵力非常薄弱,骑兵、步兵加起来未逾千名,并需担负庐州府城、合肥县、巢县、无为县、梁县镇等地的安全,此外还要分派到防县以下的各乡、镇。由于军政不分、政务不明等弊病,绿营兵军纪弛废,斗志涣散。当太平军攻到皖中时,一向号称兵力最强、防备最严的省城安庆,竟然"随到随下",其他"所过郡县本无所谓守,亦无所谓陷,望风奔溃,一切财物粮米全以资贼"①。

数月过后,皖中沿江的各州、县皆为空城,"俱无官长",地方之事,"无官料理"。太平军未及之地亦大乱,桐城"知县某莫知所往,奸民蜂起,百十成群";合肥知县竟开狱放囚,"赏给钱文,以为盘费"②。

咸丰三年(1853)初,安徽省城安庆被太平军攻破。翌年一月,庐州府城合肥失陷,安徽巡抚江忠源受伤投水自尽。眼见官军溃败如水,"诸将帅拥亲军自卫",张荫谷知道等待官军的保护是不可能的,"兵祸"即将到来,保护乡里的任务必然会落到圩寨里的乡兵练勇身上,各大宗族只能自己想办法自保。张荫谷于是开始大规模招纳乡人筑堡屯粮,"保境待时",以期保护宗族乡里。张荫谷最早在周公山下的殷家畈建筑圩寨,构筑军事防工事,以作防守之计。"峙粮储器,阻河环山以为险",张氏族人络绎来投,"从而归者万余家"。他的这一举措,立即为附近的各大宗族所效仿。张荫谷见大家都来筑圩寨、办团练,就派几个儿子与附近大潜山的刘铭传、董凤高,紫蓬山的周盛波、周盛传及三河的潘璞、潘鼎新等其他团练积极联络,结成同盟,"百里之内,互为声援"。由于他德高望重,张氏家族的团练又有击败寿州盗贼的经验,当时合肥各地的团练都尊其为首,欣然"诣公奉条约",愿意遵守他所提出的各项约定,因此后来有"庐郡团练整齐"的评价。张荫谷对大家的推崇"虚怀酬答,命诸子与之结为昆弟,忧乐共之"③。所以后来当李鸿章一旦相召,张家能立即联络其他团练,共率淮勇入营。故有云:"淮军之兴,自张氏始。"

事实上,各地筑圩练兵,团首们自称圩主,有的借团练之名,擅作威福,甚至草菅人命,抢夺民财,焚掠村庄,无异土匪。据传,刘铭传就是因

---

① 《周尔墉日记》,《江浙豫皖太平天国史料选编》,江苏人民出版社1983年版,第378页。
② 《皖碧吟》,《太平天国史料丛刊简辑》(6),中华书局1963年版,第426页。
③ 《合肥张氏族谱》卷五,李鸿章《张公荫谷墓表》。

土豪办团练,刘家不堪欺压,迫于无奈才自己拉起队伍,开始办团练勇的。刘铭传在兄弟中排行第六,父母是老实巴交的庄稼人,期望儿子好好读书,通过科举晋阶荣身,但刘铭传对"四书""五经"没有兴趣,却喜欢研读兵书、战阵、五行杂书等。刘铭传11岁那年,父亲去世,不久两个哥哥也相继去世,刘家的生活更加困难,刘只得以贩卖私盐为生。咸丰四年(1854),太平军攻克庐州,刘家所在大潜山的豪族也兴起筑寨团练,这些土豪要求乡民必须及时供应粮食以便筹措圩寨的粮饷,同时借机蹂躏四乡。有一天,一个土豪呵骂刘家"供给不时",刘铭传怒而夺其手中之刀,"猝斩之",然后骑上土豪的马,手里拿着土豪的头,登高大呼道:"某豪虐乡里,吾斩之,能从吾者当保若里!"①当即有数百人响应,推刘铭传为首,开始办团练勇。咸丰六年(1856),江淮大旱,颗粒无收,老百姓无以为生,更遑论团练的粮饷。于是,刘铭传率领众人哄抢了金桥镇首富吴家的粮仓及当铺。战乱之际,肯出头保卫乡里;大荒之年,能为大家谋活路,这两件事奠定了刘铭传在族中的地位。刘铭传一族分为山前老长房和山后老二房,其中老长房又分为老八房,老二房又分为老七房。庞大的宗族也为刘铭传的团练提供了强大的人才储备。

紫蓬山周盛波、周盛传兄弟办团练的起因与张荫谷有意识地兴办团练也不同。周盛波兄弟六人原来住在合肥西乡大柏店乡枣林岗附近。咸丰初年,有胡氏大族趁战乱围攻周家,企图灭门夺产。周盛波兄弟趁乱逃回老家紫蓬山,寄居于罗坝圩。周氏宗族族长周方策财大胆小,面对太平军及地方匪寇,不知如何是好,见周盛波兄弟艺高胆大,就将办团练勇的事交给他们,一切粮饷兵械,全由宗族给予支持。周盛波兄弟因此而逐渐发达起来,成为远近闻名的"团首"②。

伴随着太平军的来势汹汹,清廷显得手足无措,"官兵数万,已成废器,即今千人为营,而十贼可破",防、堵、剿,无一术可济时艰,兵未战而早已披靡。面对"地广而防不足,防多而兵不足,兵增而饷不足"的情况,咸丰帝不得不采纳众大臣的建议,仿照嘉庆年间依靠地方武装团练镇压川、

---

① 陈淡然:《书刘壮肃公碑荫》。
② 周焘:《周盛波家世与轶事》,《肥西淮军人物》,黄山书社1992年版,第109页。

楚白莲教起义的办法,谕令各地举办团练,并任命四十三名"团练大臣",火速分赴各地,组织武装,尽快扑灭这场农民起义的战火。

咸丰三年(1853)春,工部左侍郎吕贤基被咸丰帝任命为安徽团练大臣,翰林院编修李鸿章与其同往。翌年,经户部右侍郎王茂荫举荐,李鸿章之父、刑部郎中李文安也奉命回籍"督率练勇,协力防剿"。此前,李文安早已寄信回乡里,劝谕乡人为预防祸患,可先行兴办团练。待回到合肥后,他们一方面拉起所谓的官团,办团练勇;另一方面立即与张荫谷等取得联系,以家乡原有的民间团练为基础,集勇并率勇出战,参与攻防军务。其后不久,庐江白石山一战,以张树声、张树珊兄弟为首的团练兵勇队伍成功地阻击了自巢湖来犯的太平军,使"三山"一带的诸团练信心倍增。此后,在与太平军、捻军的作战中,合肥团练又有过几次小胜。虽然只是几场小小的阻击战,但对一直打败仗的清政府来说,无异于一帖强心剂。捷报飞往北京,咸丰帝览后大喜,立即给予赏赐,李文安记名知府,并得以号令四乡团练。李鸿章则从这些战役中捞到了官场最初的资本,先是被赐为"六品顶戴、蓝翎""加知府衔",后又"因剿匪出力,奉旨交军机处记名",数次加官晋爵。在短短的几年内,从一名毫无背景的七品官升到了四品官。

此时,张家团练与刘铭传、董凤高的大潜山团练和周盛波、周盛传兄弟的紫蓬山团练,遥相呼应,号为"三山"团练,与太平军对抗作战,先后在肥西县及六安、霍山、寿州、无为等地,多次配合李文安、李鸿章父子的合肥官办团练围剿太平军。在当时清军、土匪、太平军、捻军四大力量的夹缝之中,"三山"团练以作战勇猛、组织严密而威震江淮,不仅足以自保,而且越战越强,成为令各方都不可小觑的凶悍的地方武装。而素以威猛著称的李秀成、陈玉成等太平军名将,也对张家父子颇为忌惮,曾屡次晓谕部属"勿犯三山"。官府更是对西乡的民间团练刮目相看,合肥知县马新贻、庐州知府李元华等先后拉拢招请,并授以职位,如张树声为同知,刘铭传、周氏兄弟为千总等。张荫谷也因平定太平军有功而得朝廷恩赐为光禄大夫。

咸丰五年(1855)七月,李文安酒后暴病猝亡。而李鸿章因出色的表现引来了众官员们的嫉妒。咸丰七年(1857)秋,安徽巡抚福济为了排挤李鸿章,向朝廷奏报,奏李鸿章应为亡父丁忧守制。此时,李鸿章正因参与的东南战事一路溃败而苦恼,借机结束了五年的团练生涯,回乡守制。不久,太平军反攻倒算,重新占领庐州府,李鸿章与其大哥李瀚章携带全家老小投奔驻扎在江西的湘军总帅曾国藩。少了灵魂人物,合肥团练进入了一个短暂的停滞期。

咸丰十年(1860)九月十三日,张荫谷在周公山去世,时年五十八岁,后葬于肥西焦婆兴塘村。对于张荫谷的死,李鸿章在《张公荫谷墓表》中写道:"遭值时坚,奋起为乡社保障。扶良化枭,口喑心瘁,遂以积劳告终。"李鸿章认为,张荫谷是在特殊时期积劳成疾、攻坚克难累死的。张荫谷去世时,"远近百里,相聚哭赴。以为公尝活我,而又恨天不假年,不使公重睹承平,稍抒忠愤于万一也"。

张荫谷以地主起家,率诸子创办团练,对抗太平军,并因功被赐为光禄大夫、江苏巡抚。他的发迹,既可以说他有高人一筹的决策,又可以说是风云际会的结果。张荫谷育有九子,分别为树声、树珊、树槐、树棠、树屏、树型、树玉、树琼、树培。他去世以后,他的儿子们在长兄张树声的率领下继续投身于保家护乡之中。

第二章 封疆大吏张树声

◎

城南一曲尚清流,风送荷香槛外秋。遗像至今传铁面,直臣岂肯作金钩。

烟波浩淼藏鱼艇,萍藻馨香荐古洲。漫说阎罗关节重,青宫事业等安刘。

——张树声《谒孝肃祠》

长缨论功

张荫谷的去世,使守圩自卫的任务落到了长子张树声的身上。

张树声(1824—1884),字振轩,是兄弟九人中的老大。他少年时代就志向远大,秉承家范,勤学励行,年龄很小就成了县学廪膳生员。如果不是太平天国运动的爆发,张树声和他的几个兄弟大约会和父亲张荫谷一样,期待通过省城的"乡试",再通过京城的"会试",最终取得仕途资格。然而战乱打破了张家父子的这一梦想,使他及他的兄弟们走上了另一条刀光剑影的道路。

张荫谷办团练勇初期,其六子以下都年龄较小,未得参战。张树声以长子身份,成为父亲最为得力的助手。在父亲张荫谷的指挥下,他与二弟树珊、三弟树槐、四弟树棠、五弟树屏等,在周公山下的殷家畈筑堡结寨,兴办团练,从一开始就表现出不同于常人的胆识。他"严申禁令,不准乡民从贼",因而"远近襁负来归,咸知其制寇有方,相依为命",太平军、捻军攻占庐州府若干次,十余年间,周公山下"绝无一人

张树声画像(张以永绘)

一家蓄发纳粮,进贼贡,受伪职者";他认为不能单干,在兴办团练之初就周旋于各地主豪绅之间,替父亲联络西乡团练首领刘铭传、周盛波、周盛传、董凤高、丁寿昌等,以儒家礼义促进豪绅联合对敌。当时各地区团练"诸公以武节相侈,快恩仇,务兼并,互为长雄",而张树声父子以"忠义相提倡"与"诸团长讲信修睦,联络援应,百数十里间,寨垒相望,耕战相资,屹立贼蔽中数年而未撼"。

在对抗太平军和捻军的斗争中,由于张树声、张树珊、张树槐、张树屏等九兄弟同仇敌忾,英勇善战,张家团练表现出所向披靡的战斗气势。据《安徽省志》载,咸丰五年(1855),张树声、张树珊兄弟练勇攻巢湖,破巢湖县太平军营垒。咸丰六年(1856),随清军克无为州,随后又向潜山、太湖进军,同太平军主力遭遇。张树珊率五百练勇组成敢死队,潜入太平军营搅得一片混乱后,又乘机突围。咸丰九年(1859),克霍山,两解六安之围。咸丰十年(1860),张树声、张树珊奉曾国藩之命,攻下芜湖并镇守此城,张树声授知府。

几位团练首领,虽入过私塾,但都念书不多,而张树声受益于张荫谷的早期教育,终生保持着儒学子弟的许多特征,诸如积极进取,乐观入世,做事尽职尽责,以天下事为己任,毫不推诿、全力以赴等。在战斗中,张树

声不及其弟张树珊、刘铭传等人勇猛,但他却有着其他练首所不及的智慧,以及政治远见和卓识,在他担任封疆大吏后,更是表现出不同于一般人的战略眼光。吴汝纶《张靖达公神道碑》称:"(张树声)于淮军中最为儒将,其从行间入官,及擢任疆吏,亦于淮军诸公最为先达。"

咸丰十一年(1861)春,曾国藩率湘军东下,逼近安徽首府安庆。张树声觉得在家乡办团练难有更大发展,现曾国藩兵锋直指皖中,天下属望,不如趁此机会投军求个英雄出处。他的想法得到了刘铭传、周盛波等各家团练首领的一致同意。于是,张树声起草了一封致李鸿章的信函,请他代为向曾国藩介绍。李鸿章收到信后立刻转呈曾国藩,并附上一份亲笔禀帖,推崇张树声等人"血性忠义,历年办团带勇,现居庐、六交界,结乡民数十寨以自卫,舒、庐贼不敢近。可谓疾风劲草矣"。曾国藩读完张树声的来信,不由得赞叹道:"独立江北,真祖生也!"将张树声比作东晋名将祖逖。

早在咸丰十年五月,清廷赖以抵御太平军、屏障苏沪的江南大营被攻破,钦差大臣和春战败而亡,绿营军主力瓦解。于是,曾国藩的湘军成为清廷镇压太平军唯一可以依靠的主要力量。咸丰十一年,湘军收复安庆,由于太平军的猛烈攻势,江南的地主和豪绅纷纷逃到了上海。不久,太平军攻打上海,为了自家利益,云集上海的豪绅阶级开始设想种种办法以求自保。一方面,他们直接请求清廷派兵解围。另一方面,他们提出愿意每月筹集白银六十万两给湘军,向湘军请求援助。而湘军要应付江南四省的战局,也确实分兵乏术。曾国藩在接到清廷的出兵命令后,经过慎重考虑,决定让李鸿章回家乡招募新勇。

"受任于败军之际,奉命于危难之间",李鸿章决定组建自己的勇营,这一想法与张树声的想法可谓不谋而合。当然,张树声所抱的不过是跟着李大人干出一番事业的纯朴观念,而李鸿章则有更大的野心,他希望通过救援苏沪作为实现自己政治野心的转机与进阶。

李鸿章回到家乡,立即与张树声取得联系,并请他联络西乡三山的团练。在张树声的召集下,周公山下的张树声、张树珊兄弟,大潜山北的刘铭传,大潜山西南的唐氏兄弟,大潜山南的董凤高,紫蓬山的周氏兄弟等民办团练,以及解先亮带领的叶志超等官办团练迅速云集,快速组建了一支队伍,共计十三个营,六千五百余人。

同治元年(1862)二月,淮军在安庆正式"挂牌",因为这支队伍主要是从淮河流域招募的,所以叫"淮勇"("勇"以区别于清朝的正规军),史称淮军。三月至五月,上海官绅雇用英国商船,躲过沿线太平军的眼线,将这支队伍分批全部输送至上海。从此,淮军成为清廷在江浙一带镇压太平军的主力,在此后十年中,淮军还担当了剿灭"捻军"的主力,与湘军共同成为中国近代军队的开端。

后来,曾国藩、李鸿章将淮军诸将创办的团练分别编为:张树声的"树"字营、程学启的"开"字营、刘铭传的"铭"字营、周盛波的"盛"字营、吴长庆的"庆"字营、潘鼎新的"鼎"字营等,这些人成为淮军除李鸿章而外的"六将"。六大将领中,以张树声的势力最强、威信最高,地位也最为显赫,成为淮军中仅次于李鸿章的第二号人物。

据说,在淮军的树、铭、鼎、庆等各支队伍到达安庆后,曾国藩提出要接见这些团练的首领。约定好时间后,曾国藩故意超时不出,一直躲在屏风后暗中观察他们的反应。刘铭传有些暴跳如雷,认为曾国藩看不起淮军,而张树声则表现得最为耐心。此次相见,二人都给一向以慧眼著称的曾国藩留下了深刻印象,认为这两个个性鲜明的将领,一个粗中有细,一个沉着冷静,日后必成大器。后来也果如其料。

到上海之后,李鸿章一面抓紧时间,加强对这些上海人眼中的"叫花子兵""大裤脚兵"的训练,整顿军纪;一面向与他并肩作战的美国人华尔指挥的"洋枪队"学习,不惜重金购买洋枪,提高淮军装备水平。

同治元年六月,太平军忠王李秀成带兵对上海展开第二次进攻。李鸿章坐在虹桥的桥头,亲自督战。经过虹桥、北新泾、四江口这三场战役,李鸿章所率的淮军终于守住了上海,使得那些最初耻笑淮军是"乞丐兵"的人开始对淮军刮目相看。

为了彻底打败太平军,淮军与湘军联合作战,精诚合作。从同治二年(1863)初到翌年五月,李鸿章率领淮军一路收复昆山、常熟、苏州、常州,向世人显示了这支军队的作战能力。

在这一路的收复中,张树声、张树珊统率的树字营,可谓立下了汗马功劳。同治二年,淮军攻打苏州。"当时苏州的战略地位,是处在天京、杭州的中枢关键,如果能够在苏州把敌人打垮,稳固苏杭,就只可以进解天京的围困,倘使苏州失陷了,天京与杭州的联系断绝,天京便无法再夺。"①李鸿章准备先清理苏州外围,他令张树声与刘铭传率军去攻江阴。这一战后,张树声晋升道员。之后,张树声又支援荡口,拿下谢家桥,配合程学启攻打苏州主城,接连收回领地。最终由于太平军首领向程学启乞降,淮军拿下苏州。随后,张树声又率军攻打无锡大胜,"击寇芙蓉山,大破之,夺获战舰器械不可称计",授三品衔。紧接着,张树声乘胜攻打常州,连破太平军二十余营。在之后的浙江湖州战役中,他也有勇猛表现,被诏以按察使记名。

同治三年(1864)七月十九日,曾国荃攻克天京。曾经轰轰烈烈的太平天国运动终于被镇压下去。但清廷的"内患"却远没有消除。南方的太平军余部,北方的捻军,还有西北的少数民族起义还在继续活动着。

在"剿捻"大计面前,湘军和淮军再次并肩作战。但是曾国藩在"剿捻"上却屡屡受挫。同治五年(1866)九月,捻军大破开封附近湘军。因曾国藩督师"剿捻"无功,李鸿章被委任为钦差大臣,接办"剿捻"事务,李鸿章接任后,先设法妥善解决淮军的粮饷供应问题,并借鉴曾国藩"剿捻"的经验,实行"划河圈地""以静制动"等作战方针,最终扭转了局势。这样,从同治五年(1866)底李鸿章领命到同治七年(1868)初东捻军首领赖文光被杀,仅一年零一个月时间,东捻军就被淮军镇压下去了。在剿杀西捻军时,淮军遭到西捻军首领张宗禹率部的顽强抵抗,加之李鸿章与左宗棠在战略上的分歧,一时进攻受阻。然而天公帮了淮军的大忙,五月中旬以后,黄河水暴涨,形成天然防线,捻军受到致命威胁,淮军取得了战场上的主动权。八月,西捻军全军覆没,张宗禹投水而死。李鸿章的淮军"剿捻"大获成功。此时,淮军达到鼎盛,兵力达七万多人。

在这一将捻军东、西两部先后镇压下去的过程中,张树声、刘铭传率

---

① 罗尔纲:《太平天国史》,中华书局2000年版,第2151页。

淮军随李鸿章屡建战功。

弃武登文

"平捻"结束后,同治九年(1870),张树声奉命调补山西按察使、布政使,不久又奉命署理山西巡抚。从此,张树声的关注点从军事战争转移到政治上,弃武登文,开始了他梦想多年的仕途。同治十一年(1872),他荣升为漕运总督、江苏巡抚,驻节苏州。

对于苏州,张树声并不陌生。他曾多次率树字军与太平军在此相遇并激战,这里曾是殷家畈的张家子弟兵与太平军厮杀的战场。十年过去,战火硝烟渐行渐远,这座江南特色的古城又恢复了昔日的宁静。走在桂花飘香的石板路上,望着两边的残垣断壁,身为封疆大吏的张树声感受到了自己肩上的重任,他将要亲手医治战争给这座美丽的古城带来的创伤。上任江苏巡抚后,他大力治理太湖、兴修水利,鼓励农耕垦殖。经过治理,短时期内太湖流域水患大为减轻,遭到战事破坏的农业生产也逐步得到了恢复。

六十年后,当张树声的孙子张武龄定居苏州,在此游览古迹时曾多次找寻祖父留下的印迹。

郡学之南的沧浪亭,一度毁废于战火,张树声"用人之力六万一千五百工",以"良材坚甓,金铁丹漆之属"重新修建了"沧浪亭""明道堂"等景观,使"名园古墅,梵宇琳宫""重光累曜","远追百年以前之隆"(张树声《重建沧浪亭记》)。

太湖之滨的宝带桥头,竖有一块石碑,上有张树声撰写的《浚治太湖并修建桥窦碑》,记录了张树声疏浚太湖及附近河流溇港,重修被破坏的百八十座桥梁,打通堵塞的桥孔桥洞的经过,以及他对后人自觉维护成果的期望。

而更令立志办学的张武龄受到激励的是张树声对江南第一书院——紫阳书院(在今苏州中学内)的重建。康熙五十二年(1713),江苏巡抚张伯行在苏州文庙、府学的遗址上建造了紫阳书院。书院几经修葺改建,但在咸丰年间，太平军攻入苏州后被烧毁。李鸿章任江苏巡抚时曾主持恢复，张树声到任的次年，就召集工匠、准备建材，进行重建。在《重建紫阳书院记》中，他阐述了重建书院的目的："勉期诸生勿负养贤报国之意至深且远，余惟教化行而后学业兴，学业兴而后人才出，书院之设关乎教化者綦重，振兴固无难而废弛亦易……诸生果能本所学以发为文章，将见处可维风教，出可裨政治仰副稽古右文之治。"他认为考取功名"非徒以为工文辞取科第之资而已也"，而应该"他日学成名立，出而大有为于天下，庶无负不佞养贤报国之志"①。这正是张树声对教育重视的原因。他虽出身行武，但始终将教育放在非常重要的位置，办学育人的思想贯穿了他的整个仕途。在此前的同治十年（1871），他与刘铭传、周盛波、丁寿昌等人在家乡集资办了肥西书院，捐献住房和田地，聘请名师讲课，方圆百里的学生都在这里求学，最多时学员达六七百人。一百多年过去后的今天，这处书院成为聚星小学，而张树声的张老圩成为聚星中学。

在江苏巡抚任上，张树声彻底完成了由战将到文官的转变，他脚踏实地地为老百姓做事情，显示出"养贤报国"之志及勤勉务实的作风。此前，他在担任直隶按察使时，由于社会长期动荡不安，直隶积压的各种讼案达万余件，他亲自起草章程，限期结案并明定赏罚，收效明显，因此赢得了良好的政声，故《清史稿》对其有"清理庶狱，勤政爱民，群情拿服"的记载。

张树声对清朝的政治前途也有颇多的思考。早在同治十三年（1874），他在晋见慈禧太后时，曾当面提出"停纳捐输"的建议。他认为应当停止花钱买官的做法，否则可能会导致官场混乱，于国于民均为不利。光绪四年（1878），他再次晋见慈禧太后和年仅九岁的光绪帝时，又一针见血地指出常备军"绿营"的积弊，对于朝廷准备裁减湘淮兵勇的做法提出异议，认为在列强虎视眈眈、动辄挑衅要挟、时有进一步动作的情况下不可裁撤善战的勇兵。他还对慈禧问及的"地方官是否留心洋务"的问题，提出了自己的看法。他说："中国礼义政教奉行日久，事事皆成具

---

① 张树声：《重建紫阳书院记》，见王道《流动的斯文——合肥张家记事》，浙江大学出版社2014年版，第42～43页。

文,西人富国强兵,精益求精,事事必求实际,此外国所以日强,中国所以日弱也。"①这一时期的张树声,以多年一线工作的经验,直观地觉察到中国与西方列强在科技、军事、工业实力上的差距,因此追随李鸿章所倡导的练兵制器、师夷长技以制夷的洋务思想。但他认为,除了在技术、器物层面的学习西方外,更应该改革内政,"以中国之大,人民之众,果能惩虚务实,力矫因循粉饰之弊,一切用人行政,察吏治军,不任法而任人,不在科条烦设而在实力奉行,则内治既足自强"②。

光绪八年(1882)的一次意外事件,给了张树声一个影响历史进程的机会。是年,清朝属国朝鲜发生壬午兵变,朝鲜高宗李熙之父兴宣大院君李昰应利用军队哗变,成功夺权,对立的两派分别要求中国和日本出兵支援,中日两国在朝鲜问题上,开始第一次面对面的交锋。当时,张树声正代理母丧丁忧回乡的李鸿章担任直隶总督。清朝驻日公使黎庶昌第一时间将急电报到了他的案头,建议北洋出兵。张树声认为失去朝鲜,大清就失去了在东面的屏障,渤海诸港、天津卫乃至京城都将直接暴露在日本人面前,所以他当机立断,一面报请朝廷,一面迅速调派淮军统将吴长庆、吴兆有等率军赴朝,以迅雷不及掩耳之势平定了事变,最后迫使日本签约撤兵,使日本企图借机吞并朝鲜、侵略中国东北的阴谋破产,同时也重塑了清朝在朝鲜宗主国的地位。张树声因在此次出兵行动中部署迅速周密而得到清廷嘉奖,被加封太子太保衔。翌年,李鸿章回任,张树声继续督两广。

在两广总督任上,张树声竭力转变广东的社会风气,整顿吏治军政,筹办海防。他多次请求清政府筹办广东海防,整顿吏治军政,并"正己率属,甄别贪劣",奏参不尽职守的文武官员,以清吏治。

当时正值边疆危机之时,列强的侵略势力向中国腹地延伸,广东、广西边境地区频繁发生教案,英法两国相继增加在广东沿海的军舰数量。然而自鸦片战争后,广东的海防却逐渐废弛,炮台陈旧,防营纪律涣散。张树声上任伊始,就着手勘察海防,整顿军备,几乎将广东海岸线亲自走

---

① 尹福庭译注:《李鸿章张树声刘铭传诗文选译》,巴蜀书社1997年版,第149页。
② 尹福庭译注:《李鸿章张树声刘铭传诗文选译》,巴蜀书社1997年版,第152页。

了一遍,工作之周密常令部下为之叫苦不迭。

经实地考察,张树声发现清朝海防策略的巨大缺陷。他说,海防以天津为重,江苏次之,广东最弱。但西方列强却最有可能从广东驶入,因此广东海防对全局的影响最大,可是朝廷财力却不顾及,岭南实际上有海无防。他认为,广东虽然不及南北洋重要,但通商早,百姓出洋的多、人才多,如果用广东税银购置船舰,未必不能训练出一支海军舰队。他将自己的这些想法上报朝廷,但却久久没有得到回音。

在等待之中,张树声决定先从培养人才做起。在与西方列强的接触中,他觉得西方国家如此强大,以至于"英、法各国皆不过当中国一省之地,挟其兵轮枪炮跨海东来,无不雄视中土",究其原因,是两种教育的不同,虽然两种教育都致力于对知识的探求,但中国以儒家思想为主的教育的终极目的是回到人的自身,关注精神修养和内在道德;而西方教育则是走出自身,勇于征服世界。虽然,目前朝廷尤其是洋务派,努力"开厂造船,设局简器,讲求效法",但这只是表面的学习,"积有岁年,而步其后尘,不能齐驱竞捷"。要改变这种状况,必须进行西式教育,使学生从小耳濡目染西方的知识。"不从学堂出者,大抵皮毛袭之,枝节为之,能知其所不然,不知其所以然也。"强调了西学的重要性。

在张树声的主持下,广东实学馆于光绪八年(1882)初动工,翌年竣工,一所西式学堂在广东黄埔长洲岛建成,学堂开设数学、天文、船舰等课程。他亲自斟酌核定学校的章程,并从福州船政学堂及各处找来精通外文及算学者充当教习,同时还与驻英公使曾纪泽联系,请其代聘精通驾驶、富有才略的人担任学馆洋教习。他希望通过培养全面"通晓洋务"的人才,使中国走上自强之路。

此后,这所洋务实学馆在半个世纪中几经辗转:广东博学馆、广东水陆师学堂、广东海军学校,最终成为陆军军官学校,即黄埔军校,名震世界。

洋务实践初步成功的张树声,在广东这片开风气之先的土地上,越来越多地接触到西方文明,也开始了更深层次的思考,法国人屡屡在越南挑衅,日本人蠢蠢欲动,整个国家局势紧张。广东实学馆虽已起步,但仅靠一所学校无力培养更多的人才,这位一路读着儒家经史子集走来、曾经希望通过科举制度改变人生的官员,竟然冒天下之大不韪,将变革的大刀挥向了科举考试,以在职高官的身份上奏朝廷,要求删减古文考试,增设六科新科目,选拔培养军事、传统文化学术、外交、政治、经济、科技等不同范畴的人才,试图全面改革科举考试制度。此论一出,满朝惊诧,参与军机的帝师翁同龢评论说张振轩数典忘祖,认为总督大人政治上如此幼稚。

张树声是晚清第一位提出全面改革科举考试的官员。这一时期,他的很多想法已经越走越远,与他的恩师李鸿章之间的差异越发明显。从张树声代理直隶总督,参与壬午兵变起,两人的意见越来越不统一。尤其当法国军队在广西边境节节逼近时,两人更分别成为对立的主战派与主和派的代表。

光绪九年(1883)十二月,中法战争爆发。此前,面对法国侵略越南和我国西南边疆的严重局面,清朝统治阶级内部出现了分歧。李鸿章为保存淮军和北洋海军的实力而主和,但左宗棠、张树声等则主战。张树声不顾与李鸿章之间的隔阂,主动派军入越南抗击法军。为防止法军入侵,他还派兵在越南的谅山、高平等地择要驻守,此外还公开支持刘永福的黑旗军和越南军民抗法。无奈朝廷战和不定,翌年八月二十三日,法军势如破竹,仅十几分钟,就将福州港中国战船击沉或重创。

光绪十年(1884)初,张树声自请解除总督之职,专门治军。不久,张树声受革职留任处分,仍负责办理广东防务。其间,他亲驻黄埔行营等地,勘察地形,训练部伍。在离任之前,他推荐冯子材担任抗法统帅,最终冯子材在中法战争中的南线战场上取得了胜利,但由于清政府的腐败无能,使得"法国不胜而胜,中国不败而败"。

光绪十年(1884)十月,张树声积劳成疾。生命垂危之际,满怀悲愤的他以《遗折》上书朝廷,将西方政治制度作为救国的根本,对所参与的洋务事业进行深刻的反思,他批评洋务自强是遗其体求其用,要求朝廷改革政治,改变百年不变之法,实行君主立宪,效仿欧洲诸国设议院,通过深刻的政治改革,来挽救时弊,以图王朝之兴,以求民族富强。张树声对新政的呼声,正是改良变法运动与清末新政的先声。

此外，他还十分担忧台湾问题，认为"福州马江之役，聚兵船与敌相持，彼此皆木壳船也。一旦炮发，我船尽毁，此亦已事之鉴矣。今台湾告急，援济无方，窃虑琼州将踵其后。若敌得志，台琼祸患之殷何可推测。此微臣所以终夜感愤，虽与世长辞，终难瞑目者也"。

此后不久，清朝于台湾设省，以他的同乡、好友刘铭传为巡抚，大力推展现代化防务及新政，并积极筹建北洋水师。

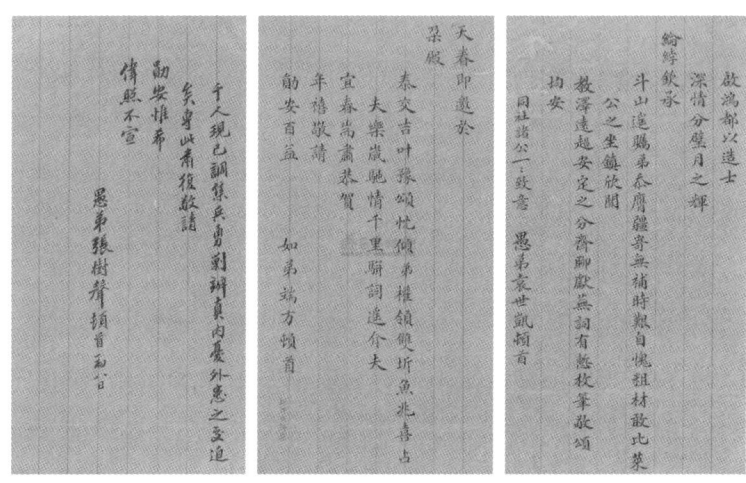

张树声手迹

兴绪十年十一月，张树声病逝于广州，谥靖达。光绪帝亲自为他撰写了祭文和碑文，张之洞、彭玉麟等联合撰文褒扬其功绩，李鸿章也力奏在合肥、天津等地为其修建纪念祠。张树声有《张靖达公奏议》八卷、《庐阳三贤集》十六卷，此外尚编印过《敦怀堂洋务丛钞》十九卷等行世。《清史稿》卷四四七中有《张树声传》，录其一生之行事。

树珊之死

张荫谷有九个儿子，除长子张树声外，次子张树珊、三子张树槐、五子张树屏等在史书中均有记载。尤其是张树珊，作为张家团练及树字军统帅，《清史稿》给予较多文字的描述。

张树珊（1826—1867），字海柯，早期便显示了出众的勇猛与智慧。由于他勇猛善战，跟随官兵四处剿敌，当时"皖北几无完区，独合肥西乡以团练筑堡差安"（《清史稿》）。早期与大哥张树声率张家练勇，屡建战功，几乎年年都有可圈可点的战绩：咸丰五年（1855），击贼巢湖，率壮士数十人败贼，擒斩贼目五人，进破巢县贼营，叙外委。六年，复来安，随官军克无为州，又克潜山。七年，败捻首张洛行于官亭。九年，克霍山。十年，两解六安围。十一年，赴援寿州，克三河。尤其是咸丰六年（1856），在向潜山、太湖进军时，在太湖与太平军的大队人马相遇。当时太平军有数万兵马，而张树珊的练勇仅几百人，且千里奔波已弹尽粮绝。面对大军，张树珊毫不畏惧，他带着小队人马沿着大坝悄无声息地潜到太平军驻地腹部，将太平军营搅得一片混乱后，成功突围，反败为胜。在六年的南征北战中，他从一介平民，升至千总，再至"擢都司，赐花翎"。

跟随李鸿章，张家团练成为淮军后，张树珊又带领树字营立下了赫赫战功。同治元年（1862），李秀成率领太平军第二次进攻上海，树字营与启字营左右夹击，逼迫李秀成退兵。七月，太平军围攻青浦北新泾，张树珊与程学启合力奋战了十多天，才将敌军击退；其后，太平军大举围攻嘉定的四江口，他紧靠敌军安营扎寨，与各路淮勇"奋击，连破二十余垒，遂解围"（《清史稿》）。这一年冬天，常熟及福山的太平军献城投降，但福山的太平军出尔反尔，再次反叛，围攻常熟。翌年二月，张树珊率军通过水路抵达福山洋港，突然风浪大作，将其船只吹到太平军大营附近，潮水退去后，船只被搁浅，不能动弹。张树珊本来想走水路以断敌援兵，谁知反而陷入包围。于是率军登岸筑营，但还没筑好，敌人大部队人马就到了。张树珊带着树字营迅速应战，直捣敌军中坚力量，虽然左肘受了枪伤，但英勇依旧，左右突围，成功解救出被围困的淮军，又乘胜解了常熟之围。此战后，他又率树字营在江阴截断敌人退路，在无锡大败敌军，与刘铭传内外夹击，夺下无锡城，再与铭字军共同进攻常州，攻克常州。

同治四年（1865），曾国藩督师"剿捻"，驻扎于徐州，他非常欣赏张树珊，将张树珊的树字营视为自己的亲信部队，让他驰援山东；陈州的周家口地理位置非常重要，曾国藩起初命刘铭传驻守，不久将铭字营改为游击队伍,让张树珊率军移驻。但张树珊认为捻军飘忽无常,耻于在周家口守株待兔,强烈要求改为主力部队追剿捻军。"九月,驰解许州之围。十月,逐贼山东境,连败之丰南、定陶、曹县。"

张树珊是员虎将,以精悍善战闻名四方,他所率的树字军在战场可以说是"战无不胜"的"常胜军"。但由于性格等原因,张树声与张树珊在战略、战术上多有分歧,一个比较冷静,一个则积极进取,故兄弟二人常常意见不一。在李鸿章担任两江总督时,张树声借机"乃就徐州道任",由武登文,干脆将兵权留给了二弟张树珊,由张树珊带兵。但没有想到的是,未到一年,张树珊即壮烈殉国。

同治五年(1866)十一月,张树珊在数次击败捻军之后,回军周家口。不久,探报称捻军改变方向去了湖北,他立即偕同周盛波的盛字营前往追剿。树字营、盛字营行至湖北德安在臼口这个地方,淮将郭松林却误中了捻军的埋伏,受了重伤,其弟也战死。淮军受挫,张树珊心有不甘,故率军从黄冈一路追到枣阳,又追到黄州、德安等地。

当时,淮军树字营、盛字营均属刘秉璋调度。此前,刘秉璋、周盛波两部已与这股捻军鏖战多时,双方都不能取胜,成对垒之势。后来,捻军往西北方向遁去。淮军众将认为捻军"贼悍且众,宜持重",独张树珊不以为然,他求战心切,认为刘秉璋等人"畏贼如鼠",听不进他们的劝告,自率树字军出营猛追捻军。

结果误中敌军埋伏。终因兵力悬殊,寡不敌众,而勇烈就义,年仅41岁。清廷嘉奖其"忠勇过人",谥号勇烈,赐专祠祭祀,并从优给予抚恤,予骑都尉兼一云骑尉世职。捻平之后,又追赠太子少保。后曾国藩和李鸿章联合奏请慈禧太后和同治皇帝恩准,在周家口为张树珊建造专祠。

张树珊战死之时,张树声正在直隶按察使任上。痛失亲弟,噩耗传来,他悲痛难抑,于同治六年(1867)四月含泪为弟弟撰写挽联:

也知一死壮山河,奈大功未竟,狂寇稽诛,十余年征战枉劳;那堪室有双雏,马革归来难瞑目。

不独三生为手足,忆皖水同袍,吴山并辔,数百战艰危与共;讵料袂分千里,鸰原急难赋招魂。

张树声的三弟树槐,字尔荩,在淮军中负责树字营军需购运接济,授盐运使衔、山东候补知府、山西因河防授道员衔等职,同治十三年(1874)因病卒于肥西老家。

五弟张树屏(1828—1891),字建侯,历官记名提督和太原、包头、大同镇总兵等职。树珊战殁德安后,树屏分领树字三营驻周家口。光绪十二年(1886),因病请求卸任,回家休养,被朝廷赐为"额腾额巴图鲁",一品顶戴。在张树屏任职期间,张树声曾致信负责家中事务的三弟树槐,要求家中子弟勤俭节约,未雨绸缪:

五弟此次所寄之款,暨兄所拨盐岸股分,合之前存省三处息本,每年但得息一分,统计即有三竿之数,家用似不致有绌,惟望家中时念五弟带兵在外肩此重大,责成防河守隘,栉风沐雨之余,刻已顾家,洵非易易,即兄十年宦海各缺出息及向不妄取一文情形,亦为人所共知,此时岂真力有盈余,不过于廉泉一勺中省吃俭用、勉措前项,期与弟等同甘共苦而已,我辈皆年届半百,子弟辈向未教之理财,既无开源之方,惟有节流之法,观古今自天子以至庶人未有克勤克俭而不日见其兴者,未有不勤不俭而不立见其败者,人人共识此意,共休此心,斯保世滋之道,检点打算绸缪未雨尤为要紧,语云:吃不穷,喝不穷,计算不到亦是穷也。以上所言非故为琐琐许,子云学莫大于治生,饥寒交迫而保廉耻之不丧,惟贤哲之子弟能勉之……①

张荫谷、张树声父子发达后,在老家肥西建有两座规模庞大的庄园,一为张老圩子,另一处为张新圩子。

张老圩子位于肥西县聚星乡的周公山下,这里三面环山,河水环绕。据传有九路水脉经过圩子。圩子坐北朝南,规模宏大,像三个盘子拼在一

---

① 王道:《流动的斯文——合肥张家纪事》,浙江大学出版社2014年版,第59~60页。

起。圩子有宽阔的内外壕沟,内壕架有两座石拱桥。吊桥向西开,大门原是一座牌楼,过牌楼是五进正厅,每进十五间,分东、中、西三个大门,内分正大门、客厅、书房等。张氏兄弟在大厅北面建造内室,各房单成一个小院落。北壕外是花园和小姐们的绣楼,有一石桥通连圩内。

张树声兄弟众多,张家第二代第三代出生后,因原圩狭窄,不敷入住,所以又将东壕沟外翻扩一倍,壕上架石拱桥。东边扩建时,原设计为九进大厅,因张树声光绪十一年病逝广州而停建,只建有仓房、兵勇、家什等房。

张树声去世后,众兄弟分家。张树屏在离老圩北面五里远的地方另行建造新圩。张新圩子的建造,不仅华丽坚实,而且结构新颖,横竖成方,整齐划一,不像张老圩随地势迂回曲折。在建筑形式、房屋结构、华丽美观等方面,都大大超过了张老圩子。全圩占地近百余亩,砖瓦屋数百间,有九路正房,坐北朝南。幢与幢之间,由厢房隔成三五个天井院。房架结构均是八脚落地(每间支柱八根),雕梁画栋,屏门阁扇,珠光琉璃。圩内有内外护圩沟两道,均用石块砌筑,两沟之间有一道丈余高的石头围墙。内壕沟将圩子分隔成整齐的两部分,中间以一座精巧华美的石桥沟通,沟内栽有荷花。外壕沟宽阔,沟中养有鱼,东、西、南、北各有一道木质铁皮大闸门,门枕由石狮、石鼓组成,上有门楼(又称更楼),住人看守,可俯瞰全圩四方内外,防护森严。

后来,圩内建筑迭经改造,原貌已不复见。如今,圩内尚存有两株巨大的法国梧桐和一株高大的广玉兰树。

张家的田产分布在聚星、官亭、焦婆、大柏等乡,据说年收租计达四万余石。另外,张家在合肥、南京、苏州、上海、天津等城市均开有商号,并建有张公馆,直至新中国成立前,张氏后裔在外的仍均可在张公馆内支取生活费用。地方上有"张氏富一房,刘氏(刘铭传)富一族"之说。

张荫谷、张树声父子去世后,均葬于焦婆乡张祠村的龙颈子(原名狗颈子)祖茔,墓室和墓道据说都是用从广西运来的青石砌就,墓前有石旗杆、石翁仲、石兽等装饰,墓周广植松柏,规模颇为气派。

第三章 名士公子张华奎

◎

> 水的德性为兼容并包,从不排斥拒绝不同方式,侵入生命的任何离奇不经事物,却也从不受它的影响。水的性格似乎特别脆弱,极容易就范。其实,则柔弱中有强韧,如集中一点,即涓涓细流,却滴水穿石,无坚不摧。
>
> ——沈从文

青袍儒生

张树声育有三子,长子张华奎(张云瑞,字蔼青),进士出身,官至川东道,为官清正,颇有声名,只是未足五旬而卒;次子张华轸(张云林,字次青),晚号晚村,贡生,江西候选知府、湖北候选道,一度随刘铭传入台湾办理军务,恩赏花翎,著有《顺所然斋诗文集》,也未有子息,后来过继九房张树培的儿子入嗣,此外又过继张武龄的四女张充和为继孙女;三子张华斗(字笠青),诸生,候选道,著有《席月山房诗存》,育有两子,长子未婚而卒,次子婚后不久也早卒,所幸尚留有两个幼子。张树声给儿子们以华字取名,但在整个大家庭中兄弟几个又是云字辈。

张树声与兄弟们一直跟随李鸿章转战南北,立功殊多,官职也一路青云直上。长子张华奎,早年随父转战南北,光绪八年(1882)中举①,光绪十五年(1889)进士及第,先任户部员外郎,后外放为川东道台。

作为长子,又是三个儿子中读书最好的,张树声对张华奎十分器重,寄予厚望。张树声在致三弟树槐的信中就提到"所望瑞、路、锦三儿本科或能幸得中一名,支柱门户",瑞即张华奎,路、锦则是张树槐的儿子云路和云锦。最终张华奎也确实不负所望,据说,他的弟弟张华轸当年曾因县试不中,被罚步行二十公里回家,并从偏门进入家中,跪在祖宗的牌位前祈求原谅。

非常遗憾的是,张华奎考中进士时,张树声已殉职多年,故在官场上他并未得到父亲的荫庇。对他帮助最大的,倒是其父亲张树声的好友、淮军另一名将刘秉璋。刘秉璋曾中过进士,与张树声关系很好,张树声不仅将自己的女儿嫁给了刘秉璋的儿子,并将位于三河镇上的一幢豪宅作为陪嫁。

张华奎很长时间都在川东道的任上,最后也在职上病逝。不过在这一职位上,张华奎的表现非常出色,其处世方法及处理事务的能力酷似其父,往往能使很棘手的事务迎刃而解。张华奎为官清廉,客观公正,且又"长于交涉",在职时能兴利除弊,妥善解决若干起涉教事件,颇做了一些实事和好事,赢得了当地民众的信服及较好的口碑。

刘秉璋出任四川总督后,因欣赏张华奎的才气,他向皇帝奏调张华奎办理四川盐务,整顿川滇黔边界附近的盐务。张华奎"悉心厘剔,事治而商不扰,遂署川东道",声誉颇佳。

张华奎到任后不久,四川发生了"大足教案",张华奎最终妥善解决了此事。说来这也算是中法战争留下的尾巴。中法战争后,法国教会势力在中国恣意横行,传教人员的行为引起了当地百姓的强烈不满。四川

---

① 也有资料称张华奎中举是光绪十一年(1885)。

大足县龙水镇(今属重庆)群众出于对侵略势力的愤恨,曾两度于灵官庙会时拆毁法国天主教堂。光绪十六年(1890),该天主教堂重建,法国传教士又强迫知县禁止迎神赛会,并取消是年八月四日的灵官庙会。原定的庙会日,到场的百姓与教徒发生冲突,一个老百姓被教徒打死。教徒还仗势放火烧毁民房,愤怒的群众当即捣毁教堂、公所、医馆等。其后以挑煤为业的余栋臣组织煤窑纸厂工人和挑贩百余人反抗,杀死教民十一人,毁房二百余家,并焚毁教堂,号召驱逐传教士,引发了震惊中外的"大足教案"。此教案发生后,清政府十分着急,担心洋人找到开战的借口,又担心老百姓聚众起义,遂要求四川总督刘秉璋即刻查办。刘秉璋派遣张华奎着手办理。"华奎至,会营调团分解其势,党众聚散,主教挟此恫吓,索偿甚奢,华奎酌予恤银五万两,据约力争定议。终华奎任,民教不复滋事。"①

张华奎在查办此案时,对于要害非常清楚,多年以来,教会以传教为名,不断挑起"教案",从而成为"野心侵略者之武器"。而"有司为其(教民)所胁,每存逊让之心,不免袒教抑民……几至教民讼不胜不息,平民讼不负不了"②。老百姓确实受了不少委屈。因此办理具体教案,不能袒护任何一方,一定要客观公正,处理好双方的利益不受损。在他的斡旋下,余栋臣被抓捕归案,法国天主教会用赔付的五万两白银重新修建教堂,事情平息。

一波未平,一波又起。翌年三月,中英双方在光绪二年(1876)签订的《烟台条约》基础上,在北京续增了新的条约内容。此举意味着重庆海关正式成立,由英国人霍伯森首任重庆关税务司,川东道张华奎为关监督。但此事惹急了当地的绅商,担心洋人把持海关,洋货大批拥入,使当时商人无法生存。张华奎了解情况后,"晓譬绅商,采长江各关章程设关,定停泊点,裁新旧厘金陋规,清积弊",最终使海关顺利运营,"岁增解银十余万"。开埠所在的白象街,后来成为重庆城最豪华的街道和金融中

---

① 张充和:《张华奎传》,《浪花集》,新世界出版社2005年版,第70页。
② 邓常春:《督促与应对:晚清教务教案中中央政府与地方官的互动》,《西南民族大学学报(人文社科版)》,2005年第12期。

心,一直延续到20世纪30年代。重庆海关的建立,客观上促进了重庆的现代化。

刘秉璋对张华奎在这一系列事件上的处理,是颇为满意的。因此,他多次力荐张华奎,尽自己所能,提拔张华奎为补建昌道,调署按察使(一省司法长官),后移成、绵、龙、茂道。鹿传霖继任四川总督后,继续重用张华奎,"以华奎长于交涉,檄署川东道,与各国领事、主教在重庆定结成都教案"。

张华奎又为重庆通商事宜与日本总领事珍田舍力争。重庆通商是《马关条约》新增的内容。张华奎与相关税司等部门勘定租界,将王家沱定为商埠。但是日本总领事珍田舍却想再索要江北厅地,张华奎以不是原来条约上的约定为由拒绝珍田舍。珍田舍又要争场界管辖权,并援引各国的例子。张华奎据理力争,终使珍田舍图谋不得。

后来他又处理了子口税的问题。"川东既设子口税,商运土货,每借以漏厘金,华奎公行其罚,英领事争之不为所动。"

由于出色的政绩,张华奎在光绪二十一年(1895)被保荐为实授川东道。在川东道任上数年,张华奎"凡交涉皆智在事先,力维大局,余所兴除尤多",终因过于劳累"积劳咯血",于光绪二十二年(1896)九月四日病卒,时年仅四十九岁。

慈父贤母

张华奎没有子嗣,但为了延续张家长门香火,他于光绪十五年(1889)从五房张树屏的儿子张伯纪(张云官)处过继了一个儿子,这个儿子就是张武龄。

当时,为过继一事堂兄弟俩立了字据:"伯纪今秋所得之第四子特凭族戚写立合同,过继与兄为嗣",于是出生刚十八天的这个孩子从此就是张家的长房长孙了。张华奎给继子取名绳进,乳名小绳,字武龄,源自《诗经》中"绳其祖武",将家庭的再次兴旺寄托在孩子的身上,希望孩子能继承其祖父张树声的功绩。后来孩子的正式名字叫张武龄,但家人都叫他小绳。张武龄在成年后,给自己又取号叫冀牖,意思是期待着光从窗户里透进来,也意味着希望能开启民智。但若干年后,他又将这个号简写成了"吉友",反映了他随着年龄的变化,思想、性格上的变化。

光绪十五年十二月十六日,张华奎在赴四川任上,从宜昌写信到合肥老家,向弟弟诉说初为人父时的喜悦:"年逾四十始知抱子之乐。"当时,张华奎和妻子,带着四个月大的小绳,正在从北京到四川巴县的途中,因为江水猛涨,船在宜昌搁浅了几天。

张华奎到四川任上后,又纳了一房小妾。这个小妾为张华奎生了一个女儿,这个女儿后来一直随着嗣兄武龄一家生活。

张华奎的原配妻子没受过什么教育,但性格温和,对人非常和善,对孩子们和蔼可亲。对她来说,家就是她的一切,过继来的这个儿子及儿子的妻子子女就是她的全部。她不仅对儿子好,对儿媳也非常体贴、照顾。她吃斋信佛,常常拖着一条老寒腿跪在那儿念诵经文,祈求佛祖保佑孩子们健康平安。

有这样的父母,对张武龄来说无疑是一种幸福。父慈母爱,使他享受到人间的爱与温暖,并把这份爱与温暖继续传递给他的下一代,最终成就了最后一代闺秀张氏姐妹的人间佳话。后人经常猜想,如若他留在自己原来的家,他可能不会这么幸运,也许后来张家的历史也不是我们现在所知道的那样。

张树屏是张荫谷的第五子,即合肥张氏五房,这一支人丁最为兴旺,因此张树屏不得不另建新圩以适应人口的增长。自长兄树声、次兄树珊去世后,因见的世面多、被朝廷封赏的职位高,树屏成为张家最有威望的老人。但是,张树屏并没有留下一官半职给张武龄的生父张伯纪(字云官)。当然,即便有官位可继承,也轮不到这个儿子。张伯纪没有什么志向,除了收集金石以外,他唯一的爱好就是养小妾,家里妻妾成群,子女众多。他一生都留着长长的辫子,1930年,他曾到苏州看望四十年前过继给堂兄的儿子,陪同他一起来的还有他最宠爱的陈姓小妾。早晨,父子俩一起去散步,这时,人们就会看到,前面是一个留着很长辫子的老先生,胸前悬佩着各种大大小小的玉石,每走一步,都会发出叮叮当当的声音;走在他身后的是一个穿着长袍的年轻人,微微驼着背,秃着头,戴着金边眼镜,习惯性地皱着眉,两眼透露出慈祥的目光。大概这也算是苏州街头一道独特的风景吧。①

张武龄的生母在他出生后不久就去世了,家中没有一个管家的人,每天都乱成一团,张伯纪也无心管理,听之任之。张云官育有五子,分别是尧龄、舜龄、禹龄、武龄和乔龄。在家族其他人眼里,这些孩子缺乏管教,大多花钱大手大脚,性格张狂,行为荒诞。长子尧龄,因沉迷于养马而最终破产;五子乔龄为妾所生,因是庶出所以小时候常遭歧视,成年后即离开家乡投身军中,并在中原大战期间为蒋介石立了几次大功,后来又参加抗日战争,最后荣膺中将。抗战胜利后内战重起,他无心再战,于是退出军界。新中国建立前夕,张乔龄携家移居香港,不久又转赴台湾定居,后因投资失败耗尽所有积蓄,成了业余魔术师和马戏团团长。三子禹龄,后来长期在北京居住,与沈从文一家接触较多。抗日战争爆发后,沈从文离京南下赴西南联大执教,张兆和与两子暂留北平,就借住于禹龄家中。后来,禹龄的儿子中和,与沈从文一家也保持着亲密的关系,沈从文之子龙朱的婚姻,也是张中和这位舅舅促成的。

二子舜龄有个名叫张鼎和的儿子,也就是后来张家人回忆中常提到的张璋或张晓天。张鼎和(1905—1936),又名张璋,张晓天、张晓、张天等是他的化名,他曾是"北方左联"的创建人和负责人。他生于肥西张新圩,因在兄弟中排行第四,故人称"四少爷"。1921年,鼎和到天津南开中学读书,受五四新文化运动的影响,形成了强烈的反帝反封建思想,成为肥西张家最前卫、最激进的一个。1925年,在中共北方区委的领导

张璋(张鼎和)像

---

① 金安平:《合肥四姊妹》,生活·读书·新知三联书店2007年版,第96～97页。

下，他积极投身于天津的反帝同盟运动并加入中共党组织，不久即受中共北方区委指派，进入黄埔军校学习。"四一二"政变后，张鼎和在广州被捕，越狱逃往日本留学。1929年因反对日本军国主义而被驱逐出境，归国后考入北京辅仁大学化学系。此后，他参加"北方左联"筹建工作，并与"未名社"的李霁野、韦丛芜和曹靖华、范文澜、孙席珍、台静农、傅仲涛等过从甚密，于1930年9月"北方左联"在北平大学法学院成立时被推为执委常委，并主持日常工作。1931年，他因参加革命活动再次遭捕，经爱妻吴昭毅营救出狱。是年冬，张璋携妻女回合肥，在与当地共产党组织取得联系后返回老家张新圩，以世家子弟身份与周味韶、徐志友等开展地下革命活动。有一次，他将大伯尧龄家的枪支偷偷运送给游击队，并将伯父打成重伤差一点死掉。后来，伯父将他诱捕并关入"站笼"，后经游击队营救虽免遭杀害，却被关入监狱数年，直到1934年才在其母的多方营救下获释。出狱以后，张璋赴上海并化名张晓天，继续开展革命活动，于1936年从上海返回安庆时再遭被捕，10月被国民党当局杀害，年仅三十一岁。张璋牺牲后，其妻将他安葬于肥西，"张璋烈士之墓"碑文为其生前战友、原中共安徽省委书记顾卓新所题。1986年，张璋之墓还被当地列为文物保护单位，成了爱国主义教育基地。金安平女士在《合肥四姊妹》中说道："鼎和的子女们现在说鼎和是死于非命，因为他觉悟高，有崇高理想……在很多方面他都和自己年轻的乔龄叔叔、年长的尧龄伯伯有相似之处，虽然前者是蒋介石的手下，而后者是他所看不起的纨绔子弟。他们都是冒险家，而且都来自张家的第五房。"①

幸运的是，张武龄因过嗣而脱离了这个有些古怪的家，与几个亲兄弟相比，他没有沾染上放纵的恶习，甚至任何的不良嗜好。

对张华轸其人其事我们了解有限，只知道他前半生转战南北，但后期却笃信佛事，家中藏有不少经书。大约是父辈们做的媒，张华轸娶了李鸿章四弟李蕴章之四女为妻，他这位妻子是个知书达理的大家闺秀，与丈夫一样笃信佛事，法名"识修"。这位"识修"便是"合肥四姊妹"中小妹元和

---

① 金安平：《合肥四姊妹》，生活·读书·新知三联书店2007年版，第96页。

的养祖母。

李蕴章年轻时生了一场大病,导致双目失明。因为兄弟们都在外打拼,所以双目失明留在老家的李蕴章就成了这个庞大世家的一家之主。他主持家务,代几个兄弟管教孩子。他自己有十八个孩子。他非常重视家庭教育,给孩子们请最好的先生,并每天检查孩子们的功课,通过检查而测知先生的水平。如果他认为先生教得不好,就会辞掉,在新的先生未找到时,他总是亲自教孩子们。年轻时打下的扎实的知识基础,使他即使什么也看不见,也能对经典书籍烂熟于心。在他的教育下,孩子们都非常有学识和教养。识修有一个哥哥李经世,曾中过进士,授翰林院编修,很年轻的时候就得到伯父李鸿章的赏识,认为"此子在群从(侄)中最为老成正派,守家令器"。李鸿章经常跟他谈论自己推行改革的想法,在给他的信里说:"国家种族之竞争愈烈,故吾之古伦理,愈不适于世用。"提到中国要在世界占一席之地,必须每个人都全力效力于国家,并提醒他,只有适者才能生存。可惜的是,李经世不到四十岁就早逝了。成长于这样家庭的识修具有较高的知识修养,非常注重传统礼法,在待人接物、言行举止上稳重得体,颇受张家敬重。

识修嫁给张华轸后,在丈夫的影响下,接受了佛教思想,并阅读了大量的佛教经典。她仅生育一个女儿,女儿出嫁后也仅育一女。但是,识修的这个女儿和外孙女也很早就离开了人世。女儿和外孙女去世后,有人送给张华轸一个姓廖的姨太太。张华轸淡泊名利,素信佛教,对娶姨太太本来没有什么兴致。但识修长年吃素,家中无后,张华轸夫妇在大家庭中压力极大。可是,姨太太也没给张家生下一男半女,不几年,张华珍因病去世。丈夫过世,又没子嗣,这样的姨太太在家族里根本抬不起头,最后竟以死殉节。张家给她立了贞节牌坊,逢年过节,识修要求家中子孙都要祭奠她。

自己的亲人都没能平平安安地走完生命的全程。识修很是自责,认为这是自己前世修行不好造下的孽缘,因此才导致孩子们的早夭、丈夫的早逝。为了赎罪,她后半生做了很多善事,爱护所有的生命,并尽最大努力地保护他(它)们。她不但心地善良,善于处理众多繁杂的家庭事务,对于社会上的公益事业也颇多用心,时常捐资修桥补路、救济灾民,许多生活困难的人也都来相求,她每每也都会施以同情,尽可能地帮助这些困难的人,使他们得以摆脱困境,走向新生。她收留过路的乞丐,帮助没有依靠的女人和孩子。她在家中设了佛堂,每天带着收留下来的这些老人、女人和孩子在佛堂焚香祷告。家里来往的也多是些尼姑和居士,不少尼姑本身有着非常悲惨的身世,她和她们同病相怜,在精神上互相慰藉。

充和回忆说:"大家都知道,如果孩子天生命苦,我祖母会尽力帮助他们找到活路,所以才有那么多人把孩子遗弃在我们家的院子里。"[①]有一个盲女孩,大概两三岁时被遗弃在张家的祠堂门口,被识修抱回,从那一天起,这孩子一生都受到了识修的帮助。待她长大了些后,识修把她送到庙里,请熟识的尼姑照看。这个孩子很小就学会了诵经,唱偈文和吹箫,附近人家办红白喜事的时候,都会请她去念经。还有一个盲女孩,长大后被送到制刷厂工作;一个聋女孩被安排在附件的庙里为尼姑看管菜园子。几乎每一个送来的残疾儿童她都能帮助他们找到一个家或者掌握一种谋生手段。

这些得到过识修帮助的人为了感谢她,经常会自发地留在她家里帮她做一些家务。充和记得有个叫何大姐的和一个叫如意二姐的,还有一个老居士,她们一直留在她家里,帮识修操持家务。

识修的生活非常规律,每天晚上八点左右就寝,凌晨三点起床。洗漱后,就到卧室前她专用的佛堂去做早课,她每天念一卷经书。五点到六点,喝点粥,吃点点心。七点钟,早课结束,处理家中事务。中午短暂地休息一下,下午三点后,再到佛堂做功课。

由于无后,识修晚年先是将张武龄的小女充和过继为孙女,后来又有张家九房中的一子承祧入嗣,这位入嗣者于是在名义上成了充和的养父。充和就是从小在这位养祖母的教诲下读书,才打下了坚实的国文根基。

识修学佛有悟,七十岁时自知将不久于人世,在弥留的日子里,她让

---

① 金安平:《合肥四姊妹》,生活·读书·新知三联书店2007年版,第54页。

充和一直待在自己的身边,背诵司马迁《史记》中她喜欢的篇章,"聊以遣怀"。

养祖母下葬时,十六岁的充和"抱着祖母的牌位坐在轿子里,虽然她不过是暂时充当孝孙,但是在死者的心里,她才是自己真正的后人"。

第四章 醉心教育张冀牗

◎

点点寒花拂晓霜,心旌常自扰横塘。归来愁对难圆镜,人去慷翻遣嫁箱。

弱质敢称中馈主,使君不愧至情王。苦逢家国清平日,忠义应教表里坊。

——韦均一《殡葬》

走出合肥

张华奎四十九岁在四川任上去世时,武龄年仅八岁。此后,武龄便随养母和奶妈回到了安徽合肥老家。据说,武龄跟随嗣父赴任时仅四个月大,被奶妈抱在怀里日夜颠簸于惊涛骇浪中,巨大的声响伤害了婴儿的耳膜,因此武龄终生听力不好。

作为肥西巨户张家的长房长孙,武龄承担着支撑整个家族及传宗接代的重任。因此,等他稍一长大,他的养母即急于让他成婚。武龄十七岁时,娶了扬州富户陆家的女儿陆英。据说,陆家祖籍也是合肥,清代时才迁往扬州。陆英比张武龄大四岁,因聪明伶俐、善于理家、做事得体而声名在外。嫁到张家后,她不仅担负起管理一个大家族的重任,而且还像个知心的姐姐一样体贴、爱护、帮助武龄。因此,张武龄不需操心任何家事,有大量的时间钻进书堆里,买书、读书。虽然张家良田万顷,每年有几万石田租,是典型的大地主家庭,但专心苦读的家传却没有丢掉,张武龄没有沾染上任何不良的嗜好,唯一的爱好就是看书。"这个家庭带给他的最大便利和优越条件是他可以随心所欲地买书。"①这大约也可以告慰先祖,虽然子孙不能靠仕途而光宗耀祖,但一个书香门第却也不辱没先人。事实上张树声自己虽然军功赫赫,但是他也许是受了父亲张荫谷的影响,也许是自己幼年的科举梦想没有实现,也许是经历了太多的腥风血雨不愿让子孙再走这样一条路,他有意地引导下一代人弃武从文,希望他们通过读书、通过科举步入仕途。张华奎基本上就是按照父亲设计的这一条路走的,尽管他后来也曾提出全面改革科举制度,但他对于教育的重视一如既往。只是他没想到世事变迁,他所效忠的朝廷有一天会被推翻,科举制度真的全面改革了,从他的孙辈起再也走不通这一条路了。

1911年,武昌起义爆发,张树声为之鞠躬尽瘁的大清王朝灭亡了。革命势力与拥护清朝的势力之间斗争异常激烈,时局动荡不安。在此之前,安徽就频频出现农民暴动、商家罢市、革命党人刺杀清朝官员等种种不安定的事件。

在这样的大环境下,1912年初,张武龄做出了影响整个家族的大胆举动:举家从合肥迁到上海。跟着张武龄一起走的,有张树声这一支的三房人。他此举为何不得而知,不过,清帝退位而共和初起,新潮思想一波接一波地袭来,对张武龄来说无疑是一个不小的心灵冲击。合肥这个小城的局促空间,让他觉得十分沉闷,他想挣脱家族的羁绊。

此时,淮军老一辈将领都已归入尘土。他们的后代,有的改行进入商界,有的进入学界,有的迁居上海、天津、广州等沿海城市,更有的留洋海

---

① 张允和:《亲爱的父亲》,《今日花开又一年》,中国文史出版社2011年版,第69页。

外。而张家的子孙却躲在圩子里,坐享祖上留下的基业,无所事事。而张武龄在这一时期,已通过诸如陈独秀主编的《安徽俗话报》之类的报纸,了解了国内外时事政治,对近代国家观念和民主自由的思想有所接受和思考。他不想再待在充满奢靡和腐朽气息的大家庭里,他希望逃离滋生着懒散和堕落风气的庞大安逸的家族,同时回避宗族内部的种种矛盾。①

作为一个只有二十三岁的生性温和的年轻人,他无力站出来以长房长孙的身份改革家族事务,更没有力量重振家族曾经有过的那种锐不可当的雄风。他所做的,只能是默默离开。他梦想着到一个新的广阔的环境,海阔凭鱼跃,天高任鸟飞,避开大家族中一切阻碍他前进的羁绊。二十岁出头的他,当时想的只是自己以后的路该怎么走,他没想到的是他的这一举动却整个改变了他几个孩子的命运,使他们的成长过程完全不同于张家其他几房的子弟们,无须再遵从这个庞大家族里的种种繁文缛节。走出合肥后,他们拥有了更广阔的天空,他们的朋友、他们受到的教育、他们所选择的生活,以及他们情感延伸的范围都因此而不同了。②

张武龄全家迁居上海后,住在麦根路麦根里(现静安区康定东路一带),那里是公共租界,租金较高,不久迁居卡德路法奥里。后来,又举家迁至铁马路图南里(现河南北路)。据张允和回忆,他们"住的是一个石库门的大房子,七楼七底,还有亭子间,院子很大,可以摆十几桌酒席,月租金是二百两银子"。

但是,张家在上海居住的时间并不太长,五年后举家搬到了苏州。张允和对此的说法是:"1916 年,祖母去世了,丧事办得场面很大,家里每天有十几桌客人还请了和尚念经放焰口。忙乱中,突然有一天发现大门口有一颗炸弹,全家人都吓坏了,出丧的日子比预定提前了几天。家里怕出问题,没让我们站在孝子孝孙的队伍里,孝棚里的许多东西也是假的。好在没出什么大问题。为了避免再有意外,1917 年,全家搬到苏州。"③

更为合理的解释可能是张武龄想给自己的孩子找一个良好的成长环

---

① 金安平:《合肥四姊妹》,生活·读书·新知三联书店2007年版,第24~26页。
② 金安平:《合肥四姊妹》,生活·读书·新知三联书店2007年版,第26页。
③ 张允和:《亲爱的父亲》,《今日花开又一年》,中国文史出版社2011年版,第69页。

境。他通过报刊了解到上海的开放与现代化,以为这个拥有十足活力的城市同样能给自己及自己的家庭十足的活力,开始一种与合肥张老圩子或者张新圩子的那种慵懒、混乱完全不同的生活。但住了几年后,发现并不尽如人意。孩子们相继出世,但在上海的家里孩子们同样不能跨出院墙,厚重的大门一直紧锁着,孩子们尤其是女孩子们只能在院子里玩耍。在这座城市里,既有奢靡繁华的十里洋场,出入着各界名媛精英,但同时也充斥着贫穷、疾病和蒙昧,"知识分子、小市民、工人、人力车夫、乞丐、暴徒、妓女、卖艺者、小摊贩、冒险家,还有大量新移民和过客,各自循着不同的生活方式在这个纷扰的城市中寻找自己的生存空间"①。

正如张允和所说,在上海,他们一直被不安全所困扰。他们的家被盗了两次,搬了三次。张武龄和陆英一致认为,苏州会更安全,而且现在他们已经有了八个孩子,需要一所宽敞的、带大花园的房子,孩子们可以在花园里尽情地玩耍,于是他们着手到苏州找房子。也许两人中,这一次陆英更加积极主动。她刚刚生产完,但很快又怀了孩子,她坐着轿子,带着两个仆人,在苏州看了几天,才找到胥门内寿宁弄八号的房子。寿宁弄是一条非常逼仄的小胡同,可是走进胡同不远,就另有一番天地。在八号大院的门前有一个照壁,逢年过节时小商贩会在这里聚集停留,是孩子们看热闹的场所。这座房子里面也足够大,每个孩子和保姆都能拥有自己的房间,张家来来往往的客人也能有住的地方,仆人们也有自己的空间,最令人满意的是真的有个他们想象中的大花园,有一泓曲水流觞的清池,有古色古香的亭台楼阁,还有不同季节开放的花草树木。

张武龄

---

① 卢汉超著,段炼等译:《霓虹灯外:20世纪初日常生活中的上海》,上海古籍出版社2004年版。

兆和回忆:"一进大门,有轿厅,再进西厢去,是我姨祖母的佛堂,有个吃长斋的老姑娘长年在烧香供佛。她的窗外有一株茶花一株蜡梅,两棵树下绕着茂盛的秋海棠。再进去,是一个砖砌的空院,门楣上书的是'一息景'。然后是五开间的两层楼房。逢年过节,西面两间,挂起了曾祖父母的画像,中堂祭祖宗,旁边留下一间做过道,前后来去有路可走。"①

元和回忆:"陈干干带我住后进楼上,东窗下面是花园的荷池,有龙睛凤尾金鱼不少,水阁凉亭也在我窗下。池那边有棵高大柳树,时有老鹰来栖。左边是花厅,右边是假山,山上有座六角亭,使我置身园林间,怡然自得。"②

他们搬过来后,陆英布置了四个书房,张武龄一个,陆英一个,孩子们共用两个。夫妇俩的书房隔窗相望,窗外是一座小小的假山和两棵芭蕉,有的时候孩子们可以看到他们两人隔着窗户,在各自的书房里和对方说着话。

在孩子们的记忆里,苏州的几年,在母亲陆英离开他们前,是一生中最幸福快乐的时光。张武龄夫妇应该也有同感。在这个号称上海的后花园里,既能随时感受到上海的种种讯息,同时又有着相对舒缓宁静的生活节奏和氛围。在孩子们恣意玩耍的时候,张武龄一方面尽情享受着夫妇琴瑟相和、子女成群的天伦之乐,一方面悠闲地挥散着坐拥书海的读书生活。保姆们负责孩子的饮食起居,先生负责孩子的教育,妻子则负责家庭管理。他的大部分时间都在读书,而且什么书都读,古文典籍、白话作品、文学、历史、地理,以及各种报刊。

据允和回忆:"当时能订到或买到的所有报纸他都要看,《申报》《新闻报》《苏州明报》《吴县日报》等,以及一些比较出名的小报,如《晶报》《金钢钻报》等。至于家里的藏书,在苏州是出了名的,据讲不是数一也是数二。家里专门有两间很大的房间,四壁都是高及天花板的书架,整整齐齐摆满了书。除了为数不少的善本和线装书外,父亲不薄古人也爱今

---

① 张兆和:《回忆杂录》,《水:张家十姐弟的故事》,安徽文艺出版社2009年版,第159页。
② 张元和:《我的奶妈同陈干干》,《水:张家十姐弟的故事》,安徽文艺出版社2009年版,第37页。

人,现代和当代出版的书籍,各种名著和一般的作品他都及时买进。尤其是'五四'以后一些最新鲜最富营养的作品,如鲁迅先生的作品和许多流派的新书名著他都一本不漏。"① 孩子们也从这些书报中感受到了读书的乐趣:"父亲的藏书我们可以自由翻看,他从不限制,书籍给我们的童年和青少年生活带来了巨大的快乐。"②

这一段生活是理想而美满的。无论是在合肥,还是上海都有着这样那样的不如意。唯有此时,武龄的生活里充满温馨、宁静、幸福、祥和。据兆和在《回忆杂录》中回忆:

> 爸爸同大大的卧房在过道东边。大大常在过道梳头。大大楼上是对着花园池塘的窗,老鹰常在柳树上啼唤,就是我题"池旁柳上有老鹰"的那间。楼下再往北,有大大的书房,她就在这间书房记账、练字。郑板桥的道情,渔、桥、耕、读、老头陀、老道人,我们都是从大大写的正楷中知道的。爸爸有时从前庭走到大大窗前,同大大交换什么意见,又去做别的事。这个小院靠花园的花坛上有山茶和蜡梅各一株,从过道可以走向我们的操场和书房。也同当时的风气一样,大姐曾画了一幅观音,每逢初一十五,我们必去烧香磕头。院子前面的七叶枫和白玉兰开得非常热闹。旁边还有一棵榆树,我因此会背:
>
> > 谁道巴家窘?巴家十倍邹。
> > 池中罗水马,庭下列蜗牛。
> > 燕麦纷无数,榆钱散不收。
> > 夜来添骤富,新月挂银钩。③

孩子们最喜欢的时间是傍晚。每天落日黄昏,晚饭过后,是另一种开心的时刻,这时,武龄会放下手中的书,左手牵一个,右手拉一个,后面还跟着一个,带着孩子们去散步。从寿宁弄出去,往西不远,就是胥门。这

---

① 张允和:《亲爱的父亲》,《今日花开又一年》,中国文史出版社2011年版,第69页。
② 张允和:《亲爱的父亲》,《今日花开又一年》,中国文史出版社2011年版,第70页。
③ 张兆和:《回忆杂录》,《水:张家十姐弟的故事》,安徽文艺出版社2009年版,第159页。

是春秋时吴国建造都城时所辟的古门之一,因遥对姑胥山(即姑苏山)而得名。如果往南走,穿过几条小巷,可以走到另一古门——盘门。这里有水陆城门,有横跨运河的吴门桥,有临流照影的瑞光寺塔,还有无梁殿。这里是古时的繁华热闹之处,如今却满地荒草鲜有人迹,因而被称为"冷水盘门"。武龄一边散步,一边跟孩子们讲这些苏州的名胜古迹,讲两千多年前历史上那些有趣的故事,孩子们因此记住了"卧薪尝胆""东施效颦",记住了吴王阖闾、越王勾践、美女西施。往回走时,路过热闹的地方,武龄总不忘给孩子们买些苏州好吃的东西。因此孩子们的老师王孟鸾先生为兆和写了一首诗,打趣兆和,兆和回忆说,"这诗正道出我当时的心境"。诗曰:

> 我到苏州来,快乐非昔比。
> 天天勤读书,琅琅随两姊。
> 大字写两张,小字抄一纸。
> 每到傍晚时,随父游近市。
> 买得果饵多,累累携手里。
> 果饵香且甜,食罢皆欢喜。①

在享受家庭宁静生活的同时,武龄一直以他对时代的敏锐嗅觉,感知着家外的更大一个家——国家的动荡不安,同时也深切地感知着无数仁人志士欲改变国家现状的满怀豪情。1915年,蔡锷在云南起义,发动护国运动。第二年,在起义一周年之际,武龄的第三子出生,他为儿子取名"定和",字"锷还"。同一时期,他特地写下了《晨过邯郸》,表达了他对国家强盛的美好愿望,并愿为此而"横剑""裹马革还,国殇死亦直":

---

① 张兆和:《我到苏州来》,《水:张家十姐弟的故事》,安徽文艺出版社2009年版,第153页。

> 梦觉邯郸道,严城百雉齐。角声清籁发,晓月坠林西。
> 帝制易共和,民国欣成立。未闻瑞应征,但见挽枪出。
> 恶邻虎眈眈,窥伺美俎肉。丈夫当何如,横剑卫国族。
> 莫或敢予侮,誓鬻此朝食。纵裹马革还,国殇死亦直。

五四运动以后,张武龄与同时代的热血青年一样,希望能以自己的力量为国家做些什么。可是,他能做什么呢?其实,早在上海的时候,他就已认真考虑过这个问题。然而除了读书外,他觉得自己一无所长。

虽然重听、近视、瘦弱,但他是一个没有"任何的一样坏习气""有高贵气质的中国知识分子"[①]。他性格和善,与他的叔母识修一样,总是尽自己所能帮助需要帮助的人。他尊重生命,鼓励身边所有的人,包括下人的孩子,希望他们在生命中有所作为。他温文尔雅,教育孩子的时候,也是轻言细语地表达自己的意见,从不使用蛮力而是更多的鼓励,对孩子们的兴趣爱好,他总是支持赞成。孩子们长大些后,他就把他们当成朋友,跟他们交换自己的想法,有时他的想法甚至比孩子们的还孩子气。

他手上有祖父留下的家产,他想过用这些钱投资实业,但他的个性脾气又不太适合办实业,计划也很快就流产了。孩子们相继出世,他喜欢每一个孩子。想来想去,唯一能做的就是办学校。他的祖父张树声曾捐资创办肥西书院、主持重建苏州紫阳书院、主持创办广东实学馆。大约从1919年起,随后的几年里他一直在构思,怎样办一所学校。在他的心里,实际上是有一个"理想国"的:他想创办从幼儿园到小学到中学再到大学的若干所私立学校。"他想让更多的孩子,尤其是女孩子接触新思想,接受新生活,用知识和文化的力量,使他们摆脱旧的陈腐的道德观念的束缚,成为身心健康的对社会有用的人。"[②]为此,他向上海及苏州的几位教育家进行了咨询,了解创办私立学校所需的条件。他发现,创办一所学校,要解决资金、校舍、师资、招生等相关一系列问题。要建成他心中的那个"理想国",非有大量的资金不可,否则必须要在当地的乡绅中募集资

---

① 韦布:《追忆张奇友》,《苏州杂志》,1995年第2—3期。
② 张允和:《亲爱的父亲》,《今日花开又一年》,中国文史出版社2011年版,第70页。

金，或者向官府申请资助，或者向学生收取昂贵的学费。前两者，是他不擅长做的，后者，与他办学的目的是相违背的。在综合考虑了各方面的因素后，以及若干次的试验之后，最终，他办成的并成功办下去的仅一所名为"乐益"的女子中学。他计算了学校所需的资金，大体上是能够自己解决的。创建学校、租用校舍、发放教师工资，学校各项开支都由他来承担，不需要借助外力。这样一来，他就可以完全按自己的愿望和想法去办学，而不用受他人的牵制。于是，他立即行动，着手办学，并于1921年9月10日正式开学。此后，为乐益他倾注了全部的精力和财产，一直坚持到1937年日本军队打到苏州。

正如余心正在《启蒙先贤张冀牖》一文中写道：

自古以来，教育成家，在质不在量，更不在规模之大小，学生程度之高低。张老先生仰慕"乐土吴中，开化早，文明隆"，辛亥革命后举家来苏，筑小小园林，从办幼儿园、小学开始，再办平林男中、乐益女中。接着两次办起高中部，皆因时局变迁，当局掣肘而匆匆下马。他原想学马相伯老人办一个"苏州复旦"的心愿，亦因世事茫茫，终成虚话。

…………

然而，学校之尊严，维护不易。老先生捐出祖产巨大资，让出宅园二十余亩，建校舍四十余间，应有的教学设备，无不具备。他有十个子女，如按三千大洋培养一个留学生计，有三万元亦能全部出国留学了，但他连这笔钱也省下来，用于学校。为的什么？为的坚决不拿别人一文钱，无论是当局的津贴、教会的赞助、好心人的募捐，一概谢绝；唯如此，方始做得我行我素，独立自主。可是，他又决非一钱如命，迥异于一般私立学校之以"创收"为目的，每年拨出十分之一的名额，招收免费生，以便贫家女儿入学。比例之高，江浙一带罕见。老先生对莘莘学子如此厚爱，对诸亲好友却悭吝异常，凡有告贷，均以"闭门羹"却之。①

---

① 张允和：《亲爱的父亲》，《今日花开又一年》，中国文史出版社2011年版，第70页。

妻子陆英

出嫁

淮左名都,竹西佳处。烟花三月的扬州美轮美奂。而扬州东关街九十八号却有一座以冬天的景致而闻名的古典园林——冬荣园。这座园林坐北朝南。穿过狭窄而悠长的火巷、走过阴暗而高大的厅堂,是一方明亮宽敞的院落。园内建筑分布在三条轴线上,从东向西纵向排列,做工精细,雕刻精美,令人叹绝。因其宅后有花园名为"冬荣园",所以这座宅院也被叫作"冬荣园"。屈原《楚辞·远游》中有"嘉南州之炎德兮,丽桂树之冬荣"之句,曹植《朔风诗》中有"秋兰可喻,桂树冬荣"之句,园主以之名园,亦当为表达其高远之志。

张武龄的夫人陆英就出生于此。其父陆静溪,原籍安徽合肥,后迁居扬州,供职于两淮盐运司。陆家在宝应和扬州都有房产。冬荣园只是其中一处,系购自张氏,这个张氏就是合肥张家,可见陆家与张家之间早有渊源。

扬州冬荣园

1906年,张武龄和陆英结婚。当武龄揭开陆英头上的红盖头,立即被她的美丽所震撼。这是他第一次见自己的妻子,他对新娘有过种种幻想,也有过种种担心,这一刻他终于放下心来。新娘五官端正,高高的鼻梁,略带性感的嘴唇,长而高挑的眉下是一双美丽的丹凤眼,目光里仿佛写着千言万语,既有对盖头外的新世界的好奇,又有对这个几百里外的新家的微微疑虑,在这里自己能被大家接受吗?这双眼睛正楚楚动人地望着为自己掀起一片光亮的眼前人。张武龄心中满是疼爱,他想一定要给这个女人一个安定的家,好好爱她,让她感到远嫁是值得的。张武龄带着新娘进入房间,在铺满一层又一层锦缎被子的婚床上坐下,女宾客们在房间里撒满了花生和铜钱,祝福他们多子多孙。

陆英与张武龄结婚时盛况空前,咸称其美。张允和曾详述了她母亲的婚嫁情况:

我的母亲叫陆英(1885—1921),原籍也是合肥,因为外祖父做盐务官,才搬到扬州的。祖父在为我爸爸选佳偶时,知道扬州陆家的二小姐贤良能干,小小年纪在家就协助母亲料理家事,便托媒人定下了这个媳妇。当时张家在安徽合肥是有名的官宦人家,迎娶名门之女,婚礼自然非常隆重。据说,外婆花了整整一年时间置办嫁妆,东西多得吓死人。陆府从扬州雇船装载嫁妆运到合肥,婚期前雇夫用抬盒装摆好,吹吹打打好不热闹,张家所在的龙门巷外到十里长亭摆满了嫁妆,全城轰动。光紫檀家具,就有好几套,不光房子里是全新的,因为张家是几进的大院子,陆家就连大堂、二堂也都陪了全套的家具。金银首饰更是不计其数,尤其是翠,因为母亲喜欢翠。嫁妆一应俱全,扫帚、簸箕也都是成套的,每把扫帚上都挂了银链条。①

张、陆两家可谓门当户对,丰厚的嫁妆亦可以看出陆静溪夫妇对女儿这场婚姻的重视。婚后三天,陆英娘家的兄弟上门拜访,又对张家的仆役们上上下下给予了赏赐。陆家倾尽全力、一掷万金的做法,无非是希望女儿在夫家的新生活有一个最佳的开端。

陆英比武龄大四岁,她嫁到张家,肩膀就压上了重担:为张家传宗接代,打理张家庞大的家业,主持张家家庭事务等。陆英很快就显示出她出色的管理才能,她得心应手地把整个家庭打理得井井有条,安排得妥妥当当。无论是在待人接物还是理财办事上,陆英都做得周到妥帖,赢得了张家上下包括长辈、同辈、幼辈以及佣人们的一致尊重,因此在张家树立了

---

① 张允和:《亲爱的父亲》,《今日花开又一年》,中国文史出版社2011年版,第74页。

很高的威信。

总之,嫁到张家不久,她就成了非常受欢迎的一位女主人。亲友们结婚娶亲,都会请她去,有时帮忙打理事务,有时当全福太太,连带着她的孩子们也常被请去当花烛小姐。元和回忆说:婚礼"有照轿、发轿、挽新娘下轿等许多繁文缛节,会亲、回门也得去参加,要好几天"。这些天里,陆英就穿梭在宾客间,上下照顾,左右逢源,而孩子们则"在安席时左一拜右一拜,也学大人们的礼节做,很像京昆戏剧上的安席身段。非常有趣"①。

陆英不仅得到亲友间的一致赞赏,更重要的是她还赢得了几位女性长辈的信任,自己的婆婆、姨婆婆、叔婆婆都很喜欢她,遇事都愿意来找她商量。这是一件极不容易做到的事情,自古婆媳关系就是家庭关系是最不易处理的,况且陆英一个媳妇要在几个婆婆间周旋,众口难调,要处理得当,她即使没有委曲求全也必定很花了一番心思。

陆英的婆婆非常喜欢这位儿媳妇。她是一个非常和蔼的老太太,除了吃斋念佛,没有什么爱好。元和说:"叔祖母(指识修,作者注)有学问有教养,她的世界很广阔,她的关注远远超出了自己的院门。但祖母被束缚在家里,家庭就是她的整个世界。"在这个小世界里,她有她自己的处事之道。她对武龄视如己出,关爱备至;她与几个叔伯妯娌融洽相处,并且得到尊重;对儿媳她也是怎么看怎么喜欢,在一般的家庭中少不了的婆婆与媳妇之间的小纠葛,在这个家里几乎没有遇到过。

陆英对于婆婆亦很尊重,婆婆提出的意见,她总是支持,从不让老人不高兴。如果说老人家有点什么不开心的事,就是儿媳婚后前几年一直没有给她生个大胖孙子。但每次陆英生产的时候,老人总在佛堂里祈福求佛祖陆英母子平安。

生育

从光绪三十二年(1906)嫁到张家到1921年去世,陆英在21岁到36岁这十五年里,先后怀了十四胎,几乎每年都处于怀孕—生产—再怀孕的

---

① 张元和:《我有才能的大大》,《水:张家十姐弟的故事》,安徽文艺出版社2009年版,第27页。

状态,家里大大小小的事基本上都是她挺着大肚子或是躺在床上坐月子时处理的。她最后留下了九个孩子,前四个是女孩,后五个是男孩。

第一个孩子元和生于清光绪三十三年十月二十日(1907年11月26日)合肥龙门巷张宅。陆英的婆婆抱着这个粉嘟嘟的女孩,乐得合不拢嘴。她六十多岁了,没有生过孩子,盼孙子像盼星星盼月亮一样,虽然这是一个女孩子,但又有什么要紧呢,她觉得儿媳妇能生女孩,就能生男孩,所以她一点也不担心。她每天殷勤地踮着小脚,跑到儿媳的房间里看这个小小的娃儿。孩子每一点点细微的变化,都会引得她欣喜。待孩子断奶后,她就把孩子抱到自己的房间里,带着孩子的奶妈,和自己一起住、一起吃。此后几年里,她很快有了别的孙女,还有了孙子,但这第一个孙女一直是她最疼爱的心肝宝贝。

第二个孩子允和生于宣统元年六月初九日(1909年7月25日),出生地点也是合肥龙门巷张宅。允和是个早产儿,生下来时还不足四斤,被脐带绕着脖子,窒息得快没了气息,是陆英的婆婆坚持想办法,花了九个多小时才救回的。

但是,当宣统二年八月十二日(1910年9月15日)第三个女孩兆和出生时,老太太就失去了前两次的精神气。陆英心中也非常失望,并落了眼泪。人说女人生养,得子得福。她怀疑自己是个没福的人,要不就是命运在捉弄她。作为长房长媳,陆英最大的任务就是给张家生个男孩。这个看起来很简单的事,却连着几年都没能成真,陆英很失望。还没出月子,她就把孩子扔给了奶妈。因此这个孩子从生下来就没有得到母亲与祖母的宠爱,也没有来自家庭的特别关注,跟两个姐姐比,这个孩子似乎有些无足轻重。

兆和生下来不久,陆英再次怀孕。这一次生的倒是男孩,可谁想到,孩子一出生就夭折了。整个张家一下子蒙上了一层愁云惨雾。"大少奶奶只会生女孩",这样的话便在张老圩传开了。陆英在很长时间里都打不起精神来,婆婆虽然在儿媳面前不说什么,但心底里却也有抱不上孙子的失望,不免有些唉声叹气。

随后,张武龄开始着手搬家了。全家老老少少、上上下下都张罗着收拾东西,准备搬到上海。舍不得的东西太多,张武龄的书、老祖母的家什、孩子们的玩具……陆英果断地决定,能不带的就留在合肥,反正家还在这里,以后还可以再回来拿,而且上海总归是大城市,什么都有卖的,去了再买是一样的。

就在搬家基本安定下来时,陆英发现自己又怀孕了。几个婆婆看陆英忙里忙外的,精神特别好,就推断这一胎怀的一定是男孩。可曾想生下来的还是女孩。孩子出生那一天(1913年5月17日),陆英一言不发,产房里也听不到贺喜之声。这个孩子就是充和。带充和的奶妈姓高,奶水不够充和吃,奶妈只好给她喂糖水,她又不肯喝,饿着小肚子,整夜整夜地哭。陆英抱着孩子,看孩子哭,想想自己的不幸,也跟在后面哭。此时,识修恰在上海家里做客,听到哭声,心疼母女俩,想帮帮陆英。第二天,便找陆英商量,请陆英把孩子过继给她,让她带回合肥去当亲孙女养。陆英想都没想,就点头同意了。于是,充和被带回了合肥,从此与这位叔祖母相依为命。

充和走后不久,陆英再次怀孕。此时,她已经觉得无所谓了,男孩当然好,如果还是女孩子,那就女孩子吧,就在这样不咸不淡的等待中,宗和出世了。这一次,老祖母终于等来了未来能继承家业的男孩。

宗和似乎是上天派来拯救陆英的小天使,从他开始,到接下来的七年里,陆英又连续生了四个男孩,寅和、定和、宇和、寰和。家里热闹得像炸开了锅一样。

陆英称四个女儿分别为大毛、二毛、三毛、小毛,叫五个儿子依次为大狗、二狗、三狗、四狗、五狗。充和本来应该叫四毛的,可是大家都叫她小毛姐,大约也是冥冥之中觉得这是最后一个女儿吧。

与陆英的随意不同,为给孩子们起名字,武龄显然花了不少的心思。"和"字取"和以致福,善可钟祥"之意。他给儿子们的名字上面都加一个"宝盖头",即宗、寅、定、宇、寰,寄寓男孩子要顶天立地,成为有用之才;而女儿们的名字下面都有"两条腿",女儿们也要独立自主,学会走自己的路。

离世

1921年10月16日，苏州胥门寿宁弄八号的张家一片肃杀的景象，一大群孩子环跪在陆英的床边，哭着喊着，陆英瘦弱的身躯悄无声息地躺在那里，她那双会说话的眼睛紧闭着，再也不能睁开看她的孩子们了。她仿佛听到了孩子们的哭声和呼叫声，一滴泪珠悄悄地滚到蓬松的鬓边。跪在她枕边的允和看到了，大叫："不要哭，大大还活着！大大在哭。"可是，满屋子人的哭声、叫声更响了，将这个十二岁瘦弱的小女孩的嘶哑之声淹没。混乱之中，允和感到自己像是被人猛地拎了起来一样，推推搡搡，被推到了屋子的一个角落里，推到了父亲武龄的身上，她转过身一把抱住了爸爸。武龄浑身在颤抖，没有眼泪，只是眼睛直瞪瞪地发着呆。

临终前，陆英曾把九个孩子的保姆和奶妈都叫到身边（张家的孩子们每个人都有自己的保姆。小的时候是奶妈，两岁左右断奶，然后就改由干干带。张家的孩子们称带自己的保姆为"干干"，以区别于"奶妈"，即干带不吃奶的意思，也有"干妈"这层意思），给他们每人二百块大洋，要她们保证，日后不管遇到什么事情，不管有多苦，一定要坚持把孩子带到十八岁。保姆们也都遵从她的遗愿，陪伴自己负责照顾的孩子到十八岁。

陆英死后，武龄坐在她的床边，睁大眼睛，呆呆地看着床上的人。没有人知道他心里有多难受。在孩子们面前，他也尽可能不表现出这种悲痛来。

在处理完妻子的丧事后，武龄很快将整个家庭的生活调整回到了正常的轨道。孩子们从他身上看不到他对母亲的怀念，他们猜测，他已经忘了她？她是否还会经常出现在他的记忆里？陆英去世后不久，兆和写了一首诗，她拿给父亲看：

> 月照我窗，
> 我心忧伤。
> 以往不幸兮，

前途茫茫。
悟失恃之孤凄兮,
徙倚彷徨。
感世途之多歧兮,
且容醉酒而倾觞。

孩子将自己对母亲的情感,以及失去母亲的伤痛都写在了诗句里,本来想引起父亲的共鸣。但武龄读完后,却对内容没有做任何的评价,只说了一句:"这是骚体。"

也许因为武龄的克制,孩子们没有觉得生活有多大的改变。除了心里会经常想念母亲,孩子们照常读书、打闹,仆人也都做着自己该做的事,并没有出现人心惶惶、少掉主心骨的情形。

但元和记得,有一次她和弟妹们玩耍,父亲在离他们不远处,盘腿坐在一张矮凳上静静地看着他们。元和跑去,想叫父亲来跟他们一起做游戏,走近了,却看见父亲愣愣地出着神,眼睛里泛着晶莹的泪光。元和转了一圈,默不作声地又跑回弟妹身边,继续做游戏。

陆英留下的唯一的一张照片是在上海的照相馆里穿着西洋装拍的,大概是在辛亥革命后的三年。照道理,陆英应该留下很多照片,陆英喜欢拍照片,武龄喜欢摄影,家里也有近二十台照相机,却因为战争,九如巷被炸,家里许多珍贵的照片都毁于战火。陆英去世后,被安葬于合肥肥西张家祖茔。但这里在"文革"期间被夷为平地,坟墓都不见了踪影。

母亲陆英

创办乐益

1921年,张武龄变卖部分家产,在苏州的憩桥巷租了一所简易房舍做校舍,并分为教室和活动区两块,开始着手办学。

其实武龄早有办学的想法,为此,当马相伯在上海创办震旦学院(复旦大学的前身)时,他就非常关注,后来为办学还专门拜访了马相伯。离开上海定居苏州后,他又咨询了教育部相关人士(如教育家吴研因,后来乐益女中的章程就是由吴研因亲自制定的),并和前一师附小施仁夫、二女师附小主事杨卫玉、吴县县中校长龚赓禹、景海女师教务主任周勖成详细商榷,决定创办女子中学,"以适应社会之需要,而为求高等教育之阶梯"。定名"乐益"是取"乐观进取,禅益社会"之意。他特向江苏省教育厅、教育部提出申请,经同意后,在上海和苏州的相关报刊上刊登了招生简章,学生入学需考国文、数学、自然科学、历史、地理、政治、英语等。

为了扩大乐益女中的影响,张武龄联合"吴研因、杨卫玉、周勖成、李萼楼、王美、杨萼联等为发起人,又征得教育界先进廖茂如、郑晓沧、俞子夷、施仁夫、王饮鹤、陶行知、杨达权等为赞助人,发表宣言、叙述缘起"①。后来,他又聘张仲仁、张一麐、钱强斋、费仲深、汪鼎丞、刘北禾、王企华、王季昭、王季玉、蒋青钦、张光彝、潘振霄、龚赓禹和原发起人为校董,组织校董会。

1921年9月10日,乐益女中正式开学。刚开始,学校只有初中一年级一个班级,招收到二十三名女生,从十一二岁到十八九岁不等。后来,武龄让他的三个女儿都报考了乐益,根据成绩,元和比允和、兆和高一年级。

1922年,他又买下皇废基的一大片桑园,有二十几亩,在那里盖了新的校舍,建有四十余间宿舍和教室,还有一座风雨操场,同时购置了理化仪器、钢琴、图书、运动器械等教学设备,共花费两万余元。随后,在校园

---

① 张寰和:《爸爸办乐益》,《浪花集》,新世界出版社2005年版,第45页。

内种植了白梅四十余株,建筑长亭回廊,为师生教学休息提供一个优美安静的环境。允和回忆道:"宿舍后面有一个别致的茅亭,我们常在亭里下五子棋。亭边是各种颜色的梅花,梅花不是我们种的,是父亲在朱家园买下了一个花园,把那里的梅花移植过来了。桑园对面是乱坟地,刚搬进去的时候还可以看到坟,我的堂房姐姐昭和胆子特别大,跑去敲骷髅头。"①今天不少苏州老人还对这座废墟上的新校园有印象,校园里有中式的花园、西式的教学楼、先进的教学设施、宽敞的风雨操场,还有周围遍植白梅和绿柳的凉亭,以供学生课间休息。女孩子们可以围着学校中心的花圃自由奔跑嬉戏,堪称学生们的乐园。

乐益女中校舍

在20世纪20年代的苏州,以东吴大学为首的西学已兴起,专门为女孩办的学校也有一些,其中著名的有振华女中(今苏州十中)与景海女子师范学校(在今苏州大学内)。

振华女中的前身是清末妇女运动领袖王谢长达女士创办于1906年的"苏州振华女子二等小学堂"。因以"振兴中华"为办学目的而定校名。翌年添设简易师范科,培养小学师资。其刚从美国学成归来王谢长达女士的三女儿王季玉继承了母亲"办学救国"的志向,认为"提高女权,非重

---

① 张允和:《乐益女中》,《张家旧事》,生活·读书·新知三联书店2014年版,第96页。

视女子中等教育不可",因此,增设了中学部。王季玉担任振华女中校长后,又将中小学分设,将中学部迁入清代织造署旧址。在王季玉的潜心规划与经营下,振华女中逐渐形成了"进德修业,面向社会,发展个性,培养能力"的办学特色。

苏州景海女子师范学校的前身是美国基督教监理会女传教士海淑德(Laura Askew Haygood)于1902年创办于苏州天赐庄的景海女塾。海淑德是美国基督教监理会派往中国的第一位女传教士,在中国献身女子教育十七年。她曾在上海办过中西女塾,后来准备在苏州也办一所类似的学校,但1902年校舍落成时(景海女塾的建筑旧址现存于苏州大学内,与南部的东吴大学旧址建筑珠联璧合,交相辉映,构成了苏州最为壮观的近代西洋建筑群落),她已病故。为纪念海淑德,以示对她的景仰,定名为景海女塾。1917年,改名为景海女子师范学校,在课程安排上中西并重,设国文、英文、算学、理化等科目,并有钢琴科、体操科。

张武龄希望乐益也能成为这样的一所好学校,同时他希望自己的学校更应当使更多读不起书的女孩也能受益,从而使学样真正"裨益社会"。在他自己撰写的校歌里,他阐明了自己的办学宗旨。

> 乐土是吴中,开化早,文明隆。
> 秦伯虞仲,孝友仁让,化俗久成风。
> 宅校斯土,讲肆弦咏,多士乐融融。
> 愿吾同校,益人益己,与世进大同。

这首校歌最早由著名音乐家张季让谱曲,抗战胜利复校后,由武龄的三儿子定和为其谱写了新曲。

允和回忆说:"'乐益'开风气之先,虽然我们也学旧体诗,但更多的是学习各种新知识。在这里我接触到了外国文学作品,学了数学、英文,开始离开闺房,离开了九如巷那片小小的乐土,走进了这片大乐土,跨出了走进社会的第一步。和来自不同家庭背景的姑娘们共同生活,给我们带来了极大的乐趣。课堂上我们学习诗词歌赋、唐宋八大家,也学习翻译作品,张闻天老师讲的《最后一课》给我的印象最深。"

在乐益,孩子们是自由而快乐的,她们既接受传统文化教育的熏陶,也以完全开放的态度对待一切新的文化和新的事物。武龄把对自己孩子温和、宽容、自由的态度,以及自己的好奇心都带到了学校中。武龄虽然自己不上课,但他乐于参加学生的各种活动,如运动会、游艺会、远足等。

乐益的学生最早剪短发,文体活动也是最活跃的。乐益对过的操场很大,每有运动会,别的学校的师生都到这里集合,乐益的学生最后列队出场。学校常开文艺会,次次都有我们几个姐妹的《游园》。可我们已逐渐对话剧发生兴趣,不耐烦总唱昆曲了。刚学了"木兰辞",我们就把它改编成戏,兆和自小欢喜穿男装就自告奋勇演花木兰。①

乐益的学生跟元和几个姐妹一样非常喜欢表演,武龄在学校专门开设了昆曲课,不过她们既演《风尘三侠》一类的昆曲古装戏,也演话剧,像郭沫若的《棠棣之花》,以及用英文演的莎士比亚的《威尼斯商人》等现代戏。后来匡亚明指导学生演出田汉的《南归》《湖上的悲剧》等话剧,武龄也十分赞许。

乐益还经常组织学生走出校园,接触自然、接触社会。现存有一张武龄手持乐益女中校旗,凝望着被他带出来远足了解社会的学生的照片。乐益女生当时遍游"京口金焦维扬苏杭诸胜"。允和还记得1923年她们远游镇江,从北固山回来后,老师要求每人写一首诗。允和这样写:

<blockquote>
高山枕大川,俯视意茫然。
沧海还如客,凌波谁是仙。
江山欣一览,帷读笑三年。
击楫情怀壮,临风好着鞭。
</blockquote>

而兆和写的则是:

---

① 张允和:《乐益女中》,《张家旧事》,生活·读书·新知三联书店2014年版,第102页。

春风吹绿到天涯,遥望姑苏不见家。

西下夕阳东逝水,教人哪不惜芳华。

战乱频仍的年代,要想找一片宁静的桃源般的校园,并不容易。安静的学校生活很快被打乱。1924年,江浙军阀混战,乐益女中被迫迁至上海宝山路宝通里上课。

无独有偶,同期,上海松江的景贤女中也临时在同一地点上课。景贤女中年轻的教务主任侯绍裘朝气蓬勃、思想新潮,不仅非常重视培养学生的独立生活能力,而且鼓励学生关心国家大事,学习新思想,给武龄留下了深刻印象。武龄深知人才的重要。

侯绍裘对办现代女子中学的主张是:"女子教育应以现代思潮为基础,使学生育成:(一)有精确的思想与理智;(二)能自谋正当的职业;(三)能改造社会;(四)能享受高尚的艺术生活。"①这与武龄一直以来的观点不谋而合。这个主张,后来在乐益的开学始业式,侯绍裘曾多次进行阐述。

办一所好的学校,首先是要有好的带头人、好的师资。于是1925年乐益女中重回苏州校园后,张武龄便专程去上海松江景贤女中正式邀请这位年轻人到苏州乐益工作。面对求贤若渴、推心置腹的武龄,侯绍裘慨然应允。

侯绍裘,1896年出生于江苏松江。1918年,他自松江江苏省立第三中学毕业后,考入上海南洋公学(现上海交通大学)。五四运动时,他积极声援,后加入中国共产党积极投身革命。

但武龄当时并不知道,他请来的这个年轻人是一位共产党员。他此时对刚刚诞生的共产党并不了解,只是被这个年轻人的热情所吸引,为他的思想和他所倡导的教育理想所吸引。年轻的共产党员侯绍裘就这样担任了苏州乐益女中的教务主任,兼国文教师。

乐益女中宽松的政治氛围和对新事物持有的欢迎态度,使侯绍裘如

---

① 《苏州明报》,1925年9月8日。

鱼得水，随后他向武龄建议，又邀请了叶天底、张闻天、王芝九一起来乐益任教——他们都是共产党员。除了党员教师，还有女教师徐诚美、张世瑜，以及进步女学生沈蔼春、沈联春。剪着漂亮短发的沈家姊妹和徐、张两位女教师，给20世纪20年代相对封闭的苏州女生带来的冲击是巨大的。苏州人此前还没这样近距离接触新女性，这些英姿飒爽的新女性也积极在学生中宣传新思想、新理念。此后乐益还聘请了匡亚明、李平心、丁景清等任教职或教师。

新教师们在校内积极宣传新的思想，努力开展妇女运动，举办爱国反帝演讲会，领导师生参加爱国运动，使乐益女中呈现出从未有过的朝气蓬勃的新气象。在他们的影响下，乐益女中与振华、景海等几所苏州的女校一起成立了苏州市妇女联和苏州学生联合会，推动了苏州的妇女运动和学生运动，在社会上产生了极大的影响。

对侯绍裘等几位老师到校前后的情况，允和回忆说：

1924年，先后来了几位新教员，都是新任教务侯绍裘先生介绍来的。其中有叶天底先生教图画，画素描写生。有侯绍伦先生（侯绍裘先生的弟弟）教英文，选的课本是《莎氏乐府本事》。还有张闻天先生教国文。他的教材与众不同，国文课上教的不是中国古代文言文，也不是近代白话文，而是世界名著的白话翻译本。①

这些教员不仅教给孩子们崭新的知识，更重要的是教给她们做人的道理，将她们引入了一个广阔的世界。允和在七十多年后，还非常清楚地记得张闻天先生教的课文——都德的《最后一课》。允和说："这是大家都知道的爱国主义好文章。当时给我们女孩子很大的震动，激发了我们的爱国心。"②

---

① 张允和：《张闻天教我国文课》，《最后的闺秀》，生活·读书·新知三联书店2012年版，第115页。
② 张允和：《张闻天教我国文课》，《最后的闺秀》，生活·读书·新知三联书店2012年版，第116页。

允和还说,张闻天老师虽然只教了她半年的国文,可是给了她以后一辈子做人的长远影响,她一直记得老师的谆谆教导:"做人要做对人类有益的人,做事要做对世界有益的事,真正的人是'放眼世界'的人。"①

1925年5月30日,上海发生了震惊中外的五卅惨案。侯绍裘即刻在苏州发动群众开展援助上海工人罢工活动。张武龄在侯绍裘的影响下,带领乐益全体学生参加了这一爱国运动。乐益停课十天,学生们冒雨上街宣传募捐,分散在各个城门口、火车站口。允和回忆,当时她脚穿了一双新布鞋,湿得一塌糊涂,"心中却异常激动和兴奋"。此外,学校还组织学生们自编自演搭台演戏三天进行募捐,以支持工人罢工。在当时,苏州女学生登台演出是一件破天荒的事,轰动了整个苏州,场场客满。张武龄鼓励子女参加演出,元和、允和、兆和、宗和、寅和、定和都参加了演出。他还邀请著名京剧演员马连良登台演出,戏剧界名人于伶也被请来帮忙,一切费用均由张武龄负担。通过宣传和演出所得的募捐款悉数送往上海。据当时《申报》记载:苏州先后捐款达六千余元,"组织募捐乐益女中成绩最优"。罢工结束后,上海总工会把苏州工人和学生捐款未用完的余款退回苏州,为了纪念革命烈士和苏州人民反帝的决心,乐益女中的教师、学生和工人一起自己动手,用这笔钱将乐益女中东边的东北小巷拓成大路,取名"五卅路",以资纪念。②

9月初,新学期刚刚开学,一个秋高气爽的日子,一个非常重要的秘密会议,正在校园里进行:中国共产党在苏州的第一个党组织——中共苏州独立支部在乐益女中正式建立;公开身份为美术教员的叶天底,担任了中共苏州独立支部首任书记。乐益女中成为苏州早期革命活动的第一个据点。1985年9月,苏州中共独立支部建立六十周年,苏州市委曾在乐益女中旧址举行勒石纪念活动。

据张寰和晚年收集整理,那个9月,每个中共教员都在乐益有演讲主

---

① 张允和:《张闻天教我国文课》,《最后的闺秀》,生活·读书·新知三联书店2012年版,第118页。
② 《教育家张冀牗》,《苏州教育志》,《水:张家十姐弟的故事》,安徽文艺出版社2009年版,第55页。

题,其中,国文教员张闻天讲的是"帝国主义与辛丑条约",美术教员叶天底讲的是"九七与五卅",女教师徐诚美讲的是"反帝国主义运动"。1925年9月9日的《苏州明报》,对此曾有过专题报道。

在办学的十多年间,张武龄一直在思考,如何办好乐益,他担心自己不谙近代女子教育,会误人子弟,因此经常向国内教育界耆宿虚心请教,其中就包括蔡元培先生。武龄在办学中吸纳各党各派的教员,也正是蔡元培先生的主张。此后,他与蔡元培一直保持着往来。

此外,张武龄还经常寻找机会自我学习、自我提升,以了解最新的时事及思想动态。尤其对于好的老师、好的讲座,他经常专程去听,学习各种教学讲课的方式和方法。据寰和回忆:

20世纪30年代初,我在上海光华实验中学读书,学校请胡朴安老先生讲授《荀子》。爸爸和妈妈(指韦均一)连续到校听讲,和我同坐一个教室,他们坐在第一排。妈妈在无锡国专修学馆读书时,爸爸也经常去听唐文治先生讲课。

1935年,章太炎在苏州锦帆路创办章氏国学讲学堂,爸爸和妈妈也经常去听讲,并和章太炎、汤国梨时有往来,研究讨论。

爸爸寻师访友,虚心请教,集思广益,使他的知识不断丰富,思想能跟上时代。①

在学校里,武龄是深受学生尊敬和爱戴的校主,接近学生、关心学生、爱护学生。有女孩子小学毕业后,因家贫不能升学,武龄就让乐益的教师动员她们免费入学。除减免学费外,对家境清寒有志学习的学生,武龄还尽自己所能资助她们在毕业后继续深造。

跪乳反哺,学生们同样对乐益、对校主有着深厚的感情。

临近毕业时,学生常常舍不得离开学校,女生们哭着在梅花下挖个坑,把与她们朝夕相处的竹片名牌用小手绢包好,埋在土里,表示她们虽然远离母校,但永远和乐益在一起。

张宗和曾在1931年6月30日的日记中写道:

---

① 张寰和:《回忆爸爸二三事》,《水:张家十姐弟的故事》,安徽文艺出版社2009年版,第18页。

晚上四姐说,乐益的学生又在哭了,她们舍不得毕业,不愿离开乐益。乐益虽然办得不见得好,可是乐益学生们的心,是非常爱她的。这未始不是乐益的好处。①

张武龄对教职员工也非常关心,尤其是青年教师,他更关心他们的成长与后续发展。在同等学校里,乐益教师的工资是高的。武龄自己生活朴素,甚至孩子要读大学,曾一度因为家中办学,经济紧张,付不出学费而欲放弃,然而对乐益女中的各项费用,武龄则竭尽全力,将经费筹足,以保证教学费用及教职员工的薪金按时支付,使教学正常进行。

张武龄的五子张寰和曾提到:

爸爸非常重视学校的基本建设,以及教学设备和正常的教学秩序。在这些方面,他花费了家产的极大部分。为此,受到家乡部分族人的不满和责难。他们斥责爸爸是张家的败家子,挥霍家乡的资财培养外乡人。……我记得有时姐姐哥哥们开学时拿不到学费和路费,一定要等乐益学期经费筹足后,有多余的才能成行。韦布小舅在《二一级毕业纪念刊》中谈道:"乐益自创办至今,每年的经费和创办费等,一股脑儿在内,当在二十五万元以上。其间始终没有一丝一毫是受惠于校主以外的第三者。"②

正因为如此,武龄办学一事,得到了社会各界的高度评价。著名爱国人士,曾任徐世昌内阁教育总长、国民参政员的张一麐评价说:

合肥张冀牖,为督部靖达公之孙,余同年霭青观察之子。侨苏日久,斥巨资建女子中学,曰"乐益"。靖达公曩抚苏,有遗爱,冀牖克竟厥施。

教育家叶圣陶评价道:

许多早期的共产党员,如侯绍裘、叶天底,还有张闻天等同志,他们把乐益作为开展革命的据点。有的在乐益教书,有的暂住乐益隐蔽。张老先生很了不起,他自己出钱办学校,把许多外地的青年请到苏州来教书。

---

① 张宗和:《张宗和日记摘录》,《水:张家十姐弟的故事》,安徽文艺出版社2009年版,第238页。
② 张寰和:《爸爸办乐益》,《水:张家十姐弟的故事》,安徽文艺出版社2009年版,第66页。

他大概不知道他们是共产党员,只觉得他们年轻有为,就把他们请来了,共产党从此在苏州有了立足的地方。

黄慧珠评价道:

乐益女中的创办人是开明人士张冀牖,为使受压迫的女子获得受教育的权利,以毕生的精力和全部资财办了这个学校,从未接受过国民党一分钱的资助。人称他是一位具有蔡元培先生风度的人士。他的这种精神在我们今天面临着极需要加快开发妇女智力和人力资源,以适应开创社会主义建设新局面的新形势下,更值得学习和纪念。

余心政评价道:

西欧的启蒙主义,一开始就和政治结盟;中国的启蒙主义,是和教育结缘。他以传播科学文化为己任,发展女权,创办女子中学是重要的一环。张老先生在这方面做了许多事,不愧为吴中教育界的一位启蒙先贤。①

至性人生

充和曾这样评价自己的父母:"爸爸从来就弄不清谁是好人,谁做了什么事,而妈妈却什么都知道,只是不声张。"在孩子们眼里,妈妈才是这个家的家长,而武龄跟他们一样,不过是大些的孩子,由于耳朵有重听的毛病加上温和的天性,他看上去不是一个敏捷机灵的人,对于世事人情略显愚钝。但陆英死后,他努力做一个好父亲,爱自己的九个孩子,维持整个家庭。在允和的回忆里,我们感受到他对孩子的宠爱:

我总觉得爸爸在儿女中最喜欢我,可是当我十三四岁时,很不喜欢爸爸,为什么呢?我的人很瘦小,当时苏州只有一人坐的人力车,不是可以坐两人的三轮车。爸爸一出门,喜欢捎带着我,他一上车,交起腿来向后坐,留下前面的地方说:"小二毛,来!"我八岁从上海到苏州,一直到十三四,都是这样跟爸爸坐一部车子出门的,可是十二岁以后,还是这样,我就

---

① 张寰和:《爸爸办乐益》,《水:张家十姐弟的故事》,安徽文艺出版社2009年版,第68页。

不高兴。

有一天爸爸躺在躺椅上,要我替他篦头,篦着篦着他就睡着了。我不耐烦,我要气气他。我拿篦子轻轻打他的头。他醒了:"小二毛,为什么打我?"我说:"我不跟你出门,我不跟你坐一部车子!我要打你!"爸爸抓抓头:"小二毛,好厉害。我不打你,你倒打我。"我说:"就打你,就要打你!"爸爸说:"好好好,以后让你一个人坐一部车子,好不好?"父女两个哈哈大笑。①

武龄把孩子们当作朋友,经常陪伴在他们身边,和他们一起做游戏、闲聊。他喜欢给他们讲故事,虽然他不太擅长讲故事,但他常常能从平常中发现有趣之处,发现别人没有注意的细节,一些生活中的小情趣,一个小笑话,一首他觉得出色的小诗,他会马上跟孩子们一起分享。也许,原来这些都是与陆英一起分享的,现在,由孩子们来一起分享了。

对孩子们来说,母亲陆英去世前后最大的变化,大约是读书的场所从家里变到了学校。祖母在世时,武龄出于对母亲的孝顺,依母亲的意思请老师来家里为孩子们授课。

武龄将花园里的花厅布置成书房,放四张桌子。请来了老师,一位是安徽定远的王先生,教国语、历史、地理等课;一位是扬州于先生,教文言文。武龄照着当时小学的课程设置了一些内容,他亲自从《古文观止》《文史精华录》等书里选了一些文章,抄下来给元和、允和、兆和读。允和回忆说:"我们

张武龄与四个女儿

念的书在当时的人眼里甚至在现在一些人的眼光中都是不成章法的,我们的教材常常是由父亲和两位老师一起筛选编辑的。"姐妹仨每人每周写

---

① 张允和:《洒到人间都是爱》,《水:张家十姐弟的故事》,安徽文艺出版社2009年版,第12页。

一篇文言文,由于先生批改;写一篇白话文,由王先生批改。书房就是一个小小的教室,挂着一块黑板,设专人摇铃上下课,每次上课五十五分钟,休息五分钟,再上课。

孩子稍大一些,武龄又请了一位苏州本地的女教师吴老师,教算术、自然、音乐、体操、舞蹈等。孩子们对学算术没什么兴趣,可是对体操和舞蹈课却兴趣大得不得了,于是,武龄专门给她们置办了练功衣和软底鞋。上这两门课的时候,她们就到花园后面的一块空地上上课。

陆英去世后,武龄让三个女儿报考了苏州女子职业学校。这所学校主要以刺绣闻名于社会,学校有一般基础课,还有家政、美术等课程。读了两年后,转学考入武龄自办的乐益女中。乐益采用的是新学制,初中三年,高中三年。元和比允和、兆和高一个年级,1924年,成为乐益首届毕业生。

1922年,韦均一进入张家。韦均一当时正在乐益女中教书。她是江阴人,父亲是医生,曾在上海爱国女校读书。乐益女中新校舍的土地就是韦均一的叔祖父卖给武龄的,韦家很欣赏武龄,对于他的家庭、人品、财业都表示肯定,所以撮合了韦均一与武龄的婚姻。但韦均一自己却不是特别情愿,因为当时她才二十三岁,而武龄已经三十三岁,还有九个孩子。

韦均一也是一个非常有才华的人。她的弟弟韦布说,姐姐从小品学兼优,是家乡有名的淑媛。婚后,她曾担任苏州一家曲社的社长,常常组织昆曲雅集,她在绘画、书法、诗词也小有所成。后来在这些方面颇有成就的张充和也对继母的艺术才华表示肯定。

从进入张家开始,韦均一就觉得自己是孤立的,仿佛硬生生地被挤进了张家,破坏了这个家固有的一种气场。所以,总觉得整个大家庭都对她充满了敌意,仆人们不尊重她,孩子们也不喜欢她,而她又缺少陆英那种处事周全的能

张武龄与韦均一

力。她的年龄也比较尴尬,她只比元和大七岁,也许做姐姐或阿姨,更能让孩子们接受。直到去世前,九十多岁的她仍认为这是一场"遗憾"的婚姻。两个非常善良的人,在婚姻里却不一定能够相濡以沫、处处契合。因此在张家,韦均一一直有种非常压抑的感觉。武龄和孩子们说说笑笑时,她经常会觉得自己是个外人。这种感觉让她一个人面对武龄时,表现得暴躁易怒。在她怀孕时,这种急躁不安的情绪尤其明显。有传闻说,一次韦均一过生日,四姐妹中的一个跪下向她磕头,以示隆重,却挨了她一巴掌,说这是"拜死人"的姿势。她也不相信张家的仆人,觉得他们要害她,因此,她总是逃回江阴的娘家。孩子出生后,她特地从江阴请了奶妈和医生。

另外,韦均一觉得丈夫的性格过于柔弱,行事不够果决。在武龄去世后,她曾写下十四首悼念诗,诗中对武龄的性格、对两人的婚姻都有所不满,认为武龄虽是一个至情至性至才的好人,但在这样的性格下难以成就其才情。

作为丈夫,武龄尽可能地体谅妻子。事实上,由于陆英比武龄大,又成熟、稳重,武龄婚后一直处于被照顾的境地。而与韦均一在一起,他觉得自己应是一个大丈夫,有照顾好妻子的责任与义务。因此,他处处包容韦均一,抽出时间尽可能多陪妻子,跟她一起读书,带她去上海看戏、看美术展,和她一起去听历史或哲学讲座。1932年至1935年,他还把韦均一送到上海美术专科学校学习国画。为了让韦均一感受到自己在家庭中的重要性,武龄还让她担任乐益女中的校长,在乐益女中十六年的办学历史中,韦均一任校长的时间大概有八年。武龄温和体贴的性格,使两人逐渐有了较多相同的兴趣和共同语言。婚后,武龄与韦均一共育有三个孩子,但不幸的是,两个孩子夭折了,第三个孩子在小心翼翼的照料下才得以存活。这个孩子就是宁和。

武龄与六个儿子

而孩子们后来也慢慢学会了包容继母的怪脾气,学会了想办法缓和家里的气氛。张宗和的日记里曾写道:

1931.2.28　有十点钟了,我到家。在通乐益的门口坐了一个人,好像是妈妈。我问她为什么坐在这里。她说:"等你爸爸。"我上楼看见爸爸在四姐房里。正讲他俩吵起来的事。爸爸央着我们下去,请妈妈回来。妈妈不回来,一定坐在门口。爸爸去了,说了几句好笑的话。把大家都引笑了,四姐更笑得厉害。我们把妈妈拥进爸爸的屋子坐着。爸爸讲了上海十三爹十三奶吵架的好笑故事。我们吃了点东西后,看见爸爸和妈妈又说又笑。我们知道没有事,就回到楼上来了。①

在宗和的另一篇日记中也记载了一家人出游时其乐融融的生活片断:

1931.8.30　今天逛荷花荡。妈妈看见有小船就过去向他们买莲蓬,结果从一个小孩那儿买到七只莲蓬。爸爸只在船上看新买的郭沫若的《甲骨文研究》。小弟弟在玩碗里的螺蛳,小五狗和小姑娘都在弄鸡头米上来。②

当充和回到苏州的家里后,她和继母相处得非常融洽。她回忆说:"当时,跟我一起学戏的,还有我的继母,她叫韦均一,本来是父亲办的乐益中学里的一位老师。继母只比我大十五岁,我们一起学戏。她爱画画,我爱写字,她看我写字可以一看看上大半天。家里的人都不太喜欢她,但她喜欢我,跟我很亲近,我们像两个很好的朋友那样相处。"③

韦均一嫁到张家后,将自己的弟弟韦布和堂妹韦均莘也带到了乐益。韦布到苏州时十四岁,在武龄的影响下接触新文学,走上了影视戏曲创作的道路,年龄稍长,武龄还送他赴日留学。抗战期间,韦布积极组织苏州抗战后援会戏剧组、办贵阳民众剧场、组织新中国剧社等。新中国成立后,韦布成了一名电影制片人,作品有《三毛流浪记》《护士日记》《二度

---

① 张宗和:《张宗和日记摘录》,《水:张家十姐弟的故事》,安徽文艺出版社2009年版,第236~237页。
② 张宗和:《张宗和日记摘录》,《水:张家十姐弟的故事》,安徽文艺出版社2009年版,第239页。
③ 苏炜:《天涯晚笛:听张充和讲故事》,广西师范大学出版社2013年版,第27页。

梅》等,后来调到珠江电影厂,并拍摄了《七十二家房客》等颇具影响的影片。而韦均荤在乐益女中读书,也培养了浓厚的戏剧兴趣,后来成为著名的电影明星,即艺名为"上官云珠"者。

1930年前后是张家最充满活力的几年,儿女们在武龄的呵护下茁壮成长,乐益女中也办得有声有色,张家内外充溢着一片鲜亮新颖的生气,四十开外的张武龄也仿佛焕发着青春,对一切都充满着新鲜和好奇。可惜的是,这种日子并没有维持多久,更大的离乱灾难就来了。1937年7月全面抗战爆发,武龄夫妇在无奈中关掉了乐益,带着孩子回到肥西避难。武龄有感于人生,写了下面这首诗:

> 婴倪随室上巴江,如雪麻衣归樟航。
> 童冠郡城依济叔,尘嚣唯近令公堂。
> 卅年吴会蓴鲈厌,九日淮浥萸菊香。
> 江海名都森战垒,翻因避地得还乡。

这首诗讲述了他一生的经历,是他留下的最后一首诗。

1938年冬,武龄逃难由合肥、六安到霍邱,因饮用了日本人放过毒的井水患痢疾而去世,年仅四十九岁。他去世时,只有韦均一和小宁和在他身边,其他子女都在后方。由于战争,直到1943年,才由寰和将武龄的灵柩运到骆小河湾与陆英合葬。

骆小河湾地势极佳,风景优美。墓地坐北朝南,一湾清溪由西而来环绕墓前。墓后一小丘,丘上和两边山坡上长满了成荫的苍松、翠柏。

武龄去世后,韦均一不愿一个人带着儿子留在肥西张老圩,便于1939年回到苏州。她曾在私立英华女校和省立女师教课,后又去上海租界代课。太平洋战争爆发后,日军进入租界,韦均一靠代人批卷及誊写文稿为生,直到乐益女中复校回到苏州。新中国成立后韦均一一直在苏州文史馆工作,任苏州地区考古顾问。

1995年8月22日,韦均一在苏州去世。次年春,寰和与妻子周孝华按照小弟宁和的意愿,将继母的骨灰撒入太湖最美的一湾。

第五章 张元和与顾传玠

◎

则见风月暗消磨,画墙西正南侧左。苍苔滑擦,倚逗着断垣低垛。因何?蝴蝶门儿落合。

——牡丹亭·拾画叫画

昆曲情缘

当武龄请来老师教几个女儿学唱昆曲的时候,他可能没想到自己的这一举动会对几个女儿产生那么大的影响。昆曲最终成就了元和的爱情、婚姻和终身爱好,也成为允和、充和的最大爱好,甚至毕生事业。

最初,武龄只是觉得孩子们在家里,没有什么事情做,尤其是看到新年里她们混在一群佣人中间,跟他们学一些赌博的小游戏取乐,他想,要给孩子们找点事做。

武龄夫妇都爱看戏,全家搬到上海后,他们在戏园里长期定了座,好戏他们必看,一般的戏,他们夫妇若不去,保姆也可以带孩子们去看。元和、允和、兆和都只有几岁时就开始跟着他们看戏。

陆英更是个戏迷,喜欢看京戏。孩子们记得,小的时候,每每乘凉,她就怀里抱一个小的,周围围着几个略大的,她低低地给她们唱《林黛玉悲秋》《杨八姐游春》,教几个孩子唱《西厢记》里的扬州歌。

住到上海后,每逢有名角演出,她就悄悄地带着干干和女儿溜出去。如果这个时候婆婆找她,仆人们就会说,太太在楼下洗脚。后来,"洗脚"就成了看戏的代名词,家里所有人都知道,如果夫人在洗脚,那她一定不在家。

姊妹仨每次随陆英看戏回来,总喜欢在堂屋里演唱一番。《三娘教子》《探亲相骂》《小上坟》等是她们经常演的戏。元和总是做主角,在《三娘教子》里,她是三娘,兆和是老薛保;《探亲相骂》中,她是城里的亲家母,兆和是乡下的亲家母;《小上坟》里,她是白素贞,兆和是刘禄金。允和则自甘当配角,演《三娘教子》的小东人,做《探亲相骂》的儿子和媳妇,当《小上坟》的鸣锣开道人,甚至是《小放牛》里的牛,由兆和演的小牧童赶着她先过场。

那时,她们开始在私塾里跟着启蒙先生学《百家姓》,学了几句后,元和就兴冲冲地组织起剧社自编自导自演起来。允和在《打泡戏》里记录了这个第一次:

开蒙老师教我们《百家姓》时我五六岁,一天大姨家的表姐来我家玩,在图南里家中的客厅里,大姐元和组织了她的第一个剧社,第一次当了编剧导演兼演员:

大姐端坐客厅正中唱:赵钱孙李——把门开;
三妹兆和忙开门迎客:周吴郑王——请进来;
表姐迈四方步进门来:冯陈褚卫——请客坐;
小丫头我风风火火地:蒋沈韩杨——倒茶来。①

---

① 张允和:《打泡戏》,《张家旧事》,生活·读书·新知三联书店2014年版,第80页。

她们也看昆曲。武龄喜爱昆曲,年轻时就对曲谱版本进行研究。他经常带孩子们去全浙会馆(苏州养由巷)看演出,那时,昆剧传习所尚未成立,全浙会馆的昆曲主要由曲友们自己演。武龄每次去看戏,都会带上各种曲谱,他要孩子们一边看戏一边对照着看剧本。可孩子们只顾看戏,怎么也对不上台词,被台上的剧情一迷住,早忘了看剧本了。对他们来说,又看戏又看剧本是件苦差事。但不管怎样,看戏总是件有意思的事,更别说学戏了。

武龄请的老师是昆曲全福班的老演员尤彩云。光绪年间,昆曲开始没落。"全福班"是苏州四大"坐城班"之一,后仅剩的"江湖班",允和曾说:

尤彩云是后期全福班演旦角的,后因目疾,不能演出。他是"昆剧传习所"的老师,也是我的昆曲开蒙老师。……尤彩云教得很认真。他教《游园》的曲子和身段,"没揣菱花偷人半面",杜丽娘和春香照镜的身段。他把着我们的小手,教了一遍又一遍,不知花了他多少心血和功夫。①

三姐妹在书房里学识谱拍曲,学曲子身段,虽然一起学,但态度不一样,元和最听话,规规矩矩、认认真真学;允和调皮,只看戏不看书。后来武龄在乐益也专门开了昆曲课,三姐妹继续在学校里学。学校里经常组织各种各样的活动,文艺晚会、义演等,使她们经常有登台表演的机会。三姐妹场场不落下,唱《游园》、演《风尘三侠》等。

昆剧传习所成立后,在苏州如有演出,武龄必定会带她们去看。允和回忆她十四五岁时看顾传玠演《十五贯》的情景:

《十五贯》当中最令人感动流泪的一出戏是《男监》,写熊友蕙和熊友兰兄弟在监狱相遇惨绝人寰的场面。演弟弟的熊友兰就是顾传玠。那时他不过十五六岁,我这个小女孩,看这出戏觉得这两弟兄真是太可怜了。

兄弟俩都知道他们已是被判决死刑的人,真是一对难兄难弟。我直

---

① 张允和:《江湖上的奇妙船队:记昆曲"全福班"》,《水:张家十姐弟的故事》,安徽文艺出版社2009年版,第90页。

看得惨、惨、惨!①

在乐益女中,元和认识了凌海霞,这是一个影响她一生的女人。

凌海霞是江苏海门人,1892年出生于当地一个富有殷实的士绅家庭。其父凌见之是个读书人,很想送女儿上学。但不知为什么凌海霞一直不会说话,家人甚至以为她是哑巴,但是凌见之仍然想尽一切办法教她认字。大概凌海霞九岁时,一次她躲在阁楼上看书,看到动情处不觉大声读了出来。因为这个原因,十六岁那年她才去读一年级。不过她只花了两年时间就完成了小学学业,然后上了六年师范学校,又到上海启明女校、大夏大学深造,最后在北方的一所职业学校学习银行学。后来北方战乱,家人认为在外太危险,让她回家乡找工作,她只好放弃学业回来。这时她已过而立之年,不过依旧独身一人,此后一直未曾谈论婚嫁。

1924年左右,凌海霞到乐益女中担任舍务。凌海霞精明强干,有自己的主见,并且固执刚烈。她对办学有自己的看法,认为武龄办的学校太散漫,缺乏组织和方向。她在乐益只做了一年,但这一年却对元和产生了巨大的影响。

在家里,元和是老大,从小她陪伴着祖母,很少和妹妹、弟弟们嬉笑打闹,因此在几个孩子中,最显得成熟庄重。由于祖母的疼爱与百般呵护,她受到的关爱也比其他孩子多。祖母去世后,姐妹三人一同学习、一同游戏,她比她们更为心思细密。母亲去世的时候,她十四岁,已经略略懂得了世事无常的道理,当两个妹妹还在打打闹闹时,她已经开始冷眼旁观家庭的变故,很多时候,有想法也都闷在心里。

凌海霞来乐益时,元和已经十六七岁了,也可能是处于青春期的女孩对母亲去世后父亲再娶的不理解,也可能是韦均一初到张家对张家上下怀有的敌意,使元和想要寻找另一种母亲般的关怀。凌海霞非常喜欢她,适时填补了她心灵上的这种空白,尤其在元和生病期间,凌海霞照料她,给她熬药熬汤,给予她如母亲般的关心和帮助,使她颇为感动,两人也由

---

① 张允和:《一介之玉顾志成》,《水:张家十姐弟的故事》,安徽文艺出版社2009年版,第72页。

此日渐亲密。这也引起了乐益一些同事的好奇和揣测,他们建议时任校长的韦均一干涉此事。因此,第二年凌海霞没有拿到乐益的聘书。

1925年,凌海霞回到海门,她的父亲和兄长共同为她在海门捐建了一所学校,以她的名字命名,并让她当校长,初名海霞学校,1929年更名为海门县私立海霞女子初级中学,附设小学,后改为私立海霞初级中学。

凌海霞离开乐益女中时,元和读高中二年级,因为内战,乐益的高中被迫停办,元和投考南京第一女子师范,插班入学,转到南京寄宿了。

1927年元和高中毕业,考入上海大夏大学文学院。在大夏大学,元和梳着齐耳短发,穿着她最喜欢的咖啡色衣服,高雅、端庄,品貌出众,且多才多艺,得到众人的关注。非常意外的是,在大夏大学里元和竟然再次遇到了凌海霞。此时,凌海霞接受大夏大学的聘书,也正在上海。大夏大学校方很欣赏凌海霞,对她的才干给予肯定。与此同时,海门教育局希望她能回去,准备让她担任县立女子中学校长。考虑再三,最终凌海霞回到海门筹备县立女中了。

在大夏大学期间,元和用三年时间就修完了所有的学分,1930年毕业,获得文学学士学位。1931年,元和与同学方英达相约到北京准备读燕京大学研究院,住在凌海霞的哥哥凌宴池家中。但是还没等到进研究院,就被父亲叫了回去,希望她到乐益任教。但元和回去后并没有留在乐益,而是被凌海霞叫到了海门。海门县立女中刚刚创办,急需人手协助,凌海霞自然而然想到了元和。而元和大学毕业,觉得自己终于可以自立了,不需要再依赖家庭。但是在苏州即使是在乐益任教,拿着的终究是家里的钱,所以她并不想留在乐益,因此欣然应允凌海霞的邀请。

在海门,她一方面在县立女中任教,另一方面她也在海霞学校任教,并且还担任了海霞学校的教务主任,后来又任海霞学校校长。

元和在海门的四年,生活上除了教学,还是教学。她平时住在位于茅镇的学校内,放假时就住在凌家。寒暑假她也不太愿意回苏州,偶尔回家看看,住几天又回了海门。她认凌海霞做了干姐姐,认凌海霞的哥哥做干哥哥。如果不是充和生病需要人照料,可能元和会一直这样过着世外桃源般的平淡日子。

1935年，充和在北京大学读二年级，先是由于骑脚踏车出了事故住进了医院，谁知入院后的检查却显示她患有严重的肺结核。因此元和停下海门的工作，到北平接小妹回家。

回到苏州后的元和一下子又迷上了昆曲。

元和比充和大六岁，在这之前，两姐妹仅有几次充和从合肥回苏州时的短暂相聚。1930年充和在养祖母识修去世后回苏州，元和则在外读书，然后一个在海门工作，一个在北京读书，两人接触不多。在充和养病的这两年，姐妹俩因为共同的兴趣和爱好有了更多的情感交流，日渐亲密起来。

没有什么事做，充和就带元和去幔亭曲社唱曲。幔亭的曲友每月曲叙一次，唱一整出戏，从中午清唱到晚上，预先安排好戏码和曲者，晚上聚餐时才可以唱散曲。元和与充和以此为舞台，非常投入。充和简直着了魔，经常唱到深夜两点才回家，却也怪——唱着唱着病竟然就不知不觉好了。

元和在生活中是个较为内向、把内心掩饰得很好的人，但一登上舞台，她就成了最快乐的人，愿意饰演各种不同性别和性格的角色。起初她们姐妹学的都是闺门旦的戏，后来为了与妹妹搭戏，元和开始学习小生戏。她拜周传瑛为师，学习小生的唱功、台步和身段。周传瑛擅长扮演巾生和官生，他对元和倾囊以授。作为一个业余演员，元和的进步很快，不久就能与充和配对演出，分饰男女角色，在曲社中演才子佳人的戏。而且，由于她早期学的是旦戏，因此，如果有时搭戏缺女角，只要元和熟悉这个角色，她也能很轻松地转换成女角。她说："演什么角色都要入戏，如果你把这个角色的唱功、做功里面最细腻独

《牡丹亭》张充和饰杜丽娘，张元和饰柳梦梅

特的地方都学会了,那么女演男角、女演女角都不是问题,因为艺术无关乎你本人是谁。其实,你本来就不该把自己的本色——自己的情感——带上舞台。"

一天,元和正如以往一样在家中学戏,一曲未完,便见一个年轻人在弟弟的带领下步入院中。看清那人的眉目后,元和即刻噤声打住——她认出那人是顾传玠,当年上海最红的昆曲小生,而现在他的身份是她弟弟宗和、寅和的同学。

英俊潇洒的顾传玠

一介之玉

说起顾传玠,曾是昆曲界人人皆知的当红小生。当年在上海就读大夏大学时,元和就曾看过他的演出。

那是1930年,允和在上海光华大学读书,女同学会中有一个昆曲组,特请童伯章教授教昆曲。他教的第一支曲子是《牡丹亭·拾画叫画》里的"颜子乐",第一句是"则见风月暗消磨",他微摇着头,觑虚着眼,一板一眼替学生们拍曲子的神态令允和着迷,而这支"颜子乐"也成了当时允和与同学们最感兴趣的曲子,她们很想知道,假如这个唱段由优秀的昆曲伶人在舞台上表演会是什么样子?

那时昆曲界传字辈在上海大世界演出,顾传玠常常演《牡丹亭》中的

《惊梦》；他们也演所谓的全本《牡丹亭》，但内容只到《冥判》，并没有《拾画叫画》。这出戏在当时的昆班中极少上演，因为在长达三十多分钟的时间内小生一人要从头唱到尾，难度很高。顾传玠十八岁时，便有戏曲评论家为他如此作评："一回视听，令人作十日思。"允和久仰其大名，很希望他能演一回这出大家都很喜欢的戏，便拉上大姐元和及众同学给他写了封点戏的信，请他唱《拾画叫画》。

那封信是大家集思广益、字斟句酌写出来的，开头很文气："叨在同好，兼有文谊……"元和后来回忆这段往事时说："多正经，多客气呀，是吧？过了几星期，他真的满足了我们的要求，我们简直不敢相信。"

于是，1930年的某一天，一群女大学生在数名男同学的保镖下，走进了上海娱乐城"大世界"三楼昆班的演出大厅。昆班的舞台不大，只能容下一百多名观众，照明也差。但当顾传玠踱着台步款款出场时，所有人屏声息气，忘却了外在环境，将全部注意力集中在他一人身上，听他婉转流丽、回肠荡气的曲声，目不转睛地看他温文尔雅又不失激情的表演。允和写道：

> 顾传玠出场的一句引子"惊春谁似我"就抓住了我。他不但唱得好，身段十分优美，而且书卷气十足。下面唱到《好事近》的"则见风月暗消磨，画墙西正南侧左，苍苔滑擦"时，把我吓了一跳，以为柳梦梅真的要滑跌了。

> 拾到了杜丽娘的画儿时，起初他想这是观音佛像，带回到自己屋子好好供养。下面就是《叫画》。展开了画像再看又像是嫦娥，可又不是，最后才知道是他梦中的情人。顾传玠交代得清清楚楚。台下人都全神贯注地仔细听、仔细看。发现这就是他梦中的情人，情人题诗上说："他年若傍蟾宫客，不在梅边在柳边"，他的名字就是柳梦梅。

> 最精彩的是三声呼唤："小娘子、姐姐、我那滴滴亲亲的姐姐。"

> "小娘子"还是外人；姐姐是亲人；我那滴滴亲亲的姐姐，就是真的亲人了。惊心动魄。《叫画》到了最高潮。这是巾生戏，我们看完了这场戏，大家都极高兴，好戏、好戏，难得看到的好戏。我跟大家说："这三声呼

唤真的把杜丽娘叫活了。"顾传玠的柳梦梅也永远活在我们心里。①

一出《拾画叫画》，令汤显祖笔下潇洒痴情的柳梦梅宛如复生，也让潇洒帅气的顾传玠在元和心中留下了深刻的印象。从此以后，元和与大夏大学的三位女同学结成死党，几乎每个周末都会去看戏。

这一年，张元和二十二岁，顾传玠二十岁。

元和坐在观众席上看顾传玠表演的这一年，正好是顾传玠最声光激滟的时节，也是昆剧传习所最卖座的时候。

1920年，全福班曾应邀赴上海献艺，曝出"欺漫"内幕，全福班从此一蹶不振。姑苏昆剧亦日薄西山，行将消亡。为了延续这一戏曲艺术瑰宝，著名曲家俞粟庐、徐凌云及实业家穆藕初倡议并成立了"昆曲保护社"，嗣后，苏州"禊集""道和"两曲社的名曲家张紫东、贝晋眉、徐镜清发起，募集民间的资力，筹建加速培育昆剧新人的机构，以解决艺人队伍青黄不接的严重问题。考虑到旧戏班那种收徒授艺的方式已不能适应当前的急切需要，遂于1921年8月，创办了一所培养昆剧演员的学堂式的新型科班，定名为"昆剧传习所"。入传习所的学员大多是苏州的贫家子弟，传习所免费为他们提供食宿。而主教老师都是全福班后期的名艺人，有沈月泉、沈斌泉、许彩金等。此外，传习所还聘有助教、笛师、拳师和文化课教师等若干。

顾传玠原名时雨，1910年1月25日生于苏州。他的父亲瑞卿是位塾师，在教学之余有栽培兰花的嗜好，因而遂与禊集曲社社长贝晋眉成为好友。1921年，时雨从虎丘半塘小学毕业，经贝晋眉推荐，和哥哥时霖（艺名为顾传琳，早逝）一起入昆剧传习所学戏。

学员们由曲家王慕洁统一命名，每人名字中皆有"传"字，取"传承"之意，其末字则按行当分，小生为斜玉旁，意谓"玉树临风"（《允和日记》里说是"美如冠玉"），如顾传玠、周传瑛、赵传珺；旦角为草头，意谓"美人香草"，如朱传茗、沈传芷、张传芳；末与净为金边，意谓"黄钟大吕"，如沈传锟、郑传鑑、施传镇；副、丑则依水，意谓"口若悬河"，如王传淞、华传

---

① 张允和：《一介之玉顾志成》，《水：张家十姐弟的故事》，安徽文艺出版社2009年版，第73~74页。

浩、姚传湄。

小时雨相貌清秀隽灵,剑眉深目,略显忧郁,微笑时双颊即现出深深的笑窝,很能打动人。因此,他被选入小生行,名字定为顾传玠。"玠"者圭也,乃玉之贵者。

顾传玠嗓音宽亮圆润,身段轻盈柔软,而且天资聪颖,领悟力强,在学戏方面有极高天赋,加上习艺异常刻苦,很快便在众学子中脱颖而出。据他自己说,当初为达到美观标准,单是练习摇头一项功夫就苦练了六七个月。

实业家穆藕初还提议,每个学员除学戏外,均必须学会吹笛及演奏其他乐器,这样既可以提高识谱能力,以增强乐感、节奏感,有助于今后的舞台实践,又能为大家准备后路以备不时之需。此举使后来"传"字辈昆曲演奏人人都会吹笛,并造就了一批吹笛好手。顾传玠也因此在学戏之余,练就了一口好笛艺。传说他的笛艺与俞振飞、许伯遒的不相上下。

经过三年的学习及前期的几次试演,1924年5月23日至25日,昆剧传习所首次在上海广西路笑舞台对外公演。一些曲家纷纷捧场,加演名曲折子戏。第一次演出就获得了"嘉宾满座,蜚声扬溢"的效果,前后共演了七十出,可谓盛况空前,一举打响了昆剧传习所的牌子。1925年初夏,传习所首次在苏州本地公开亮相,一时盛况空前,一票难求。11月,传习所再赴上海,在笑舞台、徐园交叉演出。

在徐园演出不久,小生顾传玠即率先走红,深受众多行家与观众的喜爱。他扮相俊逸,唱功不凡,台风气蕴俱佳,而且所学剧目多,无论是冠生、巾生、翎子生、鞋皮生,他都能演得惟妙惟肖,堪称全才,如巾生戏《玉簪记》(饰潘必正)、《西厢记》(饰张君端)、《牡丹亭》(饰柳梦梅)、《狮吼记》(饰陈季常)、《西楼记》(饰于叔夜),鞋皮生戏《彩楼记·拾柴、泼粥》(饰吕蒙正)、《永团圆·击鼓、堂配》(饰蔡文英)、《金不换·守岁、侍酒》(饰姚英)及翎子生戏《连环记·小宴》(饰吕布)等都是他的拿手杰作。

顾传玠善于琢磨角色,注重角色的性格、特点及心理活动,演出时一丝不苟,十分投入。因此,他所扮演的人物无不情真意切,细腻传神。当时,大名鼎鼎的京剧名角周信芳是徐园的座中常客,遇有昆曲传习所的演出,他必定风雨无阻,在台下正襟危坐,认真观看。

此时的顾传玠虽然很有名气,但在传习所里,按规矩他只是普通的一个学员,平时与其他学员一样吃一锅饭,拿一样的零用钱,必要时一样要跑龙套。

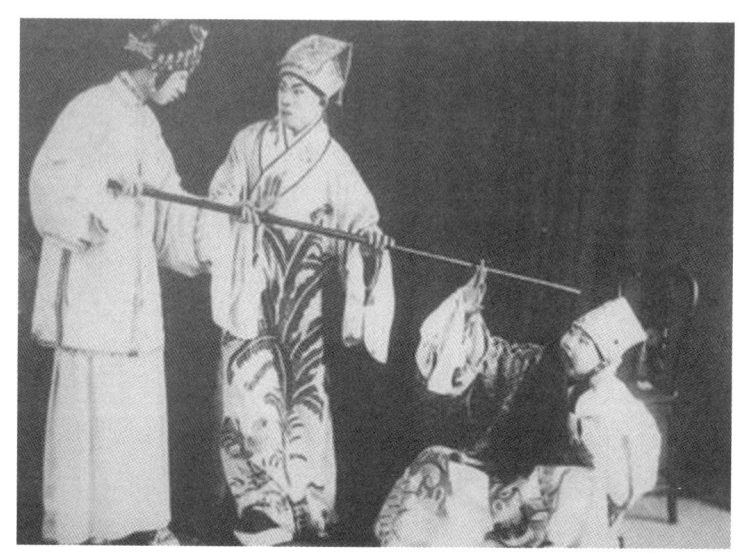

顾传玠、朱传茗、倪传钺《跪池》剧照

随着昆剧传习所在沪声誉日隆,新世界游乐场主动接纳,与传习所签订了合约,自1926年5月17日起在场内演出。由于每天日夜演出,学员们原来学的200多折戏不够了,不得不在演出之余还要抓紧时间学戏、补戏。顾传玠学戏极为刻苦用功,经常很早起身,并主动请沈月泉老师教戏,在这一阶段他又学习了《牡丹亭·拾画叫画》《长生殿·迎像哭像》《惊鸿记·吟诗脱靴》等许多小生重头戏。

此外,他还向京剧名角蒋砚香、林树森、林树棠等学习了部分昆腔、吹腔文、武戏等,在艺业上更加精进成熟。因此,顾传玠在昆腔武戏方面也颇具功力,他饰演的《割发代首》中的张绣,《雅观楼》中的十三太保李存孝等诸角身手不凡,将雄姿英发的大将风度演绎得淋漓尽致。有人夸他翎子耍得好,他说:"我是用一个小酒杯放在下颚练翎子功的。"可见其当时的用功投入。

上海新世界五光十色、百戏陈杂,大京班、文明戏、北方曲艺、苏州评话、本滩(申曲)、绍兴大班及电影等各类艺术应有尽有,也为学员提供了观摩学习的良好机会,他们从中不断吸收养料,加速了艺术上的成长。在这一时期,传字辈不仅自己声名鹊起,遇到了发展最好的黄金时代,同时补授、串联起很多昆剧整本戏,并在一定程度上发展了昆曲表演艺术,拯救了日渐衰微的这一古老剧种。

年轻的顾传玠在这一时期奠定了他昆曲名角的地位。著名书画家吴昌硕送给他一副嵌字对联——传之不朽期天听,玠本无价佩我宣,对他赞赏有加。曲学大师吴梅也十分赏识顾传玠的艺术才华,亲选顾传玠任其自编的《湘真阁》中的主角姜垓,佐以朱传茗、施传镇、倪传钺等,经过排练于1927年首演于苏州青年会,观众坐无隙地,盛况空前。摆在顾传玠面前的是无限风光的前程。

然而,由于穆藕初事业失利,纱厂倒闭,无力继续支持传习所,不得已撤回了对传习所的赞助,并于1927年10月将所务移交给另外两个实业家严惠宇和陶希泉,由他们着手筹建新乐府昆班,从而结束了昆剧传习所的历史。

新乐府昆班改变了以往传习所的规矩,引入京班的捧角制,将传字辈学员的待遇从"帮演"阶段每人每月发给少量零花钱改为月包银制,使戏班中的演员酬金按人气分出了等级,拉开了档次距离,其中顾传玠一百元,朱传茗六十元,张传芳、周传瑛、倪传钺等三十五元,沈传锟、华传浩等三十元,低档为二十元。顾传玠作为最受新老板赏识的演员,享受着顶尖待遇,不仅拥有高额薪酬,还搬出与师兄弟共同居住的小屋,跟随老板吃住,夏绸冬裘、私彩华饰,出入有随从跟班。在演出上也与其他学员相区别,如他与朱传茗可只演夜场、不跑龙套等。演出时等到正场戏快上了,两人才坐着包车来,正场一唱完,便又坐包车走了……这一系列的做法"违背了昆曲不分主角、配角,人人一视同仁、既唱正场,又均做得大小'搭头'的行业传统"①,引起了传字辈师兄弟矛盾的激化。1931年,在新

---

① 桑毓喜:《幽兰雅韵赖传承——昆剧传字辈评传》,上海古籍出版社2010年版,第73页。

世界约满前夕,传字辈师兄弟要求摆脱严惠宇和陶希泉的管束,获取自立的呼声愈来愈高,但几次与严、陶谈判均未果。因此在约满后,严、陶不再管昆班之事。5月底,新乐府昆班在北局中央大戏院(现大光明电影院所在地)公演结束后,遂解体。9月,传字辈分头设法借钱,集资置办衣箱,组成集体经营的"仙霓社",于10月1日起在黄金荣接办的大世界演出。而此时,顾传玠已经离开了昆曲舞台。

关于顾传玠离开昆班的原因,大家普遍认为主要"还是当时'新乐府'内部人际关系紧张所致","昆曲作为一门需要众人协作的综合性舞台艺术,按当时传玠已处于孤家寡人的境况,很难继续在戏班中立足"①,促使正值艺术巅峰期的顾传玠不得不做出离班的痛苦选择。

离开昆班前,顾传玠对未来进行了认真的思考。摆在他面前的有几种选择:一是与师兄弟好好合作,继续留在戏班与师兄弟自谋生路。二是1930年11月,在陈调元寿宴堂会上,顾传玠应邀与梅兰芳合作演出了大轴全本《贩马记》,赢得满堂掌声,梅兰芳对其技艺大加赞赏,当场力邀他与其长期合作,搭配小生。这也是一个不错的出路。三是严惠宇在撤资前,曾对顾传玠及朱传茗等他最喜欢的几位演员表示,如果他们愿意,他可以资助他们去念书。

经过反复思考,二十一岁的顾传玠做出了令人震惊的决定:卸却歌衫,告别舞台,进入学堂细读诗书。就这样,这个曾经人人艳羡的挂头牌的"顾老板"毅然决然地告别了看起来前程似锦的舞台。

在传字辈"第一生"的宝座上走下来,需要胆识和勇气,也足见他不是爱慕虚荣之人。他幼年失学,需要付出更多的毅力和精力才能完成学业,这也是他过人之处。

顾传玠本出身于书香之家,小学毕业后碍于家境寒素,无奈才与哥哥一起进入昆剧传习所学戏。中国自古以来看戏子的眼光就充满了轻蔑。常言道:"家有三斗粮,不进梨园行。"他唱昆曲虽名噪一时,被称为"顾老板",但为了几个铜板,东家祝寿,西家跑堂,随叫随到,他深切地感受到戏

---

① 桑毓喜:《幽兰雅韵赖传承——昆剧传字辈评传》,上海古籍出版社2010年版,第76页。

子没有社会地位和真正的尊严。他也清楚地知道,眼前的风光不会一直跟着他,一旦自己唱不动了,就会跟自己身边那些落魄的艺人下场一样,他们有的抽鸦片,有的酗酒,有的自杀,有的病死。尤其是,1931年5月他的哥哥顾传琳因肺病而殁,更使他心生去意。尽管他被认为极有天赋,但他相信,褪去铅华,在其他方面他也会有学有所成的。

弃伶求学后的顾传玠,改名顾志成,以"有志者事竟成"来激励自己。在严惠宇的资助下,他先后进入东吴大学附中、光华大学附中学习,后又求学于金陵大学农科,成为传字辈昆曲演员中唯一进入高校深造者。也正是因此,顾志成成为元和的弟弟宗和、寅和的同学。

元和写道:

他来的时候,如果我正在学戏,一定立刻打住。我知道他是顾传玠。几年前,他是上海最红的小生。后来他离开了戏班,如今在南京和我弟弟上同一家学校。他一出现,我就不唱了,否则有多尴尬呀。那时我跟他不熟,他是我弟弟的朋友。①

不过,顾传玠虽改名为顾志成,抹去"传玠"那个带有昆剧传习所烙印的名字,以示新生活的开始,但他从来不刻意隐瞒以往伶人的经历,当有人向他请教昆曲问题,他也非常乐于指点。

与元和回避的态度不同,充和每次看见顾传玠,都会拉住他请他教戏。顾传玠虽是小生,但对于旦戏也颇为精通,并会很多旦角戏。所以他也经常点拨唱闺门旦的充和,并亲自为她示范身段。

回忆起当年与道和、契集等曲社之间的交流与活动,老年的元和慢悠悠地说:"我们是不到他们那儿去的,不过呢,别的曲社的男曲友,是常来幔亭的。"常来幔亭的男曲友中,就有顾传玠。元和说他的笛瘾很大,每次聚会总不肯唱,偏爱吹,常向曲友作揖"请教一曲""请教一曲"。一餐下来,他可以吹笛子通关不歇气。

但那时,元和与顾传玠交流很少,并不太熟。

1936年,昆山救火会举办义演,这是件大事,因为昆曲是发源于昆山

---

① 金安平:《合肥四姊妹》,生活·读书·新知三联书店2007年版,第150页。

的,苏州的职业艺人和曲社的曲友都想共襄盛举。元和也决定去参加,她要在两出不同的戏里扮演小生,其中一出是《红梨记·亭会》。

顾传玠也参加了此次义演,在阔别昆剧舞台数年之后,准备再一次粉墨登场,与他的师兄弟们合作,饰演《长生殿·惊变》中的唐明皇和《荆钗记·见娘》中的小官生王十朋。

很多年没见顾传玠演出了,因此,元和十分兴奋,立即给父亲打了长途电话,告之顾传玠要演戏的消息。张武龄本就是传习所的忠实戏迷,以前常坐着小船随传习所到处看戏,尤其喜爱顾传玠的表演。接到女儿电话后,他二话不说立即行动,迅速赶到昆山。前来接他的元和傻了眼——车上下来一大群人,除了她的父亲,还有继母和她在苏州弟弟们,还有弟弟们的家庭教师。

顾传玠在昆山第一日演了《荆钗记·见娘》,翌日先演《长生殿·惊变》,在观众的强烈要求下又加演了一出《长生殿·埋玉》。多年未登台,按他师弟周传瑛的说法,顾传玠的表演已不如从前那么细腻出彩了,但依旧精彩非凡,受人追捧,可谓此次义演的压轴戏。

当年,他扮演《荆钗记·见娘》中的王十朋,堪称一绝。王十朋昏厥后苏醒悲痛万状,本欲寻死,但眼神向左却瞟见老母在堂,于是将满腔悲痛咽进肚中,不敢放声痛哭。这种压抑的情感完全靠他面容的变化表露出来,精彩异常,感人肺腑。虽然不似以前那样传神,但那神态、那表情,依然令元和动容。

两天的戏演完,观众意犹未尽,都建议他再多演一出,顾传玠一再婉言推辞,最后张家宗和、寅和两兄弟缠在他身边,"不上也得上",两人左一拳、右一拳地大"打"出手,终于磨得他松口,答应在第三天再演一出《太白醉写》。这出戏讲的是唐明皇与杨贵妃在御花园里赏花,正是牡丹盛开的季节,花开富贵,一如雍容华贵的杨贵妃。唐明皇见花儿与美人交相辉映,十分陶醉,于是派人传李白入宫,让他创制"新声",以留住此情此景。而李白此时正与朋友畅饮,称醉不愿动身,于是两个太监一边一个将其搀扶入宫。唐明皇为使李白答应赋诗,当场命令大宦官高力士为其脱靴,再让杨贵妃为其捧砚,以助供奉吟兴。

顾传玠要演的正是李白。这出戏关键在于要演出李白深浅程度不同的醉态，并要在狂放的外形中透出他清逸的神韵来。演《吟脱》之前，顾传玠与扮演高力士的周传沧背对背推磨打转，临时演练。元和看见，不由驻足凝眸，默不作声地在一侧观察他们的排练。当传玠练到李白写《清平调》一节时，曼声吟道："云想衣裳花想容，春风拂槛露华浓。若非群玉山头见，会向瑶台月下逢……"他忽然卡住忘记了后面的词。

"一枝红艳露凝香……"元和不由自主地低声接道。

随着声音回头，顾传玠看见了正笑意盈盈的元和。

正式的演出非常成功，顾传玠完美地演绎了李白由宿醉、醒醉而大醉的过程。出场时宿酒未醒之美妙台步，至沉醉倒卧的边式身段，既飘逸又富有书卷气，活脱脱刻画出了一位放荡不羁的"诗仙"形象，令观众陶醉不已。允和在日记里记载："玠用靴尖走醉步，出场时宿酒未醒，一种轻柔的眼神，越醉越紧，身段也越来越沉醉，直到醉倒。"元和也说，顾传玠那天演的李白如入化境，"十全十美，令人叫绝"。

很多年后，元和要编写《顾志成纪念册》，请弟弟妹妹们也来写一写。允和回忆了这次演出，她写道：

一开幕是满台人物：唐明皇、杨贵妃、高力士和宫娥彩女们。大家都想李白怎么还不出场，好了，台上高力士一声"宣翰林李白上殿"，我想顾传玠的李白该出场亮相了。可是不见人，只听幕后的一声"领旨"，一时满台都是酒香。

"领旨"两字是醉音，不是普通人用的胡言乱语的醉话，而是一位高人雅士的醉话。普通是上台亮相，而"领旨"是台后亮相，表现出场人物是什么样的身份。顾传玠演来令人叫绝。这"领旨"两字够我对他一辈子的无比怀念！①

在这次义演中，元和与传玠之间有了交流，且暗中相互倾慕。演出结束后，武龄雇了船请大家一起去昆山西郊的正仪古镇看荷花。正仪东亭的并蒂莲是有名的，大家都觉得非常神奇，顾传玠也颇有兴致地同宁和的

---

① 张允和：《一介之玉顾志成》，《水：张家十姐弟的故事》，安徽文艺出版社2009年版，第71页。

老师走到池塘边仔细观赏和区别不同的并蒂莲。

午餐后,大家谈笑风生,依旧沉浸在顾传玠曼妙的演出中。元和却发现传玠不在其中,遂出门去找他。走到湖边,只见碧叶连天的荷花中,身着一袭白衣的顾传玠独坐于一叶扁舟之上,手持竹笛,正迎风吹曲。元和举起手中的相机,将这一镜头拍了下来。此时,荷香满园,笛声悠扬,而她已陶醉其中。

昆声雅韵

1937年"七七"事变后,元和先是随父亲武龄、继母韦均一及小弟宁和等一起回到合肥,住在城中张公馆老宅。后因日机轰炸频繁,遂移居合肥西乡张老圩。1938年春元和与五弟寰和以及张家族人一起离开合肥,到六安后雇了两辆大卡车赶赴汉口。

不久,寰和跟随沈从文去了武汉大学,而元和则住到凌海霞的哥嫂在法租界大陆银行楼上的家中。她曾去信催父亲带家人前来相聚,但没有得到回应。在汉口,"数见日机九架,夜间列队来袭,银色机群被我方探照灯一路送走情形。日间也见武昌那边空战,弹雨、坠机、黑烟弥漫实况"。她觉得汉口也不宜久留,当年就随凌家返回上海。到上海后,她与凌海霞同住在海防路,后来又迁居到三元坊。

在离开汉口前,元和接到允和的信,说她与周有光带着孩子与弟弟妹妹在大后方碰了头,"四弟五弟四妹都在四川,你也来吧"。元和回信说:"我现在是去四川还是到上海一时决定不了。上海有一个人对我很好,我也对他好,但这件事(结婚)是不大可能的事。"①

这个人就是顾传玠。1936年顾传玠从金陵大学农科毕业后,到严惠宇投资开设的镇江某农场担任农技管理工作。1937年抗日战争爆发,他离开镇江,转道返沪。到上海后,他在重庆路师承中学找到一份为高中生主讲"新文艺概论"的教师工作。当时没有适合中学生的新文艺方面的

---

① 张允和:《姊妹情长》,《张家旧事》,生活·读书·新知三联书店2014年版,第164页。

课本,为此他做了大量的准备,认真写好讲课稿。课上,他并不照本宣读,而是用他特有的一口吴侬软语娓娓道来,介绍陈独秀创办的《新青年》杂志,介绍胡适、鲁迅、瞿秋白、朱自清、刘半农、徐志摩等新文学的开创者及其作品,一些先进人物和新思想穿插在课堂内容中,思路清晰、内容丰富,得到学生的好评。

虽然顾传玠通过进入大学读书而华丽转身,完成了从一个优秀的昆曲小生到知识分子的转变,但当时的社会上还是有种种偏见,演员尤其戏曲演员的地位低贱,戏曲演员出身的知识分子同样不被社会所认可。"昆曲是高雅之至的了,但唱昆剧的戏子终归是下贱的。"元和的昆曲老师、顾传玠的同门周传瑛曾深有感触地说。在世俗的眼光看来,一个大学校花、才女、名门闺秀与一个曾经的昆曲演员地位悬殊,两人之间存在着不可逾越的鸿沟。来自各方面的舆论,给了元和巨大的精神压力。允和读出了大姐心理的纠结与矛盾,果断地回信给大姐:"此人是不是一介之玉?如是,嫁他!"

得到妹妹的支持,元和终于下了决心,她给父亲武龄写信,表示要与顾传玠订婚,想征得父亲的同意。但没有想到的是,当她的信到达肥西张老圩时,他的父亲武龄已经去世。得知消息,元和伤心至极,她在《慈父》中写道:"1938年冬正拟与顾志成订婚,忽得爸爸在合肥去世噩耗,真是晴天霹雳,从此父女人天永隔,再也见不到他慈颜笑貌了。我躺在床上,痛哭失声:'爸爸,我正要征求你的同意,在农历十二月十五日与他订婚,您却仙逝了。'"①

如果武龄有知,以他的开明及对昆曲的热爱,和对顾传玠昆曲艺术造诣的肯定,相信他是不会反对女儿的这门婚事的。

1939年2月3日(农历十二月十五日),元和与顾志成订婚。翌年4月21日,两人在上海福州路大西洋菜馆举行婚礼。婚前一周,4月13日的《申报》登了这样一则消息:

---

① 张元和:《慈父》,《浪花集》,新世界出版社2005年版,第37页。

张元和、顾传玠结婚照

昆曲界珍闻——顾传玠月内结婚

名昆伶顾传玠……先有严谓翁及本报《自由谈》编者胡山源君之介，与名昆票张元和女士（前清苏州府台张树声之曾孙女）于2月3日（1939年）在中社订婚。昨日喜讯传来，知顾张之好事已近，定本月二十一日，假四马路大西洋菜社结婚，同庆"闺房乐"，"懒画眉"欣"傍妆台"，"龙凤呈祥"，"佳期"待产"玉麒麟"。闻是日由仙霓社社友发起举行京昆堂会云。

婚礼上，到场的嘉宾逾百人。由于张家人都不在上海，元和请父亲武龄的朋友，也是自己乐益时的老师胡山源为介绍人，到场祝辞。正在上海仙乐戏院演出的传字辈师兄弟，专程赶来助兴。方传芸特意演了一出《送子》，并将"喜神娃娃"送给元和，祝他们早生贵子。大家还闹着让顾传玠唱《狮吼记》里的《跪池》一折，顾传玠连连作揖，告饶不已。戏曲家赵景深也到场祝贺，他演唱了一曲《扬州空城计》，将婚宴推向了高潮。

两个人的婚姻，在社会上自然引起了不小的反响。"上海小报以'张元和下嫁顾传玠'为题，登得一塌糊涂。"不少亲友们也因此疏远了元和。他们有一个非常有钱的亲戚，是上海一家银行的行长。允和婚后与周有光一同去拜访老长辈，因为周有光在银行工作，又在大学教书，非常体面，因此受到了他的热情接待。而元和婚后与顾传玠一同去看他，他却闭门不见，弄得元和很尴尬。

婚后，元和夫妇在上海愚园路愚园坊租房住，后来迁到和村，再后来又迁法租界福履理路懿园。元和非常珍惜这段来之不易的婚姻,虽然婚前她曾有过犹豫和迟疑,但一旦结合了,她就是最标准的贤妻良母,遵循夫"唱"妇随的传统。她一直记得小时候母亲陆英教她的《女儿经》:

女儿经,女儿经要女儿听。每日黎明清早起,休要睡到日头红。旧手帕,包髼髻,急忙去扫堂前地,休叫地下起灰尘,洁净闺门父母喜。光梳头,净洗面,早到闺房做针线。张家长,李家短,人家是否我不管。亲戚邻舍有人来,从容迎接相留款。姑姑丑,姨姨俊,人家论时我不论。……可言则言人不厌,一言既出胜千言……①

元和将这些铭记在心,苦心经营着他们并不被人看好的婚姻。她平常不大爱说话,就是记着"可言则言人不厌"这句话。顾传玠曾写信给允和,开玩笑地形容元和"一朵鲜花插在了牛屎上",然而,元和却从未对任何人说过婚姻中的不如意,从未有过对顾传玠的半句怨言。因此在大多数人看来,她与传玠婚后感情十分融洽,婚姻幸福美满。

两人志趣相投,因昆曲结缘,婚后仍以昆曲为最爱,常利用业余时间一起唱曲或探讨昆剧表演艺术。"传玠下班抵家,一个吊毛②立跃台上,练功还娱妻。假日,倚阳台栏杆并坐,迭声唱和。"③闲暇时,元和常去曲社参加曲叙

元和着婚纱

活动,顾传玠虽然已经改行转业,但对昆曲艺术依然非常热爱,也常跟着

---

① 张允和:《我有才能的大大》,《水:张家十姐弟的故事》,安徽文艺出版社2009年版,第27页。
② 戏曲中的一种跌扑技术,技巧要求非常高。
③ 贾馨园:《碎金散玉谈顾传玠》,《浪花集》,新世界出版社2005年版,第180页。

她一起去,一展歌喉,并亲自为生、旦、净、末、丑各行曲友们撅笛。

汪伪国民政府成立后,褚民谊任行政院副院长兼外交部部长。褚民谊喜欢唱净角,"经常家中檀板清讴,笙簧并奏",溥侗等人都是他的座上客。元和、传玠也是褚家常客。一次,元和刚学会《琵琶记》中的《盘夫》一折,那天就同顾传玠合唱这出戏。元和按照背的曲本一丝不苟地唱完,听到有位曲友在底下哈哈大笑,她以为哪里唱错了,又不好意思问。忽然听曲友说:"张元和才结婚不久,就盘起夫来了。"于是大家都一起起哄,弄得元和很难为情。①

当时,适逢仙霓社昆班在上海东方书场等处演出,顾传玠常去后台与师兄弟们会晤,偶尔有朋友邀约,他亦欣欣然登场。1939年1月7日他就曾借上海青年会客串其拿手好戏《贩马记》,使久仰其盛名的老观众欣喜若狂,奔走相告。有人在《申报》上还发表了观后感,对其扮演的赵宠一角赞赏不已,并将看到这次演出称作"实现的梦"。

这样的生活一直延续到抗战以后。1946年7月,兄弟姐妹们陆续从后方回来,这也是他们成年后第一次全部聚集到一起。大家自然抓住难得的相聚机会,来一场"文人雅集",唱一唱昆曲。他们请来了笛师,兄弟姐妹们轮番登场。沈龙朱对此回忆说:"四姨穿上戏装上台。大姨也上台。三个姨妈中,四姨和大姨的水平是最高的。二姨不是正唱,她经常是唱丑角,不像四姨、大姨一样正正经经拿得出来的唱。但至少是她自己觉得非常倾心,非常愿意,很陶醉。"②

元和自己也记录了抗战后在家中的一段曲会活动:

抗战胜利后,允和二妹已归来。有天,志成叫人在家中客厅搭了临时简便的戏台,欢迎一位"中国通"洋人。志成提吊三个戏。第一折《游园》我的杜丽娘,允和二妹的春香。我们二人自幼搭档演出,不需排练,即上装上场。第二折《思凡》由曲友汪一女士扮小尼姑色空,演来纯熟,是张传芳教的。第三折《惊变》志成饰唐明皇,我饰杨玉环,其他角色是仙霓

---

① 张元和:从《盘夫》到《惊变》《埋玉》,《水:张家十姐弟的故事》,安徽文艺出版社2009年版,第76页。
② 刘红庆:《沈从文家事》,新星出版社2012年版,第62页。

社中志成的师兄弟配的。志成虽离班多年,很久不唱,但还是熟练到家。我呢,常同李夏恫如曲友演义务戏,杨贵妃这个角色是唱熟的,而且我还把"花繁秾艳……"这一段,编了身段,改为站起来唱做,本来都是坐着唱的。我觉得贵妃在明皇面前,不必那么拘束,连唱带做,话浓多了。后来别人也改为立起来演了。①

穿上戏服,顾传玠虽然"离班多年",但他还是舞台上的"唐明皇",他是为昆曲而生的,在曲友中永远光彩夺目。然而,卸却歌衫,脱下戏服,在动荡的社会中,他始终努力地寻找着自己的角色,开过中药店,当过烟厂经理,做过股票经纪人,后经严惠宇推荐,他出任上海大东烟草公司副经理多年。1947年5月,他还曾赴美国考察卷烟工业。同年9月返国后,他在上海自行经营进出口商行及药房等商业部门任职。

允和从四川回来后,暂住在大姐家,提起大姐夫,她写道:

有一天,我看见我的大姐夫顾传玠在桌子上细心地、一本正经地研究一朵花。我问他:"你在做什么?"他说:"我在数花心中有多少雌雄花蕊。"我大笑,他说:"二妹,你笑什么!做研究工作,一定要做到花心里。"我恍然大悟,原来他是金陵大学农专毕业的。他对学习是那么用心,因此我想到他对昆曲是非常爱好、也是十分用心学习的好演员。②

对于昆曲,顾传玠是用心的;对于学习、工作,对于为人处事,顾传玠也是用心的。随着年龄的增长及学识的提高,他经常反思往昔的人生经历,从中总结出"处世要诀"八条(如"善于传人""尊崇人""掩人之短、阐人之长""以他人意见当作自己意见来考虑"等),并亲笔书写后悬挂在写字台旁,作为座右铭。

1949年,解放战争进入战略决战阶段。4月下旬,国民党军队的长江

---

① 张元和:从《盘夫》到《惊变》《埋玉》,《水:张家十姐弟的故事》,安徽文艺出版社2009年版,第77~78页。

② 张允和:《从花蕊讲起》,《水:张家十姐弟的故事》,安徽文艺出版社2009年版,第71页。

防线被突破;5月12日,中国人民解放军第三野战军主力胜利渡过长江后,对国民党军重兵据守的上海进行了城市攻坚战。当时顾传玠正在广州分公司经营贸易,拟接元和及孩子去广州,得到江阴失守的消息后,他立即赶回上海,于1949年5月18日,带全家乘中兴轮去了台湾。

临走时,元和最不舍的是女儿顾珏。顾珏生于1940年5月26日,"手和脚都很漂亮"。顾传玠说:"女儿可贵,应以双玉为名,取名顾珏。"生下女儿后,元和又有两次流产,身体较为虚弱,为了让元和安心养病,凌海霞将十八个月大的顾珏及奶妈带去苏州三元坊居住。

在上海,凌海霞就像元和的娘家人,一直陪伴照顾元和。顾珏出生后,她也一直帮着照看,她很喜欢顾珏,要求元和将孩子过继给她。元和同意了,但没想到凌海霞竟将孩子改名为凌宏。孩子被改名,让顾传玠很不开心,元和也不高兴,但元和的婆婆王太夫人说:女孩子长大总要改姓的,姓凌也无妨。两人也就没再吱声。1943年,他们的儿子出生,起名为顾圭,"圭"也是玉的意思。

全家去台湾时,凌海霞、凌宏仍在苏州,当时火车中断,未能赶到上海与元和同行。不想,从此,元和母女天各一方,父女更是再也未能见面。

移居台湾后,顾传玠继续在台中经商。他开设了中福毛线行,营业较兴盛。但他仍利用商务闲暇参与业余昆曲活动。戏曲界的人士希望他帮助振兴台湾昆曲,他没有登台演出,但答应为昆曲爱好者"拍曲"授艺,曾一度应东海大学徐审交教授之邀,向学生们传授《牡丹亭·游园》等戏,使姑苏昆剧一脉得以在台湾传承。元和在台湾,与徐炎之、张善芗夫妇,以及焦承允等人,继续组织曲社不遗余力推广昆曲艺术。

1965年1月6日,顾传玠因肝硬化及肺炎并发症在台中去世,终年五十六岁。在此之前,元和曾提议将其最拿手的几出戏之身段谱记录成文,但终因其身体欠佳而未能如愿,这也成为夫妻俩终身憾事。

1968年1月,在顾传玠逝世三周年之际,元和与台湾曲界同人一起举行了曲叙活动,咏唱了俞粟庐《度曲一隅》中的小生唱段,以表达对传玠的深切悼念,这一次活动有录音,后有卡式录音带传世。

在顾传玠的人生旅途中,其最光彩照人的一页莫过于他的演剧艺术生涯,尽管他过早地离开了舞台,但仍不失为传字辈演员中最具代表性的人物之一。戏曲大师俞振飞于20世纪80年代访美期间,为各界人士放映其主演的《贩马记·写状》录像带时,他亲口对元和说,戏中赵宠最后进场时的身段设计,是向顾传玠学来的。直到现在,海内外尚健在的昆曲界人士或并未与其谋面之后生晚辈,均十分敬仰这位杰出的昆剧表演艺术家。

1985年11月,在北京举行纪念20世纪50年代以来十位已故传字辈艺术家的昆剧专场演出,《人民日报》《光明日报》《北京日报》《文汇报》《戏剧电影报》等十余家报纸、杂志给予了报道,均将顾传玠列为传字辈提名之首;在1992年12月出版的《中国戏曲志·江苏卷》所载《昆剧传字辈演员一览表》中,也将顾传玠列为传字辈之首,这在一定程度上反映了顾传玠在现代昆剧史上应有的历史地位。

2002年9月,九十五岁高龄的元和,特别精心编印了《顾传玠纪念册》一册,分赠海内外昆曲界友人。纪念册内记载相关顾传玠各年龄段的便照(包括集体照)三十八幅,主演《寄柬》《惊梦》《跪池》《三拉》《团圆》《刺婵》《雅观楼》的剧照九幅;记述顾传玠生平、艺术成就等文稿十余篇,具有较高的历史文献收藏价值。

元和在传玠去世后,1966年曾在"中央研究院"植物研究所生物中心任秘书之职四年。1970年应四妹充和之邀去美国其康州家中做客,傅汉思替元和申请办理了永久居留,按美国移民局的要求,元和在美国住满了五年,直到1975年才返回台湾。此次,她应老友李方桂夫妇之邀,去他们南港"中央研究院"的家中做客四个月。1976年再次应朋友之邀去美国中西部蒙州,但因蒙州地处北方,气候寒冷,元和住不惯,住了不久就准备返回台湾,路过旧金山时,友人张蕙元将她接到家中与其姑母做伴,谁知,一住竟十余年。后她申请加入美国籍,留在了美国。周有光与张允和于20世纪80年代应邀去美国访问,曾与大姐与四妹短暂相聚。

1980年,元和在美国与分别三十年、来美国定居的女儿凌宏见面。凌宏毕业于复旦大学,后分配至北京温泉的一家仪器厂工作。在北京时,与允和、兆和家往来较多。后凌宏嫁给和统,随家移居美国。顾圭后改名顾明德,娶媳刘玉菁,有女顾嘉玲、子顾嘉俊,均居台湾。顾嘉玲曾来过北京,看望周有光、周晓平及沈龙朱等亲友。

晚年的元和仍然热爱昆曲。她自己说:"我自幼迄今热爱戏剧,尤其昆曲,常演义务戏于苏沪一带,老年在美国犹偶尔登台演唱,可谓一生爱好了。"①

1985年,她与四妹一起回国,在政协组织的纪念汤显祖诞辰四百三十五周年的大型昆曲演出中再演柳梦梅,与演杜丽娘的四妹搭戏,在曾经的曲友们面前亮相。

2003年9月27日,元和在康州州立大学去世,享年九十六岁。

---

① 张元和:《元和自述》,《水:张家十姐弟的故事》,安徽文艺出版社2009年版,第50页。

第六章 张允和与周有光

◎

以后,不是一个人寂寞地走路,而是两个人共同去探索行程。不管是欢乐还是悲愁,两人一同负担;不管是骇浪险波、不管是风吹雨打,都要一同接受人间的苦难,更愿享受人间的和谐的幸福生活。

——张允和《温柔的防浪石堤》

精灵女孩

八十岁以后的允和出版了《张家旧事》《最后的闺秀》《曲终人不散》《昆曲日记》《浪花集》等作品集,以清新明快的文字,讲述了父母、奶妈及干干的故事,以及她从出生一直到老年的生活;她复刊了家庭杂志《水》,让家族成员及亲朋好友们一起来回忆和讲述家人的故事。从这些文字里,我们慢慢地了解了张家,了解了张家姐妹,也了解了允和自己。

允和生于1909年阴历六月初九,是个早产儿。正是酷暑,大约凌晨三点，一个不满四斤的婴儿出生了，然而由于脐带，窒息得太久，小脸已经发紫，快没了气息。"不行了。"接生婆说。看到这么小的一个孩子，满心期待儿媳为她生个孙子的祖母心中亦满是怜惜，"想想办法，救活她！"她请求接生婆先把脐带解开，然后把婴儿倒着拎起来，在她的小屁股上狠狠打了几下，没有动静，接生婆手上又加重了力道，再打几下，还是没声响。边上一个女人说，用冷水激激看或许有用。于是马上有人拎了一桶井水来，将冰冰凉的井水浇在婴儿的胸口和背上，可是还是一动不动。又有人建议，用当时最时髦的人工呼吸试试看，依然令祖母失望，婴儿还是没动静。土的、洋的方法大概用了十几种，婴儿只是一动不动地任人摆布。从凌晨三点到次日中午，接生婆和几个女人又急又热，全都一身身的汗，衣服也早透湿了。九个多小时过去了，看样子没有希望了。十几双眼睛盯着老太太，希望结束这场无望的挽救。然而老太太坐得笔直，一动不动，眼睛睁得大大的，一言不发。一个女人又想出了用烟喷的方法，可是她抽了一百袋烟，也没见动静。她只好对老太太说："老太太，已经一百袋烟了。您去歇歇吧。"她一边说着，一边把围裙里的"死婴"抖落到了脚边的盆里。老太太眼里噙着泪水，不甘心地说："再喷她八袋烟，我就去休息。"

八袋烟很快就喷完了。老太太颤颤巍巍地站起来走到脚盆边，两眼模糊地准备再看这个孙女一眼，算是跟她的告别。然而，正当她低下腰的时候，婴儿的小尖鼻子动了动，小嘴跟着翘了翘。老太太怕自己看花了，赶紧用手擦了擦眼睛，再低些身子仔细观察。果真，婴儿的鼻子和嘴都在动，连小手也在动。"我孙女活了，你们快看，活了。"老太太兴奋地喊着。紧接着，人们围在盆边，允和正以微弱的哭声宣告着自己的到来。

也许是早产的缘故，允和在三岁以前生过无数次的小儿惊险疾病，历遭风险。身体的不适，使她动辄就哭。允和后来回忆说：

我好哭，也许是为了我生下来十个小时都不吭声的缘故，所以我得痛痛快快地哭。早上天不亮、鸡未叫我就哭了。除了厨子喜欢我，可以请他早起做早饭外，许多人都不喜欢我。人人都喜欢胖乎乎、一逗就笑的孩子,谁喜欢我这个瘦骨嶙峋、一逗就哭的孩子。①

虽然,这小生命得之不易,但陆英并未给予允和特别的照顾。对于几个孩子,陆英都没有特别的宠爱,元和跟着祖母,充和被养祖母识修抱走了。允和、兆和虽然每天在她的眼皮底下,但她也没有时间与精力给予她们更多更特别的照顾。对允和、兆和来说,最疼她们的是带她们的奶妈和干干。

略长大些的允和还是爱哭,但是却变得鬼灵精怪。她仗着比兆和略大,而且兆和受欺后总是闷声不响,不会告状,所以可着劲儿"恃强凌弱"欺负妹妹。大家一起做了"坏事",她和元和就直接推给兆和,陆英知道怎么回事,可是元和有祖母护着,允和有窦干干护着,而且一旦挨批评惩罚就会哭闹个不停,所以只好惩罚兆和。

进私塾了,十六岁的万老师给她们开蒙。第一次上课万老师在允和面前摆了四个方块字,因为这之前允和已经跟母亲学了不少字,所以其中有三个字她认得,只有一个"钗"字不认得。允和回忆说:

(我)心里很瞧不起老师,不服气地想"四个字还没教我就认得三个,只有一个字不认得,你还有什么教头呀?这种老师!"老师一遍遍地教我念,我这个平时好讲话的人气鼓鼓地说什么也不开口。陪坐在边上的干干(奶妈)也认得几个字,看我下不来台,就一个劲儿地说:"二姐呀,这是个'钗'字。"我还是不肯念,心想一定要给老师一个下马威。万老师拿我一点办法也没有,她刚来又不敢打人。我终于没有开口,憋着气离开书房,一天都像一只气鼓鼓的小青蛙,谁也不理。夜里在梦中,还是气、气、气,嘴闭得紧紧的,噘得高高的,咬着牙就是不说话,连气都不出……终于有了发泄的地方,身子下面一片冰凉——我尿炕了。

真有意思,我没给万老师下马威,自己在梦里下了台阶,从此开了窍,第二天开始乖乖地张嘴跟老师念书了。

念归念,淘还是淘,可几年里万老师从没有打过我,不是不想打,也不是不该打。家上上下下都知道,打了小二毛可不得了,她会跳起来,还没

---

① 张允和:《红双喜——我的好奶妈》,《浪花集》,新世界出版社2005年版,第85~86页。

完没了地哭，劝也不停，哄也没用，到了吃饭时也不停歇，一点办法也没有。①

仗着会哭，允和不仅欺负妹妹，小瞧老师，甚至对好脾气的爸爸往往也"蛮不讲理"。她回忆道：

我是家里男女孩子加起来的头号顽皮大王，从小体弱多病，仗着父母的疼爱"无法无天"，有时还欺负好脾气的父亲。父亲年纪轻轻就有些秃顶，没有几根头发却很喜欢篦头，一有空就靠在沙发上说"小二毛，来篦头"。我站在沙发后面很不情愿地篦，篦着篦着他就睡着了。我拿梳子在他脑袋上边戳边说："烦死了，烦死了，老要篦头。"他只好睁开眼睛躲着梳子："哎，哎，哎，做什么，做什么戳我。"我顺势扔了梳子，父亲并不真生气，自己把头发理好找话逗我开心："小二毛，正在看什么书？"②

1916年，万老师与孩子们（左起：兆和、寅和、万老师、宗和、允和、元和）

蛮不讲理，"无法无天"，以为一定没人"喜爱"自己，可事实上，这个古灵精怪的允和，还是得到了全家上下的宠爱，以及亲朋好友和老师、同学的关心和喜爱。在乐益读书的时候，数学老师周侯于对她就最为偏爱。

在进乐益之前，我们三姊妹都进过苏州女子职业女中。在家里虽读

---

① 张允和：《启蒙老师》，《张家旧事》，生活·读书·新知三联书店2014年版，第65~66页。

② 张允和：《亲爱的父亲》，《今日花开又一年》，中国文史出版社2011年版，第71页。

过不少诗书，但没学过数学，大姐用功成绩好，我和三妹还和在家一样，放了学就疯玩，结果期末考试数学都得了零分，哭哭啼啼地留了级。进了乐益后，我碰到了一位非常好的数学老师，叫周侯于，他上的第一节几何课先讲"什么叫点"，他说世界上本没有什么"点"，"点"用显微镜放大，有面积有体积……哎呀，一下子抓住了我，我对哲学天生敏感，周先生第一节课分明讲的不是几何而是哲学，才奇怪呢，从此我的几何总是一百、一百，有一次证错了一道题得了九十分，我拿到卷子当场嚓嚓两下撕了，大哭一场，对先生很不恭敬。周先生非但没有生气，反而安慰我。周先生有两个孩子都死了，待我就像自己的孩子，每个礼拜天必请我到他家吃饭，我那时怎么那么皮，饭量小，每顿只吃半碗饭，还不好好吃，饭桌上总是不停地讲话，老师把筷子一放，"个小娘唔（小女孩），不好好吃饭，要饿死的……"先生的江阴话我一直记得，先生家的清水虾现在还是我顶爱吃的菜。

夏天放学后，周先生走在五卅路上，我怕太阳晒，走在先生的影子里，穿长衫的影子拉得长长的，把我完全罩住了……①

可是，母亲的去世仿佛让允和一下子"开了窍"。"我的大姐不在家住，我这个'二姐'成了一群小弟小妹的头头，感到责任重大。有一次，人家劝我：'哭，哭有什么用？'这句话提醒了我：哭真的是没有用。我要坚强起来，担负起做'二姐'的责任！"所以，当乐益女校财政出现困难，大姐得不到大二的学费不能上学时，她这个"二姐"就挺身而出，站在乐益女中的门口"造反"，她说：如果校主连自己女儿的学业都不支持，那么乐益的学生上课又有何用呢。最终，允和这些果敢的行为得到了乐益学生的支持，也使得张家想尽办法筹措款项，支持几个女儿顺利地读完大学。

1927年，允和十八岁，兆和十七岁。她们作为第一批女生进入了中国公学预科。坐落于上海吴淞口炮台附近的中国公学，是中国最早的一批大学之一，是按西方现代教育模式建立起来的新式大学。当张家姊妹

---

① 张允和：《乐益》，《张家旧事》，生活·读书·新知三联书店2014年版，第102~103页。

在中国公学读书时,新文化启蒙运动的主将胡适正是这所学校的校长。该校创办于光绪三十二年(1906),最初由一批反对日本文部省《取缔清国留日学生规则》退学归国的留日学生创办。中华民国成立后,又得到了孙中山、黄兴的扶持,并逐渐发展成为包括文、法、商、理四院十七系的综合型大学。1915年,梁启超被推为该校的董事长,革命党人于右任、马君武、陈伯平等也都是中国公学的早期教员。校友胡适(1906)、冯友兰(1912)、吴晗(1928)、罗尔纲(1928)、何其芳(1929)、吴健雄(1929)等,后来都成为闻名中外的人物。当时,中国公学在教学中新开的选修课目很多,可谓兼容并蓄,这在当时的大学里是别开生面的。

允和在中国公学读一年级的时候,学校请了一位扬州的老先生担任他们的国文老师。有一次,老先生出的作文题目是"落花时节"。卷子发下来,全班同学都拿到了试卷,唯独允和没有。允和不知自己的作文出了问题,还是卷子丢了,一下课,就冲到老师面前问自己的卷子。老先生很慈爱地请她跟着去取。只见他不慌不忙地从长袍子口袋里掏出一把钥匙,打开他的皮箱,小心翼翼地取出卷子,交给允和:"你的文章很好,很好,我怕在课堂上讲了,调皮的男学生会抢去,就锁在箱子里了。"允和打开卷子,只见卷子上密密麻麻地圈满了红圈圈,批语中写道:"能作豪语,殊不多觏。"老师对她说:"你的作文跟别人很不一样,有女中丈夫的气概,女孩子要都能像你这样,男女就能真正平等了。"原来,在作文里,允和把落花时节的秋天写得很美:遍地金黄的庄稼,农民们欢天喜地,庆祝丰收。秋高气爽,精神焕发。她说,秋天是青年,特别是女青年努力学习的最好时光。文章一扫"悲秋"之感,将秋天描绘得胜似姹紫嫣红的春天。

那个曾经最爱哭鼻子的小女孩,慢慢地改变了,变成了一位健康、坚强、有主见的成熟女性。

在中国公学,允和活泼开朗,是个活跃分子,不仅被推选为女同学会会长还参加了很多活动。她加入了戏剧家田汉等人组织的南国社,并经常参加南国社的演出活动。她还参加了兆和担任队长的学校女子篮球队,虽然她平常对运动并不在行,身体又瘦弱,却是场上的活跃分子,当时上海的《新闻报》专门有一篇《中国公学篮球队之五张》的报道,提到"……张允和玲珑活泼、无缝不钻,有'小活猴'之称……惜投篮欠准……"除了"小活猴"的绰号外,因为她又瘦又小,却好打抱不平,又爱穿绿衣服,男生还给她起了一个"绿鹦哥"的绰号。

二年级的时候,允和转学到了光华大学读书。光华大学的前身是教会大学圣约翰大学。1925年,上海发生"五卅惨案",圣约翰大学的华籍师生集体离校,自办"光华大学"。"光华"二字取自《尚书大传·虞夏传》里的《卿云歌》:"旦复旦兮,日月光华。"而周有光1923年中学毕业后,考取的正是上海圣约翰大学,当时因为学费太贵,家庭负担不起准备放弃,后来他姐姐的同事资助他,才得以入学。在圣约翰大学,周有光主修经济学,兼修语言学,业余时间在校长室勤工俭学,给校长张寿镛当文书,负责往来中文书信,以此免除学费。后来圣约翰大学大部分中国师生都到光华大学,周有光也跟着改读光华大学,并于1927年毕业。

在光华大学,允和又被推选为女同学会会长。光华大学的女同学会非常活跃,在学校的影响很大,下面设了若干个部,学校各项活动都有她们的身影。学校对女同学会也比较看重,校长召开会议研究学校的事情,也会邀请女同学会会长参加。

允和作为女同学会会长,非常积极,什么活动都参加,在男生面前也不服输。学校年年举行国语演讲,在允和入学前的几年里都是一个姓赵的男生得第一。允和精心准备了一篇演讲稿《现在》,准备参加演讲比赛,她还请周有光润色稿子,周有光读后说她"太哲学了"。她把在大学的四年时间凡是上课念书的时间都加起来,发现用二十四小时一除只有整整八个月,演讲中,她慷慨激昂地奉劝大家要珍惜大好时光,抓住"现在"。而那位姓赵的男同学曾多次参加比赛,经验丰富,加上国语讲得比张允和好,所以允和以为第一名还是他的。当比赛结束,参赛选手都待结果时静心屏气地等待结果时,校长慢悠悠地,好像卖关子,突然高亢地喊了一声——"张允和"!如雷贯耳,顿时全场掌声如潮。后来,她得知在法语里"抓住"和"现在"是同一个词,"抓住现在"成了她的座右铭,而且,她还聪明地抓住了当时值得爱一生的人,抓住了一生的幸福。

在光华大学,允和遇到的国文老师,是钱锺书先生的父亲钱基博,常喜欢用古文中的一句话作为作文题目,比如《大学》中"大学之道在明明德",让同学们自由发挥阐述。为了完成作业,通常去查大量的古书,这为允和的古典文学素养打下了坚实的基础。

年轻的女孩子喜欢照相,允和也去上海王开照相馆拍了一张淑女照。因为照片中的允和知性而秀丽,店主在允和取走照片后,用底片又冲洗放大了一张,放在橱窗里做招牌。那时认为,照片被放在照相馆里给大家看是一件不光彩的事。允和得知后,气冲冲地跑到照相馆和店主大吵一场,店主自知理亏,马上道歉并撤下了照片。谁知一毕业,允和的同学赵家璧办了一本杂志,就用这张照片做了封面,允和成了真正的"封面女郎"。

允和成了封面女郎

1931年,"九一八"事变爆发,1932年日军向上海发起进攻。位于吴淞口的中国公学毁于日军炮火,允和所在的光华大学也岌岌可危,为了安全,允和转入杭州的之江大学借读。之江大学是一所教会大学,因地处钱塘江湾曲处,成"之"字形故取名"之江"。彼时,周有光正在杭州工作,允和在之江时,在危机四伏、动荡不安的时期埋头苦读,并与周有光陷入了热恋。

大学学业的最后一年她又回到了光华,和她同时上大学的兆和一直在中国公学,这时已经毕业。而允和换了三个学校,四年半才毕业,拿到了光华大学的文凭。

爱如流水

认识周有光的时候,允和十六岁,正在读初中三年级,而周有光刚进大学念书。周有光比允和大三岁,他的妹妹周俊人是允和在乐益女中的同学,比允和小两岁。张家有十个孩子,周家有七个孩子,两家距离不远,允和家住在学校,父母又开通,不干涉儿女与朋友间的来往,因此周家的兄弟姊妹经常到乐益来找张家的兄弟姊妹,允和姐妹也会去周家去。苏州有很多好玩的地方,他们一起出去,近的到虎丘,远的到东山。有时候坐船,有时候骑车。很多年后,大家对这些游玩都记忆犹新。

1927年,张允和进入中国公学。这时周有光已经毕业,先是在光华大学教书,后来又跟老师孟宪承到江苏教育学院和浙江教育学院教书。有空时经常到吴淞探望允和,而允和却总是躲着有光,周有光只能一次次"怅怅然而归",因此同学给了她一个"温柔的防浪石堤"的绰号。总算有一次,周有光成功地邀约到了允和,两人一起到吴淞江边的石堤上散步。

走啊走,走上了石堤。她勇往向前。他跟在后面。谁也不敢搀谁的手。长长的石堤只剩下三分之一了,才找到一块比较平坦而稍稍倾斜的石头。他放下一块洁白的大手帕,风吹得手帕飘舞起来,两个人用手按住手帕的四角,坐了下来。因为石头倾斜,不得已挨着坐稳当些。她坐在他的左边。

这里是天涯海角,只有两个人。是有风,风吹动长发和短发纠缠在一起;是有云,云飘忽在青天上偷偷地窥视着他们。两个人不说一句话。他从口袋里取出一本英文小书,多么美丽的蓝皮小书,是《罗密欧和朱丽叶》。小书签夹在第某幕、第某页中,写两个恋人相见一刹那。什么"我愿在这一吻中洗尽了罪恶!"(大意)这个不怀好意的人,他不好意思地把小书放进了口袋,他轻轻用右手抓着她的左手。她不理会他,可是她的手直出汗。在这深秋的海边,坐在清凉的大石头上,怎么会出汗?他笑了,从口袋里又取出一块白的小手帕,塞在两个手的中间。她想,手帕真多!

半晌,静悄悄的,其实并不静悄悄的,两个人的心跳,只有两个人听得见。他俩听不见海涛拍打石堤有节奏的声音,也听不见吴淞江水滔滔东去的声音。他放开她的左手。用小手帕擦着她的有汗的手。然后他擦擦自己的鼻子,把小手帕放回口袋里。换一个手吧,他小心握她的左手,希望她和他面对面,可是她却把脸更扭向右边,硬是别过头去不理他。他只好和她说悄悄话,可是没有声音,只觉得似春风触动她的头发,触动她的耳朵,和她灼热的左边面颊。可是再也达不到他希望的部位。①

张允和八十多岁的时候这样回忆她与周有光在上海吴淞的第一次握手,当她的一只手被他抓住的时候,她就把心交给了他。从此以后,不管人生道路是崎岖还是平坦,她和他总是在一起,她一生的命运紧紧地握在了他的手里。

周有光也回忆说:"我与张允和从认识到结婚的八年时间里,可以分三个阶段:第一个阶段,很普通的往来,主要在苏州;第二个阶段,到了上海开始交朋友,但是还不算是恋爱;第三个阶段,我在杭州民众教育学院教书,而她本来在上海读书,正好赶上浙江军阀与江苏军阀打仗,苏州到上海的交通瘫痪了,于是她就到杭州的之江大学借读。在杭州的一段时间,就是恋爱阶段。"

在杭州,两人陷入热恋。平时,允和埋头专心读书;到周末,两人则相约花前月下,漫步于西湖、九溪,"重重叠叠山,曲曲弯弯路,叮叮咚咚泉,高高下下树",良辰美景伴着他们的恋情由朦胧走向成熟。"杭州地方比较小,又方便,风景又好,我们周末到西湖玩,西湖是最适合谈恋爱的。"在杭州六和塔下,恋爱中的周有光第一次为允和拍照,碧树掩映,绿草葱茸,允和映山红色的旗袍显得格外醒目。

爱情像一棵甜甜的果树,八年花开叶绿,本该到了果子成熟的季节,然而,周有光却因为当时家道中落,开始担忧起来,自己那么穷,能给所爱的人幸福吗?

有光在给允和的情书中坦诚地表达了自己的这份担忧,他写道:"我很穷,怕不能给你幸福。"这下,轮到允和多情了,她马上回了一封长达十页的信,唯恐这个"穷小伙"被挡在石堤以外。洋洋洒洒的文字,表述了一个中心意思:幸福是要自己去创造的。

得到肯定的答复,有光不再迟疑,聪明的他拉来两边的亲友团助阵。

---

① 张允和:《温柔的防浪石堤》,《曲终人不散》,中央编译出版社2012年版,第63页。

充和也是被拉来的亲友之一,她回忆说:

> 耀平兄请我陪他三姐去向爸妈求婚。三姐非常文雅、客气地说了很多求婚应说的话,我一句也不懂。爸爸是个重听,妈妈也不会这一套,两人只微笑,微笑就算是答应了婚事。后来耀平兄送我一件红衣,称我为小天使。①

1933年,两个真心相爱的年轻人终于走到了一起。4月30日,允和与周有光在上海结婚。他们不想把钱浪费在请客吃饭上,因此决定举办一个新式婚礼。于是找到上海的八仙桥青年会,办了一场"简单便宜"(周有光语)的婚礼。允和希望婚姻大事上不依赖家庭,根据两人的情况量力而行,她只定做了一件婚礼服,配了一条水钻的项链,甚至连婚纱也没有。婚礼的桌椅布置成马蹄型,允和与有光并肩面对着这幸福的马蹄,心里默念着:"我愿意!我愿意!"

仪式虽简单,却如任何一场幸福开始的那一刻一样,令人终生难忘。婚礼的证婚人是允和在光华大学的哲学老师李石岑先生,充和唱了一曲《佳期》,顾传玠吹笛伴奏。留下吃饭的客人刚好一百位,婚礼用掉了四百多元,收了八百多元的贺礼。

1933年,周有光、张允和结婚照

父亲武龄平常疏于理财,20世纪20年代,张家家境就已经大不如前,钱财又几乎全部投入了乐益办学。说来也巧,一位在银行工作的亲戚在清理账目时,偶然发现了武龄在汇丰银行还存有两万元,而武龄早已忘到了九霄云外。有了这笔"意外之财",张武龄给了允和两千元作为嫁妆。

---

① 张充和:《二姐同我》,《水:张家十姐弟的故事》,安徽文艺出版社2009年版,第293页。

有这笔嫁妆及结婚收到的贺礼,这对年轻的夫妇决定出国留学。但是去美国是不够的,于是就准备去日本。那时去日本的人很多,也很方便,不用签证,上海坐船第二天就到了,上岸也不检查,东京的物价只比上海高十分之一。

1933年10月,夫妻俩登上了日本的"长崎丸"赴日留学。由于风浪,一路上险情不断。允和上船没多久,就晕船了,反应很强烈,快到达目的地东京湾时,船又遇上了更大的风浪,只好在救援船的引导下在神户靠岸,并组织船上旅客下船。

下了船,允和还是不停地呕吐,那时候他们全然不知道一个新生命正在孕育。第二年的4月30日,在结婚纪念日,一个小小的生命顺利地降临人间,允和后来总是骄傲地说:"我结婚那天生的孩子。"她故意不加"第二年",大家每每听了都会大笑。

周有光原本准备在日本读四年经济学。最初就读东京大学,但因仰慕日本马克思主义经济学家河上肇,就转考入京都大学,谁知进京都大学后才知道,河上肇因宣传马克思主义和参加共产主义运动在1933年1月已被逮捕入狱,因此有光未能如愿。在日本读博士需要三年时间,而且不承认在中国的学分,很多课程有光在国内读过,不愿意再重读一遍。好在他大学起就对语言学非常感兴趣,辅修过语言学,于是他就把在日本的时间作为学习日语的好机会,一门心思学习起日语来,进步非常快。允和去日本后学了一段时间的日本文学,因为要生孩子,一个人提前回了上海,由上海的亲戚朋友照顾。

1935年周有光放弃日本的学业返回上海,心里还是存有去美国留学的想法。因为美国承认圣约翰大学的学分,他在上海圣约翰大学的同学毕业后大都去了美国留学,而他当时由于家贫,只能一边在校长室帮忙,一边在光华大学任教。

他从日本回来后,光华大学再次找到他,希望他去任教学。允和原在光华大学实验中学教书,不久她有了第二个孩子:女儿小禾。又要上班,又要带两个孩子,而且身体也不是很好,允和干脆辞了工作,安心地在家相夫教子。她跟婆婆把孩子带到苏州,在苏州乌鹊桥巷租了一所房子,开

门就是田园,田园里种着油菜和玫瑰。允和此后曾写了四首《过南园乌鹊桥故居》,其中第二首写道:

乌鹊桥边玫瑰乡,红楼青瓦旧门墙,
何须鬓插闲花朵,风过妆台闻妙香。

有光除了教书外,还在上海江苏银行和新华银行兼职,又参加了"全国各界救国联合会",与章乃器、沙千里、邹韬奋、史良等"七君子"是很好的朋友。1936年,他直接参与起草了"救国宣言"和营救"七君子"的活动,他在苏州的家成为营救运动的联络点和供应站,"七君子"的家属到苏州后就住在那里,由允和负责安排吃住。允和还不顾危险前去探监,为狱中的"七君子"送去被褥等日用必需品。她说,直到"七君子"获得释放,"我才觉得尽了一份'天下兴亡,匹夫有责'的天职"。

难途有寄

在苏州,允和受朋友之托,到苏州明报社主编过一个版面《苏州妇女》,自己写自己编,既当编辑又当记者。本来就喜欢写写弄弄的允和非常高兴,觉得终于学有所用,干劲十足。不久,她在光华大学的同学储安平、端木新民夫妇要去英国留学,由他们负责的南京《中央日报》的《妇女与家庭》版和《文艺副刊》版没有人编,也找到允和。允和编《苏州妇女》正好有了些经验,欣然应允,接替端木新民编《妇女与家庭》版,光华大学的另一位同学接替储安平编《文艺副刊》。允和有感于当时社会上重男轻女的现象严重,绝大多数单位都不招聘妇女,即使需要妇女,也只是为了做一些点缀,将妇女当作花瓶和摆设。因此她为《妇女与家庭》写的第一篇稿子的题目就是"女人不是花"。允和不愿意做花瓶似的女人,也希望天下所有的姊妹都不做这样的人。

但这一段的编辑记者生涯很短暂,仅一年多,"七七"卢沟桥事变的枪声打响,允和与其他人一样,走上了漫长的逃难之路。从1937年到

1946年的近十年里,允和与家人辗转在芜湖、合肥、汉口、重庆、西安等地避难,其间发生了丧女、儿子中弹等几件大事,由于周有光工作脱不开身,不能与允和及家人同行,每每在最关键最困难的时刻,允和都不得不独自面对,作为家庭的主心骨,以瘦小病弱的身躯担当着家中主要劳力和精神支柱,撑起了一个家庭。

他们逃难的第一站是安徽。允和从上海出发,带着两个孩子——三岁多的儿子小平和两岁多的女儿小禾、婆婆,以及两个保姆钟妈和小老姐,先在芜湖、合肥做短暂停留后,转道汉口,换轮船溯江而行到重庆。

在往重庆的船上,她与曹禺的夫人郑秀等几位太太同船,各自带着孩子。途中船触礁损坏,船夫紧急呼救,叫来了另一只船接应。几位太太每人都有不少行李,随身带的箱子也很大,挪动起来很困难。这时,要从一只船转移到另一只船上,一些脚夫趁火打劫,每个箱子要十块大洋,否则不肯搬。几位太太,苦苦相求,说尽了好话,也没有用。允和见时间耗掉,事情却没有办成,很着急,果断地自作主张:"十块就十块,搬!"脚夫们一见这些太太松口,立即三下两下把行李都搬到了另一只船上,搬好之后,允和只给了他们每人两块。几个壮汉觉得受了欺骗,全都围过来,对着允和大吵,允和也不畏惧,故意等围观看热闹的人拢过来,然后大声说:"同胞们,我们几个女人带着孩子,他们这样敲竹杠,你们说对不对?"围观的人都同情她们,一致指责脚夫,几个脚夫看拿不到钱只得作罢。后来在重庆朝天门码头,要上很长的台阶,她也这样壮着胆子,吵嘴周旋,请人帮着搬行李。

第二站是四川。允和将家人安顿在位于重庆五十多公里处的合川,然后一个人到成都的光华中学当教师。她虽然放心不下老人和孩子,但也没有更好的办法,只能周末回家。她清楚即将开始的生活将是结婚以后,也是自己有生以来最艰苦的生活,她不再是张家的娇小姐、任性的"小二毛",她告诫自己要坚强起来。好在学校的生活是愉快的,允和教历史并任女生指导。大约知道这种战乱时期的读书机会难得,学生们都很乖,读书非常认真,对允和也尊重,"也不取笑我不标准的国语"。允和也不以旧式"女生指导"的陈腐古板、不近人情要求他们,师生相处得很融洽。

1938年初,周有光调到国民政府经济部农本局任重庆办事处副主任,主管四川省合作金库,经常要到农村去。允和就辞了光华中学的工作,在赈济委员会找了份科员的工作,带着女儿小禾住在重庆,把婆婆和儿子送到乡下一个叫唐家沱的地方。谁知在重庆住下没多久,日本对重庆的大轰炸就一轮轮地开始了。飞机轰炸后,大半个城都被大火烧光了,重庆断水断电,一片死寂。"这种生死关头,有光又出差在外。命运为了锻炼我,把最难的'题'都留给我一个人。不幸中的万幸,炸七星岗的时候我在上清寺,炸上清寺时我在枣子岚垭,炸枣子岚垭时我又在七星岗。我甚至觉得这种幸运一定是和身在外地的有光为我们祈福有关。"允和写道:

为了找一点水给女儿做饭,我一个人从枣子岚垭走出了几站地,满眼的残垣断壁,空气中弥漫着焦糊气,我摸索着向赈济委员会的方向走,路上没有见到一个行人。在一辆大卡车边,我猛然站住并后退了两步:那是一个死人,倒卧在车轮旁,四肢还完整,但脑壳崩裂,脑浆撒了一地,我见到了真正的肝脑涂地。又走了一条巷子,我看到了堆得一人多高的白木棺材,显然里面都装满了人,正等待着被运走,我心里一阵阵发冷。这短短的一路,我经历了有生以来最恐怖悲惨的场景,我并不觉得害怕,但这可怖的场景让我认识了什么是侵略,什么是战争,并在不久后接二连三发生的事件中留下了刻骨铭心的记忆。①

而周有光外出下乡也不安全。据《周有光百岁口述》中回忆:有一次很晚了他从郊区回来,到家时,却发现房子已经炸光了,家人去了哪里也不知道。还有一次下班,坐滑竿渡江回南温泉的家,滑竿下坡的时候,日本飞机来了,一个炸弹落在滑竿旁边,爆炸的威力把他冲了出去,掉在远处的沟里,所幸人无大碍。

允和记不清为了躲避轰炸,在四川前前后后搬了多少次家。为了避免发生意外,她将两个孩子都带在身边,虽然孩子们跟着大人受了不少

---

① 张允和:《难途有寄》,《今日花开又一年》,中国文史出版社2011年版,第100页。

苦,但全家在一起,这个家就是一个完整的家庭。一对乖乖的小宝贝,是允和最大的精神安慰,尤其是周有光出差不在家的时候。

但意外还是不可避免地发生了。1941年5月,有光又出差了。一天,小禾忽然说肚子疼,允和以为是小禾吃了不干净的东西,战时在乡下是做不到很干净的,没有太在意,让她喝了点水,躺着休息休息。谁知很快小禾发起烧来,而且越烧越高,允和这才慌了手脚。当时他们住在唐家沱乡下,又是战争时期,无医无药,到第三天病情不但丝毫不见好转,小禾反而疼得更加厉害了,

1938年,周有光、张允和夫妇在重庆南温泉

允和意识到不能再拖下去,想方设法托人帮忙,把女儿送进了重庆的医院。医生说是盲肠炎,由于医治不及时,已经开始化脓溃烂。战时缺医少药,除了清洗伤口外,医生也没有更好的办法,小禾在医院里住了整整两个月,到7月,临近她六周岁生日的时候,这个鲜活的小生命离开了亲爱的妈妈和家人。对于这一段伤心的往事,允和很少提及,我们在四妹充和的文字里,才了解到允和当时那份彻骨的疼痛:

那时我的工作地点是青木关教育部,不常去重庆。忽有一个消息传来"小禾病重,来重庆医治"。小禾病已很严重。盲肠炎转腹膜炎,已变得只剩下皮包骨了。战时的特效药及盘尼西林等药,只许空军用,医生也束手无策,只每天给小禾洗一次,腹部开一口约二三寸长,洗时并不听她叫痛。但不时要二姐抱她,说背疼。一天好几次,二姐的身个小,小禾七岁,虽瘦,对二姐说来,还是又重又大,天气温热,我对小禾说:"妈妈累了,我抱抱吧。"她转过要哭不能哭的脸,皱着眉头说:"不!"以后又喊:"妈妈,抱抱!妈妈,抱抱!"二姐抱她坐在藤椅上,她闭着眼,安安静静似乎睡着了。及至放到床上,又要抱,越来越想在妈妈身上睡。二姐多日的焦急、痛心、疲劳,虽是抱她坐下,但小禾整个上身仍是在她臂膀上。一次小

禾又要抱,二姐抱是抱起了,却突然把她向床上一放,伏在床上,失声痛哭说:"我受不了了,我受不了了……"我每天都在希望与绝望之间窒息,透不过气。经二姐这一发作,我跑到门外大大地抽咽。看护们以为小禾出了事,赶快进去看,看看无事又都散了。

一个下午,炎热稍散,二姐同我走回荫庐,路上喝杯冷饮。两人擦个澡,天已傍晚,到医院大门,门外停一口白木小棺。我们心里明白,我说:"回去!明天再来!"二姐没有反对,也没有说要再看小禾一面,也没有一滴眼泪,她已伤心到麻木了。

第二天清晨,太阳没出,我们去医院,小白棺已在防空洞。小禾离开我们安然睡去了,不再要妈妈抱了。这几十年来二姐同我、我同二姐再没提起小禾。只一次,提起五弟,她说:"我很感激五弟,他替我办了小禾的后事。"①

允和说:"我的眼泪可能流干了,这次惨痛的事件之后,半个多世纪的时间里,我从没有再向人提起过这件事。"

小禾去世后,允和把全部的爱都倾注在儿子小平身上。小平是个聪明、懂事又招人喜爱的孩子。他刚刚学写字不久,常常边走边在路边的墙上写自己的名字,到处是大大小小的——小平。

此后,允和有一小段相对宁静稳定的生活。周有光离开农本局到新华银行总行工作,收入不薄,一家都搬到了成都,住在甘园的一座小洋房中,银行还给有光配了包车,全家努力从丧女之痛中解脱出来。当时,很多文化、文艺界的人士都聚集在成都,文化生活相当活跃。由进步的文艺界人士组成的"中华剧艺社",常演出老舍、曹禺、吴祖光等人的剧作。允和有空,经常带着小平去看演出,小平看戏时,总是坐在第一排,看得专心极了。有时,他们也会被邀请一起参加演出。小平在《国家至上》《北京人》中演过小男孩,允和则在秦怡饰演李香君的话剧《桃花扇》中,在幕后代不会唱昆曲的秦怡唱了一段《游园》,漫画家丁聪替她配笛。著名的话

---

① 张充和:《二姐同我》,《水:张家十姐弟的故事》,安徽文艺出版社2009年版,第294~295页。

剧演员吕恩很喜欢小平,常带小平去排戏、游泳,小平叫她"干爸爸"。

1943年1月的一天下午,小平和房东的孩子在院子里玩拉黄包车游戏,这时,不知道从什么地方飞来一颗子弹,正打中小平的肚子。房东孩子的叫声和小平恐惧的哭声传到房间里,允和闻声迅速跑了出来,看到小平的双手正捂在肚子上,血从指缝间流下来,衣衫被洇出来的鲜血染得通红,允和的眼前一片漆黑,她吃力地用手撑住墙,告诫自己不能倒下,心中狂喊:"小平!小平!妈妈在这里,我来帮你!"她强迫自己冷静下来,和房东一起想办法把小平送到成都的一家空军医院。到医院后,没耽误一点时间,立即进了手术间,医生马上给小平麻醉,开刀时发现小平的肠子已经被穿了六个洞。

而此时,周有光正在重庆出差,允和请人打了长途电话让他马上回来。手术后小平高烧不退,允和一直守在床边,直到第四天早上小平的烧才退下去,周有光也赶到了医院。见到有光,允和连哭的力气都没有了……

充和在《二姐同我》一文中这样记录:

一天清早,天还没亮,有紧急敲门声,工人起来开门。一声"四妹!"是耀平兄,我几乎滚下楼来,我以为二姐出了事。耀平兄说:"晓平(即小平)中弹!我要去成都,请你同去找郑泉白搞车票。"他知道我每次回青木关是郑泉白派人买车票的。于是我们又去敲郑家的门,他即刻派人到车站内部去买,不必站班,有时站班还不一定买得到。耀平兄拿到车票,就搭第一班车去成都。我送他走后,惊魂不定,晓平再出了事,二姐怎么办?这一家又怎么办?我一天到晚走路,大街小巷去跑,善芗看我这样游魂似的不安定,她说:"得消息时说中弹,不死,总是有救的。成都医院好,坏消息未来,就是好的。"她到底比我大几岁,这么一说,我倒稍安定些,还是等着,等着。①

---

① 张充和:《二姐同我》,《水:张家十姐弟的故事》,安徽文艺出版社2009年版,第294~295页。

充和一直等到周有光1943年2月10日写的信到达,才放下心来。

允和一直珍藏着小禾的一块小手帕和小平身上取出的子弹。直到半个世纪后,她才将这颗子弹送给了即将出国的孙女。

第三站是陕西西安。1943年,周有光调动到西安的新华银行工作,一家人整装待发,但临行前允和却病倒了,高烧不退,住在重庆的医院里。工作行期不能耽误,周有光只好把允和一人留下,托付给朋友照顾,他带着家人先走。

允和出院以后,一心惦记着有光和孩子,身体稍稍恢复就一人上路了。一路上,看国破山河犹在,想想几年来的难途生涯,又生出许多感慨。晚上,车在一个四面是山的小站停下来,看到野花小草,暮霭朦胧,允和写了两首小诗:

难途有寄(一)

岁岁客天涯,夜夜梦还家。

青草漫山碧,孤村月又斜。

难途有寄(二)

梅黄橘绿时,归期未有期。

易别难成聚,花飞知不知。

刚到西安,谁知特别巧,允和竟然就碰到了乐益女中时的同学阮咏莲。约第二天见。第二天,允和带着小平去看阮咏莲,走到半路正遇到阮也带着孩子来看她。他乡遇故知,这大约是战争期间最兴奋的一件事。但他们在西安逗留的时间很短,很快就又回到了成都。

1945年7月,允和胃部不舒服,经医生检查,说是胃中有瘤,怀疑是癌症。7月14日,做了手术,割了盲肠和胃中的瘤。幸好手术顺利,允和恢复也好,但住了近一个月的医院,人瘦了八磅。这一时期,充和正好到成都来看牙,住在允和家,每天到医院陪着允和。

抗战胜利,允和跟着周有光回到上海,住上海山阴路东照里。有光在新华银行任职。离开四川时,原来入川带的二十几个箱子,这时大半的行李物品均已失散或遗落;原来的七个人:婆婆、有光、允和、钟妈、小老姐、小平、小禾,出川时只剩下四个人:钟妈死了,小禾死了,小老姐嫁人随丈夫在当地落下了户。

多情到老

1946年底,周有光由新华银行派往美国纽约工作,允和把小平送到苏州的弟弟家,和有光同往。1947年初,他们从上海乘坐客轮,在海上航行了十四天,于阴历年三十到达旧金山。一路上允和因为晕船一直躺在床上,同船的徐樱是语言学家李方桂的太太,也喜欢昆曲,拉了允和一起唱。很奇怪,一唱昆曲,允和就不晕船了,整个人立刻精神起来。

周有光到纽约,负责新华银行与美国的联络工作,作为高级职员,有光的工作待遇很好,每年还有旅游费。而有光一直纠结于自己曾经的留学梦,遂决定一边工作一边利用业余时间读书,周末到大学里听课。好不容易才有这样的机会,时间又是挤出来的,因此他非常用功,不肯浪费一点时间。他在纽约市中心的图书馆里得到一个研究室,晚上的时间都在那里,读经济学的书,读累了,就读语言学的书做消遣。允和也经常到研究室帮他整理抄写资料,有光后来写《汉字改革概论》,其中一部分资料就是在这里收集的。有光在经济学和语言学上的成就,也正是他在业余时间的勤奋和努力所取得的。

有光工作、学习都很忙,允和就在伊利诺依大学读英文。没事的时候,一个人逛街购物,很快将纽约的地铁摸得熟熟的。星期天,她则买了菜在家里做一大桌的中国菜,邀请当时也在美国的赵元任、罗常培、李方桂、老舍等到家里聚餐。

1948年,周有光在美国的工作结束了,怀揣着"新中国经济建设梦",决定返回祖国。夫妇俩不约而同地说:"不要原道而返,绕地球一周!"于是,他们乘豪华的"伊丽莎白皇后号"客轮经美国—英国—法国—意大利—埃及—缅甸—香港,绕一圈后回到上海,他们期待着即将到来的"新中国"和即将到来的全新的生活。

回到上海后,新华银行派有光到香港分行工作了一段时间。很快上海解放了,有光继续担任新华银行总行秘书长,同时还担任人民银行华东区行第二业务处处长,并在复旦大学经济研究所授课。1952年,上海大专院校院系调整后,调到上海财经学院当教授,同时担任研究室主任。此外,他还和几个有名的经济学家在上海办了《经济周报》,每星期为周报写文章。

允和则在光华大学附中教高一的历史课。在一次区里的中等学校历史教学研究会上,允和对历史教科书中的一些问题,如年代不全,许多内容与政治、文学相同,缺乏趣味性等问题提出了意见,并把意见写下来寄给上海的《人民教育》杂志。《人民教育》杂志把稿子转给了北京人民教育出版社。因为这篇文章的关系,时任人民教育出版社社长的叶圣陶先生将允和推荐给了出版社并将她调到北京,参加新编历史教科书的编写工作。允和为自己四十出头又开始了一个全新的职业而感到高兴,豪情万丈,想尽己所能大干一场。

然而不到一年时间,"三反五反"开始,允和莫名其妙地成了"老虎"。先要她写交代材料,紧接着,她的家被查抄,她和有光通信被拿去当材料"研究",夫妻间的"隐私"被拿出来示众,允和觉得受到了极大的侮辱,人一下子就被击垮了。且牙齿不停地出血,医生说是齿槽骨萎缩,如不抓紧医治有很大危险。于是她以此为由请假回上海治疗,得到批准。到第五个月时,出版社通知她不用再回北京了,允和就被迫下了岗。

有光和允和的朋友多,而且允和有学问有能力,再找个工作也不是难事,不少朋友也希望允和能去帮忙。但有光却不希望妻子再遇到类似的不愉快,而且家里事务多和婆婆的年纪大了也需要照顾。于是,允和又安心地做起了家庭妇女。有光还建议允和回苏州散散心。回到苏州,重走小时候曾到过的地方,允和又找到了儿时的感觉。与旧时的曲友欢聚,拍曲撷笛,"游园""佳期"又回来了,对允和来说,还有什么能比这更快活呢?

再回到上海,允和已经完全摆脱了恶劣的情绪,又恢复成原来那个活泼的允和。此后,她把全部精力都投入到了昆曲中,她请唱花旦的张传芳老师教她昆曲,并且和张传芳老师一起把"断桥""琴挑""思凡""春香闹学""游园""佳期"的身段谱一点点整理出来。昆曲,渐渐地由爱好转变成了事业。"我没有完,结缘昆曲,有了一种新生的感觉。"

1955年10月,北京召开全国文字改革会议,周恩来总理亲自点名,要精通中、英、法、日四国语言的周有光到北京开会。此前周有光曾写了一系列语言学方面的文章,并参加了上海的拉丁化新文学运动。他在语言学界及经济学界声誉鹊起,1952年,他在业余时间所著的《中国拼音文字研究》由上海东方书店出版,1954年,《字母的故事》由上海东方书店出版,这本书从历史角度介绍字母学,反响非常大。同年,他在经济学方面的著作《资本的原始积累》由华东人民出版社出版。

文字改革会议一结束,周有光就被留了下来,在新成立的中国文字改革委员会工作,任拼音化研究室主任。此外,还担任中国社会科学院研究生院教授,语言文字应用研究所研究员,直到离休。

年近半百的周有光放弃熟悉的经济工作,因为国家的需要改行搞语言研究,他放弃了在上海的优厚待遇,开始全身心地投入到工作中。1956年4月,允和带着婆婆和儿子小平,随周有光迁至北京。可是,刚到北京,允和就发现住的地方有些不大对劲,她说:

事情又巧又不巧,我的脑子又好又不好,安顿好行李,我到沙滩的浴池洗了个痛快澡,一身清爽地回到住处。猛抬头,看到了两块并排的大牌子:"中国文字改革委员会""人民教育出版社",我心中一阵慌乱,忙四下张望,"张先生,你怎么在这儿?"正是几年前历史编辑室的工友老韩奇怪地看着我。我顾不上回答,跑回房间,早就忘掉的委屈涌上心头,大哭着对周有光说:"我要走,我要回上海!"周有光已经明白了是怎么回事,他是慢性子,遇到什么事都能沉住气,慢慢地劝我,让我的情绪稳定下来,接受了这种现实。我又在沙滩住了下来,抬头低头都是熟人,认识我的人比认识周有光的人多。……尽管这样的日子不好过,但硬着头皮照样过去了。没想到这样一过,就是二十五年。①

允和不得不接受现实。好在,她有昆曲相伴。到北京没多久,就有朋友介绍允和认识了俞平伯,并参加了昆曲研习社。1956年7月,俞平伯在北京倡导成立了昆曲研习社,自任社长,传习、公演、研究等七个小组。允和被推举为联络组组长。研习社社员们每周活动一次,排练传统昆曲剧目、写作编写现代曲目,并进行演出,对于昆曲的保护、传承和传播起到了积极的推动作用。

演出全本《牡丹亭》一直是大家的心愿,但由于各种因素的影响,留在舞台上的当时仅有"游园""寻梦"等十几出折子戏。研习社决定全新整理出这一传奇剧作,俞平伯也亲自校订由华粹生整理编写的剧本。从选剧本到演出,经过整整三年的时间,多次排练,多次修订,最终于1959年10月8日参加了新中国建国十周年全国会演。这是新中国成立后第一个昆曲全本《牡丹亭》。当天,人民大会堂举行国宴,有五百多桌客人,都是参加国庆会演的全国戏剧团体,北京昆曲研习所是参会的唯一一个业余戏剧团体。作为社长的俞平伯和作为联络组长的允和参加了国宴。之后《牡丹亭》又在长安大戏院演出了两场,并长期在王府井的文联大楼演出。

1959年,除了投入大量时间与精力的《牡丹亭》得以演出值得庆祝外,还有两件令允和高兴的事,一件是9月12日,孙女出生,取名周和庆,小名庆庆,既有"举国同庆"之意,又暗自纪念允和早年失去的女儿小禾。此后,由于儿媳妇何诗秀工作忙,庆庆一直由允和带。另一件是儿子周晓平赴苏联学习。同时,也有一件是令人沮丧的事,因为严重的心脏病,允和被两位权威的医生"判处死刑",认为她随时都会死掉。好在,开朗乐观的她又顽强地活着了几十年,而且做了许多事情。当然,做得最多的事自然是与昆曲有关的事。

在昆曲研习社,允和除了排练、演出,并做联络工作外,还写作了一出《人民公社好》的现代戏,并且尝试着为一些现代戏作曲。此外,她承担

---

① 张允和:《叶落京城》,《张家旧事》,生活·读书·新知三联书店2014年版,第211~212页。

了研习社的不少事务性工作,经常写些如说明书、通知、请柬、电报、回信等之类的小文章,她将研习社作为一份事业来做。对昆曲发自内心的爱,促使她写作了《昆曲日记》以及一批关于昆曲的散文,如发表在1965年10月30日的《人民日报》上的《昆曲——江南的枫叶》。俞平伯评价说允和的散文写得比诗好,他尤其喜欢她的散文《入场》。他说:"张允和的文章结尾悠悠不断的,很有味道。"

可是,很快"文化大革命"来了,允和再次陷入劫难中。1969年冬天,周有光被作为"反动学术权威",下放到宁夏贺兰山的罗平,在五七干校劳动了两年零四个月,直到1972年春天才回北京。在中国科学院工作的儿子周晓平和儿媳妇何诗秀下放到湖北潜江,允和虽然受到冲击,但作为家庭主妇仍留在北京,一个人带着孙女庆庆,靠有光每月发的30元生活费生活。

金安平女士在《合肥四姊妹》一书中,以赞赏的口吻评价张允和说:

> 允和的故事是一个永恒斗士的故事,虽然身为女性,她却有着英雄气概和沙场老将的不屈精神。尽管她有着那么强的个性,但在经历了最猛烈的政治风暴之后,她的情感和身体竟然都没有留下什么创伤,实在像个奇迹。①

"文革"结束后,1979年,昆曲研习社在解散了十五年后于允和七十岁生日那一年又恢复了活动,允和还被推为社长,允和又一次全身心地投入到了昆曲"研习"之中,周有光送给她一套《汤显祖全集》作为礼物,以示庆贺。1985年,在允和的奔波与联络下,纪念汤显祖诞辰四百三十五周年大型昆曲演出在北京举行,全国各地和国外的许多曲友都赶来参加,让允和高兴的是远在美国的大姐元和和四妹充和都回来了。大姐再演柳梦梅、四妹再演杜丽娘,允和此次虽未上场,但作为幕后英雄,心中却比粉墨登场还要痛快,还过瘾。

---

① 金安平:《合肥四姊妹·序言》,生活·读书·新知三联书店2007年12月,第6页。

对于允和来说,另一件非常有意义的事是:1995年2月,在汉语拼音方案的主要设计者老伴周有光的指导下,她学会了电脑打字,10月,她写信给其他几个姐弟,建议恢复七十年前自办的家庭刊物《水》,并得到积极的响应。家庭刊物《水》,1929年创刊于苏州九如巷,青春风华的姐弟们在家中浓厚的文化氛围和新式学堂的新知识熏陶下,成立水社、创办《水》刊。每月一期,持续到第二十五期时,因姐妹兄弟们先后离家求学、工作流散各地,遂停刊。1996年2月,《水》复刊号问世。由允和任主编,兆和任副主编。八十六岁的白发才女,成了"世上最小的杂志"的"最老的主编",引来了各大媒体的关注。

为了办好《水》,她花费了不少时间和精力。有时,还是半夜时分,她就起床在键盘上敲敲打打。为了不影响老伴的睡眠,她就用衣服遮挡灯光。随着这本家庭刊物被张家子孙带到大江南北、世界各地,张家的家族故事被越来越多的读者熟知。出版家范用对《水》赞誉有加,称之为"本世纪(20世纪)一大奇迹"。2005年,新世界出版社出版《水》的文选《浪花集》;2010年,安徽文艺出版社推出《水:张家十姐弟的故事》。同时,随着《张家旧事》《最后的闺秀》等一系列书籍的问世,允

晚年周有光、张允和

和的"名气"之大不亚于著作等身的周有光先生。她笑言道:我比有光更有光,成了老明星了……

2002年8月14日晚8时,九十三岁的允和因心脏病再次发作而平静地走了。

允和常说,多情人不老,多情到老人更好。丁聪曾作过一幅漫画:九十岁的周有光骑个小三轮,上面坐着他八十多岁的"公主"。现在"公主"去了,把多情带入另一个世界,将美丽永远定格。而他,一个人怀着一颗平静的心,依然"指耕"不辍,几乎每年一本书地写作着。今年,他已经一百一十岁了!

丁聪漫画:九十岁的他,骑个小三轮,载着他八十多岁的公主

第七章 张兆和与沈从文

◎

那一帧最古旧的是浸透烟雨的庭园,饱含水分,墙头成百朵蔷薇铺泻而下,像新娘的头纱,圆石子地缝隙间的青色苔痕,花园里的戏台,笛师咿咿呀呀的伴奏,水袖拂过时的悉悉娑娑,墨汁的发霉味道、书里夹着的信笺、照片里穿着样式怪怪的网球装的少年男女微笑,这一秒便定格。之后,书页褪色,照片褪色,照片中的白蔷薇也褪了色。

——沈帆《那本老相簿已经合上》

身披彩翼

在兆和的感觉里,自己生来就是一个不受欢迎的女孩。"我落地时,大大哭了。因为奶奶只想添个孙子,不生男孩,奶奶不高兴。我的下面确有个弟弟,不幸在出生后夭折,全家不愉快。既然我命中注定是不受欢迎的女孩,在姐妹行中无足轻重,倒也有它的好处,就是比较自由。没有人疼你，没有人关心你，你自由自在。"①

　　兆和觉得自己无足轻重，是个可有可无的人。不过没关系，没有人同她玩，她可以自己和自己玩。在家里，她是有名的"小捣蛋"。她的玩具从没有像其他的姐妹一样，保管得好好的，什么东西到她的手里就变成了碎片。一个人玩没有意思了，她会想出各种花样。她常常在楼梯的栏杆间钻来钻去，灵活敏捷，简直称得上"身轻如燕"。

　　从上海搬到苏州寿宁弄，有了花园，兆和的活动空间更多了。兆和的奶妈朱干干从外面捡到一只小狗带回来喂养，取名阿福。阿福自然成了兆和最要好的朋友。阿福全身黄色，只有两只垂下来的大耳朵是黑色，毛茸茸的，很好看。兆和把很多时光消磨在跟阿福的游戏中。她拍拍阿福的脑袋，阿福就向她摇尾巴，阿福在她的腿间蹭来蹭去，她就俯下身去抱抱它。

　　一天午后，朱干干坐在小板凳上在过道里边纳鞋底边乘凉，很快她打起瞌睡来，鞋底落在了地上，阿福躺在她的身边，一人一狗睡得十分酣甜。兆和从不睡午觉，一个人跑来跑去地自娱自乐，阿福被她突然吵醒，发疯似的跳起来，从内院往外窜，兆和没来得及反应过来，就被重重地撞倒在地，跌得好痛。她怕朱干干骂她不当心，又怕朱干干骂阿福，遂不敢出声，自己爬起来揉揉疼处，悄悄地走开了。

　　二姐允和最爱欺负她老实不吱声。有一次，大家分苹果吃，一人一个。允和吃得最快，三口两口就吃完了，抬头看看三妹正小心地捧着苹果，一小口一小口地细细品尝。允和一把抢过苹果，兆和刚喊了声"二姐抢——"，允和一个巴掌打过来："嚷什么嚷!"她马上不作声了，嘴一瘪一瘪地却不敢哭出来。

　　在家里，大姐稳重，二姐机灵。所以一旦三个丫头做了什么错事，受处罚的总是兆和。好在母亲太忙，没有时间管她们，她对兆和的惩罚也只是隔离开兆和和两个姐姐，多半是让兆和留在自己房间里，在盆里放一串糖葫芦给兆和，让她自个儿吃、自个儿玩。

---

① 张兆和:《儿时杂忆》,《水:张家十姐弟的故事》,安徽文艺出版社2009年版,第154页。

她调皮或背不出书,凶巴巴的于先生拿着木尺打她的手心,她不哭;姐姐捉弄她,她不吱声;有人欺负她,她也不埋怨。她不在意独自解决问题,情愿保持沉默。允和说:"三妹兆和有时比我还淘气,但她有本事,挨打挨罚,不哭不跳不反抗,闷着头不吭声,老老实实接受,罚完了,接着惹事,所以她挨打手板的次数最多。"①

因为她的闷声不响,因为她的男孩子性格的女孩,干干们揶揄她的歌儿可真不少,多年后还让人记忆犹新:

大姐梳个盘龙髻,

二姐梳个凤凰头,

只有我三妹不会梳,

梳个燕子窝,

燕子来生蛋,

吓得三姐一头汗!

不过,在弟弟们的眼里,这个三姐虽然调皮,却是他们的开心果。每次在家里的游艺会上,这个三姐不去唱一些正经曲子,却喜欢演独角戏,脸上勾画得怪模怪样,头上插着五色斑斓的纸花,用从高干干那里学来的扬州话又说又唱,表演俏皮、滑稽,每每逗得大家乐不可支。

定和记得,他们住在苏州九如巷时,兆和的绣房在北面楼上的西阁,几个弟弟住在水井南边一溜平房的东头。她和几个弟弟事先商定了曲子,她想要呼唤几个弟弟中的哪一个上楼,就吹口琴,弟弟们听到哪个曲子是和自己约定的,就哪一个上楼。弟弟们都觉得有趣,被曲子约上去甚至成了一件荣耀的事。

进学校读书后,兆和还是几个姐妹里最调皮的一个。1921年,兆和与元和、允和一起先进入苏州女子职业学校读书。这一年,兆和因为玩得太放纵,结果除了语文外,其他科目都不及格,只得哭着与允和一同留

---

① 张允和:《启蒙老师》,《张家旧事》,生活·读书·新知三联书店2014年版,第66页。

了级。

到了乐益后,兆和的顽皮并未收敛,甚至因为是自己家的学校,更有些肆无忌惮。允和回忆说:

三妹在学校里很活跃,常常出洋相。有时睡到半夜人不见了,大家起来找,原来她一个人在月光下跳舞。放在窗台上的糖爬满了蚂蚁,她说"蚂蚁是有鼻子的";半夜三更同宿舍的同学笑得睡不成觉,她却没什么事呼呼大睡。那时的她和现在这个小心翼翼、沉默寡言的三妹完全是两个人。①

就是这样一个顽皮的女孩子,却说长大就长大了,成了中国公学那些男生眼里的校花。关于这点,兆和自己十分意外,和她一起进入中国公学的允和也觉得不可思议:"三妹又黑又胖,样子粗粗的,没有一点闺秀气。她的绰号总归离不开一个'黑'字。世传三妹的绰号'黑凤',并不是男生起的,这个名字我怀疑是沈从文起的。男生原来替三妹起的绰号叫'黑牡丹',三妹最讨厌这个美绰号。"②

在家里,从未有人注意到兆和的姿容丰采。在姊妹们的眼里,她性格古怪,皮肤黝黑,头发剪得很短,还喜欢穿男式的大摆袍子,颜色也总是中性的蓝色。有一次家人要去参加亲戚的婚礼,要给她们每人做一件新衣服,裁缝来了,兆和又说要蓝色的,允和气得骂她一顿:"人家是结婚,你做蓝布袍子干什么!"

进入中国公学后,兆和仿佛完全变了一个人,开始认认真真地读起书来,不仅功课好,体育成绩更好,取得过中

1931年,兆和在中国公学

---

① 张允和:《乐益女中》,《张家旧事》,生活·读书·新知三联书店2014年版,第102页。
② 张允和:《姊妹情深》,《张家旧事》,生活·读书·新知三联书店2014年版,第155页。

国公学女子全能运动第一名的好成绩。她是校女子篮球队的主力队员，还代表学校参加了上海女大学生运动会。运动中的兆和，有着健美的曲线，穿着新潮的运动服，在温婉中透着英姿飒爽的魅力。

也许正是这种阳光，使十九岁的兆和吸引了众多男生的目光，他们对她满怀仰慕，不吝华美之词给兆和写情书，想要引起她的注意。但是兆和并不理会。对于爱情的到来，她还没有做好准备，甚至什么是"爱"，世上有没有"爱"她也还存有怀疑。

初看到这些情书时，兆和感到惊奇，为什么他们会给她写这样的文字？她美吗？如果说起美，她的大姐元和高贵端庄，是大夏大学的校花，被称为"大夏皇后"；她的二姐清新秀丽，那才是美。比起两个姐姐，她只不过是一只丑小鸭。而且，美是爱的标准吗？如果以为她美，就给她写信、求爱，那么，如某日见到更美的人，他们又会如何？如果真是这样，倒亦发使她更怀疑起世间是否真有爱了。不过，良好的家世与修养，使她并不声张她的疑虑，她只是小心翼翼地收起这些信，信多了就编起号，放在抽屉里。对给她写情书的这些人，她谨慎小心地回避与他们的接触，但又尽可能不露出任何痕迹。她以为，对于这样的事情，最好的办法就是保持沉默。

1930年2月的一天，她又接到了一封薄薄的信。拆开来看，只有一句话："我不知道为什么忽然爱上了你。"一看署名，她吓了一大跳，竟然是老师沈从文写的！

1928年，由于徐志摩的力荐，沈从文得以进入中国公学教授"新文学研究"、"小说习作"和"中国小说史"。作为一个没有学历和资历的青年，仅仅凭着两三年内的名声鹊起就被任命为大学教师，这是一件极不寻常的事情。胡适说，对沈先生这样的天才，理应破例。胡适具有慧眼识人的智慧和任人唯贤的胆识，沈从文也确是一个难得的奇才，但很多人并不理解。也的确，走进课堂的那一瞬间，沈从文交了张白卷。他很紧张，不知道怎么开口，甚至双腿都在打软，在这么多大学生面前，他这个讲着一口湖南话的小学也没有读完的乡下人有资格说话吗？他们会嘲笑自己吗？望着讲台下密密麻麻的一双双的眼睛，他胆怯了。那曾经准备了若干遍的开场白和讲课的内容,在瞬间全都从他的大脑里跑掉了。他脑子里一片空白,有整整十分钟,他一句话也说不出来。

这个时候,兆和就坐在课堂下。从中国公学预科升入英文系一年级的张兆和,因为仰慕知名作家沈从文的名气选择到中文系旁听。

后来,沈从文的课渐渐上得好些了,张兆和也从他紧张、略带自嘲然而又满怀真诚的讲课中,对中国新文学加深了印象,也对这个自命"乡下人"的文坛新星有所了解。但仅止于此。

给张兆和写的那一句话,也是这个湖南乡下人鼓足了勇气写的。

多年后,他拿这个当作故事讲给孩子们听:在中国公学,自己看到一个黑黑的,短头发,吹着那个口琴,在操场里头呱噔呱噔呱噔走。……她走到头了,呱……把这个头发一甩,呱……要算神气嘞。①

不知是否就是这种距离自己很遥远的"神气"让这个沉默寡言的人坠入了情网。这个执着的乡下人,发现自己爱上了那个"黑黑的,短头发,吹着口琴"的女孩,就再也坐不住了。他被弄得寝食不安、坐卧不宁。课堂上,他想看又不敢去看那个女孩,只好用余光搜寻,当她抬起头天真地看他时,他的目光触到了她的目光,他一阵心悸,马上把头扭转过去;课余饭后,他会情不自禁地到操场上散步,走到兆和的宿舍楼下,想要碰到她,可是,当自己的意中人真站在面前,他又紧张得说不出话来,只傻愣愣地问:吃过饭了吗?

他为自己的愚笨而苦恼,为不知道怎样表达而苦恼。无奈之下,他提起了笔。有了第一封信的表白后,很快,他又写了第二封、第三封、第四封……信越写越长、越写越厚,他用他唯一擅长的方式,把自己想说的话,想要表达的感情,源源不断地一股脑儿地诉说给了兆和,并用这样的方式,表达了一辈子。

这些语言,来得如此的美丽,如此的热烈与滚烫!但跟自己真的有关系吗?既然其他男生的那些信都置之不理了,那么,这信一样可以置之不理。

---

① 刘红庆:《沈从文家事》,新星出版社2012年版,第14页。

沈从文几乎每天都给兆和写信,有时一天会写几封。上一封还没寄到,下一封又写得满满当当了。但是,他却从没有收到过一封回信,哪怕只是片言只语,哪怕只是明明白白地告诉他,"不"！如果她不接受他的感情,可以把他的信退回。

他觉得受了很大的羞辱,自尊心毁了,课也不愿意上。他告诉兆和的好友王华莲:"因为爱她,我这半年来把生活全毁了,一件事也不能做。我只打算走到远处去,一面是她可以安静地读书,一面是我免得苦恼。我还想当真去打一仗死了,省得纠葛永远把不清。不过这近于小孩子的想象,现在是不会再去做的。"①

他绝望了,决定在新学年开学前离开中国公学,离开这伤心之地。他到胡适家去辞职。胡适一再追问他理由,他只得说了在兆和那儿感情受挫的事。胡适不以为然,说,如果是张兆和因家庭反对的缘故不肯接受的话,他可以出面为沈从文说话。

他向王华莲打探,兆和到底有没有可能爱上他,或者需要他的爱情。王华莲告诉他,兆和的理智胜过情感。如果沈先生一定要一句话,回答是很容易的,但是如果得到了否定的一句话以后呢？她的个性很强,她在你极高兴时极以为得计时,给你一个"我不"！她完全孩气未脱,若是有一事逼得她稍过一点,她明明想干也要说不干了。

王华莲把沈从文的意思写信告诉了在苏州过暑假的兆和。随后,沈从文的信又来了。张兆和坐不住了,她赶到上海去拜见了胡适。对此允和回忆道:

忽然有一天,三妹找到我,对我说:"我刚从胡适之校长家里回来。"我问她:"去做什么？"她说:"我跟校长说,沈老师给我写这些信可不好！"校长笑笑回答:"有什么不好！我和你爸爸都是安徽同乡,是不是让我跟你爸爸谈谈你们的事。"三妹急红了脸:"不要讲！"校长很郑重对这位女学生说:"我知道沈从文顽固地爱你！"三妹脱口而出:"我顽固地不

---

① 《从文家书——从文兆和书信选》,上海远东出版社1996年版,第5~6页。

爱他！"①

兆和走后，胡适把自己的想法写信告诉了沈从文，并将此信的副本也寄给了兆和一份，胡先生在信中说：

这个女子不能了解你，更不能了解你的爱，你错用情了。我那天说过，爱情不过是人生的一件事（说爱是人生唯一的事，乃是妄人之言），我们要经得起成功，更要经得起失败。你千万要挣扎，不要让一个小女子夸口说她曾碎了沈从文的心……

那天我劝她不妨和你通信，她说："若对个个人都这样办，我一天还有工夫读书吗？"我听了怃然。

此人太年轻，生活经验太少，故把一切对她表示过爱情的人都看作"他们"一类，故能拒人自喜。你也不过是"个个人"之一个而已。②

明确知道兆和的态度后，沈从文又接连写了两封信给兆和，表示他会放弃，决定不再做出让兆和为难的事了。在信中，他承认自己"顽固"，因此也尊重她的"顽固"。他写道："我尊重你的'顽固'，此后再也不会做那使你'负疚'的事了。若果人皆能在顽固中过日子，我爱你你偏不爱我，也正是极好的一种事情。得到这知会时我并不十分难过，因为一切皆是当然的。"

这不同的人的密集的信和满当的言语，使得兆和第一次认认真真地思考起感情问题。她和允和为了什么是真爱，爱是否有目的，女性该怎样对待爱，争执了大半个晚上。允和相信有无条件的爱的存在，为了真正的爱，要勇敢地放下一切去追求，去实现。即便在浪漫中有失足，留下污点，她相信旁人也会善意地看待的，而且她对女性的勇气、智谋有足够的信心。而兆和则不这么认为，她坚持所有的爱都是有目的的，即便在最初的动机上是并非利己的。

对于胡适的观点，她在日记里反驳："胡先生只知道爱是可贵的，以为只要是诚意的，就应该接受，他把事情看得太简单了。被爱者如果也爱

---

① 张允和：《从第一封信到第二封信》，《最后的闺秀》，生活·读书·新知三联书店2012年版，第51页。
② 《从文家书——从文兆和书信选》，上海远东出版社1996年版，第22～23页。

他,是甘愿的接受,那当然没话说。他没有知道如果被爱者不爱这献上爱的人,而光只因他爱的诚挚,就勉强接受了它,这人为的非由两心互应的有恒结合,不单不是幸福的设计,终会酿成更大的麻烦与苦恼。"(1930年7月15日日记)[1]

7月18日的日记里,她继续写道:"胡先生说恋爱只是人生中的一件事,说恋爱是人生唯一的事乃妄人之言;我却以为恋爱虽非人生唯一的事,却是人生唯一重要的一件事,它能影响到人生其他的事,甚而至于整个人生,所以便有人说这是人生唯一的事。这回,我在这件恋爱事件上窥得到一点我以前所未知道的人生。"[2]

其实在看似顽固的爱与不爱中,兆和一直坚持着自己的底线:爱,一定要是发自内心的、慎重的,是"两心互应的有恒结合",来不得半点勉强。不爱,就是不爱,不是强权可以施加的,也不是感动就可以转化的。允和与兆和的两种对爱情看起来截然不同的态度,说到底都是要追求人生的真爱。这也正是五四运动以后成长起来的新一代女性对于爱情的理解。而胡适与兆和对恋爱的看法不仅说明了男性与女性看待恋爱的不同角度,也表明恋爱对男性与女性的影响大小不同。恋爱对女性的作用远大于男性,常常会改变其一生的命运。四姐妹最终不同的人生,都源于各自的恋爱,四姐妹的名气远大于她们的六个弟弟,也与她们的爱情有关。

这对于爱情观点的论争,也是兆和对爱情观点的集中整理,更是对爱情的一种审视,她渐渐明白了自己到底要什么样的爱。一经回味,对爱情的体认加深了之后,再看沈从文的追求,她的态度就不是冷漠与反感,而变成无奈、理解,甚至同情。"看了他这信,不管他的热情是真挚的,还是用文字装点的,我总像我自己做错了一件什么事因而陷他人于不幸中的难过。我满想写一封信去安慰他,叫他不要因此忧伤,告诉他我虽不能爱他,但他这不顾一切的爱,却深深地感动了我,在我离开这世界以前,在我心灵有一天知觉的时候,我总会记着,记着这世上有一个人,他为了我把生活的均衡失去,他为了我舍弃了安定的生活而去在伤心中刻苦自己。

---

[1] 《从文家书——从文兆和书信选》,上海远东出版社1996年版,第23页。
[2] 《从文家书——从文兆和书信选》,上海远东出版社1996年版,第35页。

顽固的我说不爱他便不爱他了,但他究竟是个好心肠人,我是永远为他祝福着的。我想我这样写一封信给他,至少能叫他负伤的心,早一些痊愈起来。"①

沈从文最终还是离开了。在徐志摩和胡适的推荐下,他来到武汉大学任教。但他依旧给她写信,在他,这已经成为一种习惯。

甜酒醉人

1932年夏天的一个早晨,太阳照在苏州九如巷张家高高的爬满常春藤的院墙上。

一个身穿灰色长衫,戴着一副近视眼镜,文绉绉的、面容清秀的年轻人,敲响了石库门框上的黑漆大门。

看门的吉老头儿打开门,问年轻人找谁。

年轻人说:"我姓沈,从青岛来的,特意拜访三小姐。"

"三小姐不在家,您如果愿意,进来等她吧。"

年轻人一听,面露窘色,怔怔地站在那里,有些不知所措,正在家中的允和听得有人找三妹,走到大门口一看,原来是苦苦追求三妹的沈从文,立即热情地请他到家里坐:"沈先生,三妹到公园图书馆看书去了,一会儿回来。请进来,屋里坐。"

尴尬的沈从文忙摇头,搓着两只手,吞吞吐吐地说出三个字:"我走吧!"这话像是对允和说的,更像是说给自己听的,好让自己下决心离开。

允和见此情景,只好说:"那么,请把您的住处留下吧。"他结结巴巴地告诉允和一个旅馆的名字,说完转过身,低头沿着墙走了,灰色长衫的影子在墙上渐行渐远。

不一会儿,兆和回来了。允和责怪她:"你明明知道沈从文今天来,还上图书馆去躲他,假装用功!"

兆和脸一红,不服气:"谁知道他这个时候来,我不是天天去图书

---

① 《从文家书——从文兆和书信选》,上海远东出版社1996年版,第24页。

馆吗!"

允和说:"别说了,吃完饭,马上去找他。他毕竟是你的老师!"说完,将旅馆名称和房间号告诉了她。

兆和吃了一惊:"旅馆?我不去!"

"老师远道来看学生,学生不去回访,这不对。"允和说。

兆和只是摇头。

允和左思右想也想不出其他法子。只得又劝道:"还是要去,大大方方地去。来而不往非礼也。毕竟是远道而来的老师呀!"

兆和还是很矜持,问道:"可是我去了,怎样开口呢?"

允和想了想说:"你可以说,我家有好多个小弟弟,很好玩,请到我家来玩。"

兆和犹豫了一下,拗不过二姐,只得说:"好吧,听你的。"她终于去了。

沈从文闷闷不乐地从张家回到旅馆,躺在床上,满心的失落。他想,她终于还是不愿见她。他原以为经过这两年他们的关系有了很大的进展,她不再拒绝他,她愿意接受他了。1931年6月30日,沈从文曾将他的情书以《废邮存底》为名发表在《文艺月刊》上,兆和并没有反对。随着时间的流逝,那些混合着无望无助的忧郁的谦卑的爱慕,她已经开始习惯了,并学着细细地体味那些文字背后的殷勤与热情,甚至带着期待去接受那些美丽的文字。收到她回应的来信,他欣喜若狂,大约那一刻世界上最幸福的人非他莫属了。这些信,从开始的窘迫、客套,并带着些微的抗拒,慢慢地开始呼应,有了温度,他感觉到了字里行间的温暖,然后是热情。他说:"我行过许多地方的桥,看过许多次数的云,喝过许多种类的酒,却只爱过一个正当最好年龄的人。"①他为自己庆幸。虽然"生平只看这一回满月",但他知足。他从武汉大学转到青岛大学任教后,常常去海边,为她找寻最美丽的贝壳,他满怀希望地想,让它们先去陪她,他很快也会去的。现在,他终于自己来了,可是却依然见不到她。

---

① 《从文家书——从文兆和书信选》,上海远东出版社1996年版,第40页。

这时,突然响起了很轻很轻的敲门声,会不会是她?!他一下子跳起来,心也跟着跳出来了。

打开门,真的是兆和正拘谨地站在门外,见门打开,她急急地往后退了一步,涨红了脸,像小学生背书似的说:"沈先生,我家有好多个小弟弟,很好玩,请你到我家去玩。"

沈从文喜出望外,欣欣然地跟在兆和的后面,再次来到张家。

兆和果真让五个弟弟轮流陪伴沈先生。沈从文虽然不善于上课,却非常善于讲故事,马上勾起了孩子们的兴趣,一个个听得入了迷。

从这一天起,张家的大门向这个乡下人敞开了。

来苏州之前,他特意找好朋友巴金,请他帮忙买了全套英文版的俄国小说。他自己则挑了一对书夹,上面有两只有趣的长嘴鸟。为了买这些礼物,他卖了一本书的版权。他要送给自己的心上人最好的礼物。但兆和觉得,礼物太贵重了,最后只收下了其中的《契诃夫短篇小说集》,其他的都让沈从文退回书局了。

乡下人终于看到了幸福的曙光!

第二年,他再次来到苏州。这一次,完全没了前一次的紧张与窘迫。他跟十姐弟熟悉起来,晚饭后,大家都围坐在炭火盆旁边听他讲故事。他也不慌,随编随讲,说到兴起,还站起来转个圈。

20世纪30年代沈从文与张兆和在苏州

返回青岛后,他立即写信给兆和,婉转地说,请张家二姐为他向武龄夫妇提亲。如果二老同意,就打个电报给他,让他这个"乡下人喝杯甜酒吧"。

热心的允和自然不辱使命,毫无门户之见的武龄满口答应。允和想,一定要第一时间告诉沈从文,她跳上人力车就去电报局。她在车上琢磨,怎么说呢,既用最少的字,又能表达清楚意思。她灵光一闪,有了——"允",既能表明发电报人的身份,又能传达父母的意思!一个"允"字,一字两用。

她得意扬扬地回到家,告诉三妹自己这一个字电报的创举。兆和没有作声,她有些不放心,那个乡下人看得明白二姐的电报吗?于是她悄悄一个人坐上人力车又来到电报局,递上她的用白话写的电报稿:"乡下人喝杯甜酒吧兆"。

这甜酒多么甜,醉人哩!

沈家主妇

1933年夏天,杨振声邀请沈从文参加华北中小学生教材和基本读物的编撰工作。刚到北平,因为经济原因,沈从文带着兆和、九妹沈岳萌暂时寄居在杨振声家。按说,沈从文的薪水是足够的,但他不会安排生活,钱一到手就花个精光,常常后半月就没有饭钱。之前半年,经沈从文介绍,张兆和到青岛大学图书馆工作,负责外文书的编目。她本打算到北平后先考研究所,然后再考虑结婚的事,但到后,看沈从文实在需要人照料,只好作罢。

他们开始着手筹办婚事。沈从文手里实在没钱,张兆和就将自己的一只有纪念性的戒指拿给沈从文去当掉。一天,杨家用人拿沈从文换下来的裤子去洗,发现口袋里有当票,交给了杨振声。杨振声责怪沈从文:"人家订婚,都是送给小姐戒指,哪有还没有结婚,就当小姐的戒指之理!"于是先给沈从文预支了五十块钱的薪水。

张家本来是要给女儿陪嫁的,沈从文却写信给岳父张武龄,表示结婚不要家里一分钱。武龄很高兴,夸奖这个女婿有志气。所以,结婚时兆和从家里唯一带出来的,是她读书时父亲奖励她的一册王羲之《宋拓集王圣教序》。

为了结婚,沈从文租下了北平达子营胡同二十八号院。这是一个小小的院落,正房外带一个小厢房,屋外有一棵枣树和一棵槐树,沈从文遂给这个院子取名"一枣一槐庐"。由于双方父母都没有能够到场,得力的帮手也不多,沈从文和张兆和两个人只能自己着手操办,买东买西,一起布置新居。

前来参加姐姐婚礼的充和,后来在《三姐夫沈二哥》一文中记录了当时的情景:

一九三三年九月九日,沈二哥三姐在北平中央公园的水榭结婚,没有仪式,没有主婚人、证婚人。三姐穿件浅豆沙色普通绸旗袍,沈二哥穿件蓝色毛葛的夹袍,是大姐在上海为他们缝制的。客人大都是北方几个大学和文艺界朋友。家中除大姐元和,大弟宗和与我之外,还有晴江三叔一家。沈家有沈二哥的表弟黄村生和他的九妹岳萌。

新居在西城达子营。小院落,有一枣一槐。正屋三间,有一厢,厢房便是沈二哥的书房兼客厅。记得他们结婚前,刚把几件东西搬进房那天夜晚,我发现有小偷在院中解网篮。便大声叫:"沈二哥,起来!有贼!"沈二哥亦叫"大司务!有贼!"大司务亦大声答话,虚张一阵声势。及至开门赶贼,早一阵脚步,爬树上屋走了。后来发现沈二哥手中紧紧拿了件武器——牙刷。

新房中并无什么陈设,四壁空空,不像后来到处塞满书籍与瓷器漆器。也无一般新婚气象。只是两张床上各罩一锦缎百子图的罩单有点办喜事的气氛,是梁思成、林徽因送的。①

婚后一段平静的生活,使沈从文卸下了所有的包袱。之前,他最亲密的两位朋友——胡也频和徐志摩相继遇难,自己的感情生活又处于不明朗的境况。现在,完全不同了。他得意地写信给自己的大哥:"兆和人极识大体,故家中空气极好,妈若见及弟等情形,必常作大笑不止,因弟自近年来处处皆显得如十三四岁时活跳,家中连唱带做,无事不快乐异常,诚意料不到之情形也。"

1933年沈从文与张兆和在北平结婚当天的合影

---

① 张充和:《二姐夫沈二哥》,《新文学史料》,1988年第4期。

(1933年10月4日于北平致沈云麓)

有了美满的婚姻和妻子的悉心照料,沈从文以巅峰状态开始创作《边城》。这也是他送给妻子的礼物。"那里的翠翠,秉性善良处,熟人一眼即可明白,和当时的新妇实在差不多。"不仅《边城》,沈从文笔下许多女主人公都有兆和的影子。《三三》中的三三、《长河》里的夭夭。"三三"是张家对兆和的称呼,也是沈从文一生对兆和的爱称。而兆和则回应称他为二哥,因他在家中排行老二。1931年至1937年是沈从文一生中最重要的创作时期,他出版了二十多本小说、散文、文论集,成为中国最重要的作家之一。

兆和不仅成为沈从文的生活伴侣,而且成为他事业上的得力助手。沈从文写稿时,她就在边上帮助他,将他潦草又小的初稿工工整整地抄好;沈从文接手《大公报》文艺副刊后,她每天帮他看稿、改稿,然后把稿件寄往天津报社发稿。由于两个人的和气好客,沈家成了当时北平作家往来聚会的重要场所。巴金在《怀念从文》一文中写道:"从文来信要我到他的新家做客。……客厅连接一间屋子,房内有一张书桌和一张床,显然是主人的书房。他把我安顿在这里。院子小,客厅小,书房也小,然而非常安静,我住得很舒适。正房只有小小的三间,中间那间又是饭厅,我每天去三次就餐,同桌还有别的客人,都让我坐上座,因此感到一点拘束。但是除了这个,我在这里完全自由活动,写文章看书,没有干扰,除非来了客人。"①朱光潜、靳以、李健吾、卞之琳、萧乾等人,也是沈家小院的常客。此外,在"一枣一槐庐"出入最多的是那些生活困窘却笔耕不辍的年轻人,因为自己曾经经历过饥寒交迫的生活,沈从文对他们特别关心,对他们提出的借贷总是东挪西凑,尽力帮忙。充和当时住在三姐家,她记得,有一次靳以约好带她和正在清华上学的宗和看戏,正好有人来借钱,沈从文便对他们说:"四妹、大弟,戏莫看了,把钱借给我。等我得了稿费还你们。"他们只好把口袋里的钱都掏给了他。他还对靳以说:"他们是学生,应该多用功读书,你年长一些,怎么带他们去看戏。"靳以被他说得眼睛一

---

① 巴金:《怀念从文》,《黄河不尽流·代序》,湖南文艺出版社1998年版。

眨一眨的,不知说什么好。

当《边城》开始在《国闻周报》连载的时候,沈从文只身回乡看望病重的母亲。离开新婚四个月的妻子,他将一路的见闻、一路的思念,都一股儿脑地写信说给兆和。这批信成了沈从文最美文字中的一部分,以《湘行书简》《湘行散记》行世,成了名作。

而兆和,那时已完全成了一个幸福的小主妇,她给沈从文的回信虽不似他的热烈,却也处处可见对二哥的思念与依恋:

你走了两天,便像过了许多日子似的。天气不好。你走后,大风也刮起来了,像是欺负人,发了狂似的到处粗暴地吼。这时候,夜间十点钟,听着树枝干间的怪声,想到你也许正下车,也许正过江,也许正紧随着一个挑行李的脚夫,默默走那必须走的三里路。长沙的风是不是也会这么不怜悯地吼,把我二哥的身子吹成一块冰?为这风,我很发愁,就因为自己这时坐在温暖的屋子里,有了风,还把心吹得冰冷。我不知道二哥是怎么支持的。我告诉你我很发愁,那一点也不假,白日里,因为念着你,我用心用意地看了一堆稿子。到晚来,因为这鬼风,就什么也做不下去了。有时想着十天以后,十天以后你到了家,想象着一家人的欢乐,也像沾了一些温暖,但那已是十天以后的事了,目前的十个日子真难挨!这样想来,不预先打电回家,倒是顶好的办法了。路那么长,交通那么不便,写一个信也要十天半月才得到,写信时同收信时的情形早就不同了。比如说,你接到这信的时候,一定早到家了,也许正同哥哥弟弟在屋檐下晒太阳,也许正陪妈坐在房里,多半是陪着妈。房里有一盆红红的炭火,且照例老人家的炉火边正煨着一罐桂圆红枣,发出温甜的香味。你同妈说着白话,说东说西,有时还伸手摸摸妈衣服是不是穿得太薄。忽然,你三弟走进房来,送给你这个信。接到信,无疑地,你会快乐,但拆开信一看,愁呀冷呀的那么一大套,不是全然同你们的调子不谐和了吗?我很想写:"二哥,我快乐极了,同九丫头跳呀蹦呀的闹了半天,因为算着你今天准可到家,晚上我们各人吃了三碗饭。"使你们更快乐。但那个信留到十天以后再写吧,你接到此信时,只想到我们当你看信时也正在为你们高兴,就行了。(1934

年1月9日晚于北平致沈从文)①

1934年11月20日,兆和与沈从文的大儿子龙朱出生。名字取于沈从文1929年1月发表的小说《龙朱》,小说中那是一位热情、勇敢与诚实的白耳族王子的名字,以此寄寓夫妇二人对儿子的厚望。兆和的奶妈朱干干特地从合肥乡下赶来,帮助照料"小姐"的"少爷"。1937年5月31日,二儿子虎雏出生,名字同样取自沈从文的小说。

沈从文一家三口与沈家九妹

在结婚三周年纪念日,沈从文送给兆和的礼物是小说《主妇》。在"王子和公主从此过上了幸福的生活"背后,抛开了那种理想的、精神的、神圣的爱的光芒,那些现实婚姻生活的甘苦摆在了大家的面前。水晶玻璃的浪漫,变成了实实在在的柴米油盐。生活里"不外乎欢喜同负气,风和雨,小小的伤风感冒,短暂的离别,米和煤价的记录,搬家,换厨子,请客或赴宴,红白喜事庆吊送礼。本身呢,怀了孕又生产,为小孩子一再进出医院,从北方到南方,从南方又到北方。一堆日子一堆人事倏然而来又倏然而逝。"②兆和关心的是她怎样才能改变丈夫的消费习惯,怎样才能用那么一点收入度日。而两人之间的感情,"她发现了他对她那点'惊讶',好像被日常生活在腐蚀,越来越少,而另外一种因过去生活已成习惯的任

---

① 《从文家书——从文兆和书信选》,上海远东出版社1996年版,第45~46页。
② 《沈从文全集》(第8卷),北岳文艺出版社2009年9月,第355页。

性处,粗疏处,却日益显明"①。在那些微妙的变化里,两人有种淡淡的隔阂。他是细腻敏感的,她也是细腻敏感的,不仅仅是因为经济的拮据,生活的粗糙,更是心灵之间的距离。主妇"为了爱他,退而从容忍中求妥协,对他的行为不图了解但求容忍"。而他,要的不是容忍,却是了解。可是他没有想到的是,正是与他的夫妻生活把她变成了一个家庭主妇。当然,"承认现实,现实不至于过分委屈她时,她照例是愉快而活泼,充满了生气过日子的"。

就这样带着淡淡的忧郁过着平淡宁静的生活,也未尝不可。但是1937年7月28日,北平沦陷了,战争真真切切地打响了。两人商定,沈从文先期离开北平,兆和随后再带两个孩子南下与他会合。与沈从文同行的,还有杨振声、朱光潜、钱端升、梁宗岱等一大批朋友,一路颠簸,八个月后才抵达昆明。

离开妻子后,一路的奔波使一切依赖妻子的沈从文非常不适应。创作没有灵感,思念却如泉涌,他写不出小说,就写信,一天若干封信,催促着妻子早些带孩子会合,而妻子却因一大家子的人与事迟迟不能动身,况且沈从文也还在路上,居无定所,她不能盲目地追随。他被不安、思念、焦躁裹挟,再次陷入恋爱时的患得患失中。

沈从文走时轻装上阵,在云南,他的衣物、书稿等必需品都是兆和一点一滴寄给他的。而兆和若走,却必须带上一家老小和所有家当。沈从文这时没有创作,也就没有了稿费,一家的经济来源断了,不要说万里迢迢地赶到云南,连平常度日都困难。筹措钱、精打细算地省钱,成为兆和最大的任务。她写信给丈夫:

我想着你那性格便十分担忧,你是到赤手空拳的时候还是十分爱好面子的,不到最后一个铜子花掉后不肯安心做事。希望你现在生活能从简,一切无谓虚靡应酬更可省略,你无妨告诉人家,你现在不名一文,为什么还要打肿脸充胖子?(1937年10月5日于北平致沈从文)②

在另一封信里,兆和再次写道:

---

① 《沈从文全集》(第8卷),北岳文艺出版社2009年9月,第358页。
② 《从文家书——从文兆和书信选》,上海远东出版社1996年版,第75页。

这一战以后,更不许可我们在不必要的上面有所奢求有所浪费。我们的精力,一面要节省,一面要对新中国尽量贡献,应一扫以前的习惯,切实从内里做起,不在表面上讲求。不许你再逼我穿高跟鞋烫头发了,不许你用因怕我把一双手弄粗糙为理由而不叫我洗东西做事了,吃的东西无所谓好坏,穿的用的无所谓讲究不讲究,能够活下去已是造化。①

仅从他们信中看二人对待生活的态度,很难相信,一位是出身名门,从小锦衣玉食被百般照料的大小姐,一位是历经种种磨难的"乡下人"。

在几个姐妹里,兆和是最为朴素的一个。她相信简朴是美好的,她希望能够自力更生,远离那些奢侈浮华的事物和不劳而获的生活。从小,朱干干就教导她节俭是一种美德。当姐妹们吃坛子鸡的时候,她会默默地吃朱干干给她的腌豇豆,因为朱干干告诉她腌豇豆和坛子鸡一样的可口,而且吃腌豇豆是更有骨气的表现。兆和也相信这个说法,因为不需要向旁人乞求或是夺取。所以刚结婚的时候,她打心眼儿里不同意沈从文收集古董,不同意沈从文向别人借钱,现在她又写信对沈从文说:寄到北平的信都用"快信"未免"可惜",事实上平信往往比快信到得更早些。

北平的朋友渐渐地都走了,与兆和一起做伴的杨振声的女儿杨蔚也决定带着弟弟去找父亲。沈从文急切地发信劝兆和同行,但兆和却坚持还没到走的时候。敏感又富于想象的沈从文心中更加忐忑不安,越思量越心惊,以为兆和厌倦了他,他立即写了一封长信,满纸孩子似的抱怨。甚至说:"不拘谁爱你或你爱谁,只要是使你得到幸福,我不滥用任何名分妨碍你的幸福。我觉得爱你,但不必需因此拘束你。"兆和哭笑不得:"来信说那种废话,什么自由不自由,我不爱听,以后不许你讲。"她要他"懂事一点,勿以暂时别离为意",不要"凭着一时的冲动","我的坚持不动原早顾虑及此,留在这里也硬着头皮捏一把汗,因为责任太大,一家人的担子全在我身上"②。

① 《从文家书——从文兆和书信选》,上海远东出版社1996年版,第79页。
② 《从文家书——从文兆和书信选》,上海远东出版社1996年版,第87页。

恰此时,兆和得到了从苏州来的消息,苏州张家毁于炮火,她母亲的照片,沈从文婚前写给她的全部书信都化为灰烬,她心疼不已,懊恼、自责。不巧的是,两个孩子,大的发烧,小的种痘,都不太平,她一个人忙里忙外,精疲力竭。丈夫的误解,与家人的摩擦,生活的艰难再加上精神的压力、心情的愁闷,使她也病倒了。

她多么希望能得到丈夫的照顾,嘘寒问暖,说几句体己话。她也希望能将全部重担交给丈夫,自己只做个小鸟依人的小妇人。但此时,她只能硬着头皮,在大家的埋怨声里准备周全才上路。事实证明她是对的,杨家姐弟出发不久费用就用光了,又因为战事被困在香港,与北平的朋友和南方的父亲都一度失去了联系。而兆和身边还有两个孩子,如果她和孩子病在路上的话,恐怕根本到不了南方。纷繁琐碎的生活磨砺了兆和,她已经从那个身披彩翼的"黑凤"成了锱铢必较的主妇,用她的平和沉淀着沈从文的冲动,用她的母性呵护着沈从文的稚气,她洗尽铅华,才使得他还能继续做着浪漫的梦。

1938年10月,张兆和在做好了所有准备后,才带着九妹和两个孩子逃出北平,由天津到上海,经上海到香港,再由香港取道越南到昆明。经过近一个月的辗转,终于到达昆明。

沈从文看到两个孩子时惊叹不已。他离开北平时,龙朱才两岁半,虎雏才两个月大。而此时,"小龙精神特别好,已不必人照料,唯太会闹,无人管住,完全成一野孩子";"小虎蛮而精壮,大声说话,大步走路,东西吃毕总嚷着'还要',使一家人多了许多生气"。

12月初,沈从文在昆明青云街租了一处房子,与杨振声一家、刘康甫父女、汪和宗,组成了一个临时大家庭。1939年初,这个大家庭度过了在云南的第一个春节。充和在《二姐夫沈二哥》一文中写道:"杨先生俨然家长,吃饭时座位虽无人指定,却自然有个秩序,我坐在最下首,三姐在我左手边。汪和宗总管我们的伙食饭账。在我窗前有一条小路通山下,下边便是靛花巷,是中央研究院史语所所在地。时而有人由灌木丛中走上来,傅斯年、李济之、罗常培或来吃饭,或来聊天。院中养个大公鸡,是金岳霖寄养的,一到拉空袭警报时,别人都出城疏散,他却进城来抱他的大公鸡。"①多年后回忆起来看似是风轻云淡,但当时却非常严峻、艰难。

沈从文在当时中国最好的西南联大任教,先在师范学院任副教授,第二年转北京大学任教授,主讲现代文学、习作课程。教科书也在继续编撰。尽管身兼数职,但由于物价飞涨,每月四百元的薪水根本无法负担全家人的开销。沈从文最经常吃的饭是一碗米线,若是加几片西红柿就算改善生活的营养餐了。多年后小虎回忆说:"我俩不顾国难当头,不考虑家中有无稳定的收入,身子照样拼命长,胃口特别好。"沈从文笑话他:"天上有轰炸机、驱逐机,你是家里的消化机。"生计问题再次压得大家透不过气。见家中实在困难,兆和动了出去找事的念头,但终因各种原因未能成行。

1939年春,作为抗战支前的重要基地,昆明也成为日军飞机轰炸的重要目标。到1940年,局势一天比一天严峻,警报频频响起,空袭不断。沈从文和兆和不得不跟着许多人一起,将家搬到了离昆明十余里的郊区小县城呈贡。搬到呈贡后,他们租住在当地一个杨姓地主家的大院里,兆和在家里带孩子之余,先是义务到难童学校教英文,随后去育侨中学担任英语老师。1943年,育侨中学停办,又转入呈贡中学任教。呈贡中学离家有点距离,往返要二十多里,但她却特别开心。她自己终于能做点事情了,既自立又能补贴家用。沈从文曾经建议她做点翻译工作,但她喜欢教书,更喜欢的是,从家到学校的路上,一路的麦田,金黄色的油菜花和木香花在道旁延伸……在充斥警报及空袭声中,在黑暗的日子里,这一路的花香给她的心灵些微的宁静。

兆和一周有十五小时的英文课,每天上完课后,就着昏黄的油灯料理家务、照看孩子、批改作业。孩子们已经学着自己照顾自己了。开始龙朱带弟弟在家玩,后来龙朱去附近的一所教会学校上学,每天自己步行去学校,"遇警报时即放炮三声,于是……向家中跑,约跑一里路,越陌度阡,如一猴子,大人亦难追及"。而虎雏"当兆和往学校教书时,即一人在家中

---

① 张充和:《三姐夫沈二哥》,《新文学史料》,1988年第4期。

做主人,坐矮凳上用饭"①。

孩子们在警报声里慢慢长大。虎雏回忆说:"兄弟俩不但消化能力强,对精神消费也永无满足,逼得妈妈搜索枯肠,使出浑身解数来应付。于是我们听熟了她小时朱干奶奶用合肥土话哄她的童谣;又胡乱学几句妙趣横生的吴语小调,是在苏州念中学时,女同学一本正经教她的;英文歌是对人进行超前教育,我舌头不灵活,旁听而已。妈妈看过几出京戏,不得不一一挖出来轻声唱念,怕邻居听了去,因此我们知道了严嵩、苏三等人物。"②

但是如果沈从文在家,那么,兆和就不会这么吃力地搜肠刮肚了,他会毫不费力地帮她解围。从他自己的故事,到他书里的故事,到他看的书里的故事,到他瞎编的故事,永不枯竭,一个接一个。两个孩子听得津津有味,熟悉的、不熟悉的、真实的、虚构的人物,在故事里进进出出,使孩子们分不清哪个是真的,哪个是假的。听爸爸讲"曹操半夜翻墙落入茅坑不声张,让伙伴一起跳下来倒霉",虎雏还"以为爸爸同他们是一伙"。听爸爸讲小时候被大人带到山上去打老虎的故事,生动逼真,成年后,龙朱还去湘西考证过,并判断父亲的故事是编的。

沈从文回首婚后的几年,他总结道:"在北平时我们生活虽比当前好,可是不会过日子,所以并不觉得有什么特别值得纪念处。廿六年搬到那王府去住,房子讲究应数所住过房子最有意思的,可是不久又打了仗。九年中倒是最近两年在呈贡住,真是最值得记忆,一切似乎都安排对了,一切都近乎理想,因此一家日子过得非常健康。人家要过节时才把家中收拾收拾,我们倒像每天都在过节似的。孩子们给我们的鼓励,固然极大,最应该感谢的,还是兆和,体力方面的健康与性情方面的善良,以及在困难中永远不丧气,对家中事对职务永远的热诚,都是使一家大小快乐幸福的原因。"③

1944年,他们又从呈贡搬到桃源。因为桃源离昆明更近一些,且挨

---

① 刘红庆:《沈从文家事》,新星出版社2012年版,第98~99页。
② 沈虎雏:《团聚》,《沈从文家事》,新星出版社2012年版,第117页。
③ 沈从文1942年9月8日写给大哥的信。刘红庆:《沈从文家事》,新星出版社2012年版,第127页。

着火车站,沈从文去上班更方便些。另外,兆和也调到桃源的建国中学教书。

1945年,战争结束了。美军撤离后,兆和买到了他们留下的牛油和水果罐头。她用咖啡罐来烤蛋糕,"孩子们乐疯了。那段日子不好过,可我喜欢,我尤其喜欢变出法子来逗孩子们开心"。

从1938年11月4日到昆明,至1946年7月12日离开,他们在云南住了八年,虽然生活惨淡,条件恶劣,但是大家都在苦难中努力营造一方小小的乐土,给孩子们一个温暖、温馨的童年。

十年过去,国家在动荡中安定下来,沈从文与张兆和的婚姻也在琐碎的生活与战火的硝烟中变得更加牢固,爱情沉淀为亲情,少了一份热烈,多了一份踏实。

沈从文1938年在昆明

坎坷沉浮

1946年夏,与张家亲友在上海聚会后,沈从文从上海直接飞到了北平,接受北京大学中国文学教授的续聘。兆和则为了协助乐益女中复校,带着龙朱和虎雏在苏州住了一段时间,在女中教英文,并拜访了在上海、苏州的一些亲戚之后,于1947年1月回到北平。

回到北平,他们住的第一个地方是中老胡同三十二号。这里距离故宫的东北角楼不远,与景山公园隔街相望。1946年7月,北大代理校长傅斯年向中央信托局北平分局借到中老胡同三十二号院,西南联大结束后,各校复员,北大回到沙滩,大批北大教授入住于此,这里当时云集了一批优秀的学者、教授。1952年,大规模的院系调整,北京大学离开沙滩,教授们全部从这里搬离,中老胡同三十二号成了一个永远的记忆。

沈家住在院里西北角上,面积有些小,又阴冷潮湿,离两个孩子上学也比较远,但总算安定下来了。回到北平后,沈从文就成了忙人。除了在北大教书外,他还担任了天津《益世报》、北平《经世报》《平明日报》《大公报》等报刊文艺副刊的编辑。教学、写作、编辑、指导学生文学社团。这一时期,沈从文重新开始收藏文物,"这时他家里除漆盒书籍外,充满青花瓷器。又大量收集宋明旧纸"。

战争末期,兆和又成了沈从文的"缪思"。在与兆和共同经历战争、生养了两个孩子之后,他文字背后的爱意更多了,而且现在他承认妻子的笑容就是笑容,不是别有含义。他称她为"一种奇迹",说她在"朴素"的背景下,创造了"光彩鲜丽"的场景。沈从文迫不及待地要重新开始,像在20世纪30年代初期那样写作,他感受到了写作的冲动。

战争的阴云依旧笼罩上空,血雨硝烟击碎了许多知识分子建立一个和平民主的国家的梦想。面对现实,有的人绝望、有的人逃逸,而沈从文却带着他"书呆子"的热情,拿起他的笔,通过政论文来"不识时务"地针砭时弊。但这些文章,并不被看好,不仅得到了不少批评,也成为后来他命运多舛的隐患。早在战争初期,兆和就说他"你不适宜于写评论文章";"(你)想得细,但不周密,见到别人之短,却看不到一己之病,说得多,做得少,所以你写的短评杂论,就以我这不通之人,都觉得不妥之处太多";"你的长处,不在这一方面,你放弃了你可以美丽动人小说的精力,把来支离破碎,写这种一撅一撅不痛不痒讽世讥人的短文,未免太可惜"①。当然,兆和不能神机妙算,她不知道有一天他写的"美丽动人小说"最终也是不被认可的。

正当沈从文纠结于报章上那些不同政见者的激烈批判中时,他怎么也不会料到,更严厉的批判已经来了。而且这些批判终将改变他的人生,使他不得不放下他钟爱的纸笔。1948年3月,《大众文艺丛刊》第一辑《文艺的新方向》在香港出版。在这一期刊物上,沈从文成为被批判的主角。

山雨欲来风满楼。对于那样如此高调如此严厉如此伤害人格的批判,沈从文是想不通的,他的精神陷入苦闷中。为了排遣苦闷,他和朋友们一起到颐和园度假。回首与妻子一起经历过的枪林弹雨,他以为人生的磨难莫过于此,国难尚能挺过来,这小小的批判又算得了什么,只要一家人团聚,妻子在自己的身边,即使再大的困难又何足为惧。11月,他参加了文艺界的一次座谈会,他还坚持自己的立场,认为文学作品应该为创造者主宰,"由一个'思'字起步",不应该受任何外在信仰的影响。

表面平静的生活下,暗流涌动着。国民党在撤退前,极力争取着各界名流,沈从文也是其中之一。一方面是时任国民党政府代理教育部部务的老同事陈雪屏的登门拜访,一方面是北大地下工作者的积极活动,使沈从文又一次陷入迷惘。他既不能像留洋绅士一样拍拍屁股就移居海外,也不能像亲国民党学者一般与南京政府共进退,而在共产党眼里,他又是一个"地主阶级的弄臣",是一个"反对派"。他该何去何从?

兆和与两个儿子却没有在意沈从文心中的困惑。他们欢天喜地地等待着迎接新中国的到来,他们对新生活充满了憧憬,学着新名词、新思想,以欢欣鼓舞、跃跃欲试的心态等待着新变化。看着妻子和孩子们对新政权的满腔热情,沈从文明白,动员妻子离开是不可能的,为了家庭的安定和孩子的未来,他决心与杨振声、朱光潜、梁思成夫妇等老朋友一起留下来迎接新中国。他觉得自己是旧时代的产物,是一个落后分子,可是孩子

---

① 《从文家书——从文兆和书信选》,上海远东出版社1996年版,第92页。

们应该在新社会接受教育,在阳光与和平中长大。但他的心里有种预感,他可能再也不能写作了。他曾经以为什么都不怕,只要手里还有一支笔就行,可是,现在,笔也要没有了。他一个人默默地承受着痛苦,和他心爱的文学做着告别。

果然,很快,北京大学的大字报就来了。尽管战争还没结束,但北京大学的学生们已经在高歌"你是灯塔""兄弟们向太阳,向自由"……率先告别旧生活,迎接全新的太阳。一幅幅巨大的标语挂下来"打倒新月派、现代评论派、第三条路线的沈从文",并全文抄录了郭沫若的《斥反动文艺》。

再读《斥反动文艺》,沈从文感到字字惊心。他陷入了极度的不安中,他感到窒息、绝望……

然而,一直能解救沈从文的兆和,这一次却不能理解他内心的这种恐惧。她不明白他为什么会如此坐立不安,几百万的士兵在前线殊死搏斗,大家都在期待全新生活的到来,而他却自己钻牛角尖不肯出来。"没有人直接威胁你,虽然外头的政治压力肯定有,并且也确实有恐吓信,后窗还有人往里边看。""没有人要他怎么样,很容易转变的事情,为什么转变不过来?"①

这也许就是兆和与沈从文的不同之处。兆和从小在一个优越稳定的家庭中生活,父亲张武龄作为著名的进步人士,从青年时代起,就一直渴望打破旧习俗,憎恨固有的陋习,愿意接受新思想,包容新事物,乐益女中作为苏州第一个共产党支部所在地,一直活跃着大批的共产党人。五卅惨案后,在乐益女中读书的兆和与她的姐弟一起参加了为上海工人募捐的活动。在这样的家庭和环境里生长的兆和,对于生活抱有乐观、积极的心态,愿意接受全新的事物。而现在,正是一个"彻底改造"生活的时代,有什么理由不去热烈欢呼呢?而沈从文自小生活颠沛流离,尝尽命运无常的滋味,他少年时期接触的是土著军阀,进入文坛后又一直生活在留洋绅士组成的圈子里,他性格内向、沉郁,又敏感而富于幻想,他无法预知等

---

① 刘红庆:《沈从文家事》,新星出版社2012年版,第266~267页。

待自己的究竟会是什么。"他战战兢兢,如履薄冰,仿佛就要掉到水里,多么需要人来拉他一把,可是他的希望落了空。"①他陷入了极度的精神恍惚中。

听说沈从文的状况,梁思成邀请他到自己清华大学的家中调养,当时清华已解放,希望他能体验一下解放区的生活,也能在朋友中放松一下,不要把自己禁锢在个人莫须有的臆想中。1949 年初,沈从文在清华住了一周,但无济于事。他担心拖累朋友,很快又回到了自己家中,状态依旧不好。

张兆和心急如焚,她又是向沈家家人打听,是否家里有相关的病史,又是请亲友们找共产党内的朋友来向他解释。她甚至请来了她的侄女、堂兄、烈士张鼎和的女儿张以瑛。又找到了时任东北野战军后勤部政委、党委书记陈沂,那是她在中国公学的校友。但也都没有起到作用。倒是兆和自己在他们的劝说下,认为要进行必要的革命教育,决定去华北大学学习。兆和的决定使沈从文更加绝望,他以为妻子厌倦了他的神经质,要抛弃他了,精神几乎崩溃,并于 3 月 28 日实施了自杀行为,所幸抢救及时,兆和心中黯然,无奈之下将他转入精神病院治疗。

出院后,再次回到家中的沈从文开始在现实中平静下来,兆和到华北大学后每天给他写信,详细讲述自己在新环境里的生活、学习情况,想用琐碎的现实将他从冥想中拉出来。沈从文明白妻子的苦心,决定放下笔,找一些可以做的新工作。"生命似乎得到了调和与清明。看事明白多了。我得接受他人给我的死亡或新生。""生命存在,总还把希望保存。有希望,也就有一切改造的新生。"因此,他决定新生。尽管生活的阳光依然没有照到他,但在家人的鼓励和帮助下,他饮下了这杯苦酒,鼓起勇气再次出发。

1949 年 8 月,他离开北京大学,在郑振铎的介绍下进入北京历史博物馆工作。他曾经担心兆和在华北大学接受教育后会分配到外地工作,"我明白我自己神经所能忍受限度。改造我,唯有三姐还在和我一起方有

---

① 巴金:《怀念从文》,《黄河不尽流·代序》,湖南文艺出版社 1998 年版。

希望。欲致我疯狂到毁灭,方法简单,鼓励她离开我。"但最后兆和并没有离开他,他安下心来,在博物馆里和他一直喜爱的那些古董们朝夕相处起来。

9月9日,沈家举办了一个家庭联欢会,这天是沈从文和兆和的结婚纪念日,十七年来他们第一次上馆子,叫了几个菜。望着又跟孩子们讲起笑话的丈夫,兆和的心里有了难得的明朗。

1950年3月,沈从文也被安排进"革命大学"接受新的教育。在政治研究班,沈从文努力地融入新的环境,为了家庭和孩子,他忘我地学习着。学习之余,努力为大家服务着。作为后备力量,孩子们在家中也"耐心帮助"爸爸,跟爸爸谈心,教爸爸扭秧歌、打鼓。

这期间沈家搬出了中老胡同三十二号,租住在交道口大头条的院子里。张兆和到"革命大学"学习后,被分配到和平门外师大附中教书,离交道口很远,龙朱跟着母亲从四中转到师大附中上高中。兆和后来又调到西郊师大附中二部,学校在圆明园,每天上下班路上要两个多小时,兆和当班主任,很忙,不得不住校,每周回家一次。家里只剩下沈从文和虎雏。朋友们此时已经绝少往来了。虎雏在《团聚》中写道:"家里多半只有爸爸一人,总是伏案在写他的文物材料,我回来他才转过身,同我谈点什么,也趁机休息一下。"①1953年历史博物馆给沈从文分了宿舍,在东堂子胡同,后院北房东侧三间,紧靠厕所,其中两间长年见不到阳光。他们没钱添置家具,就用书箱和长板拼凑成一张床。孩子们周末回来,父子三个就互相谦让,一个睡床上,两个在地上打地铺。在"文革"时,这三间房又被工人师傅占用了两间,压缩为北房正中一间。在这里,他们一直住到1980年。

沈从文从做小兵开始,就在"湘西王"陈渠珍处接触到大量的文物,到北京后,更是经常到琉璃厂去淘宝,一有了钱就去买。后来战争爆发,即使在生活捉襟见肘之时,他也没有放弃这个爱好。家里摆满了漆盒书籍、青花瓷器、宋明旧纸。兆和多次劝他少买些,但一看到喜欢的,他又控

---

① 刘红庆:《沈从文家事》,新星出版社2012年版,第158页。

制不住自己，又想方设法买回来。

到历史博物馆工作，真可谓天遂人意，他申请购买文物，却被认为浪费国家钱财，于是见到好的就自己掏钱买，家里没地方放，就放在馆里，久而久之私物也都变成了公家库藏。现在历史博物馆里不少珍品都是沈从文收藏的，尤其是织绣藏品基本上全是他收购的。等到稍稍可以接触些文物资料，他就开始埋头搞研究。他工资不高，买了文物就没钱买书了，生活质量也非常差，唯一的放松是听最喜欢的贝多芬《第九交响曲》。

兆和平常要上班带学生，周末回家后要打点积攒了一个星期的家务，要照顾两个毛头小伙，尤其是要时时刻刻注意家里这位"乡下人"的情绪。每每沈从文精神苦闷，她的压力就更大，生怕一个疏忽，又有什么无可挽回的意外发生。贫乏的物质生活，种种的精神压力，压得她透不气来，她得了肋膜炎，进协和医院两次，一直病了一年多，不能工作。后来她打起精神，再回到工作岗位上，她去了人民文学杂志社做编辑。

兆和一直鼓励沈从文重新开始写作，接下来，1957年反右，张兆和日夜担心，怕沈从文会被划为右派，但谁知却侥幸地逃过一劫。然而长子龙朱却在北京理工大学读四年级时被划为右派分子，开除学籍，转做钳工，十二年后才得以平反。

随后，"文革"来了，沈从文立即成为批判对象，被定为"反动学术权威""反共老手"，各项研究被迫停止。自1966年8月起，沈家先后被抄八次，所有旧作和服饰研究资料都被焚毁。原有的三间房子被迫让出两间，幸存的书籍家具无处存放，后来兆和只好忍痛和黄永玉的夫人一起，将书籍当废品卖掉了。1969年9月，张兆和下放湖北咸宁五七干校。11月，沈从文接到通知，也要下放到湖北，离开前，张允和去看他。他正在理东西，手里拿着一封皱巴巴的信，说："这是三姐给我的第一封信。"允和想要来看看，他却紧紧地攥在手里，把信捂在胸口，然后又把信塞回了口袋里。允和写道：

我想，我真傻，怎么看人家的情书呢，我正望着他好笑。忽然沈二哥说："三姐的第一封信——第一封。"接着就吸溜吸溜地哭起来，快七十岁的老头儿像一个小孩子哭得又伤心又快乐。①

到湖北以后,两人并没有分到一个连队。沈从文的生活条件极差,他的身体状况也越来越差,心脏、血压等各种病症不断加重,而张兆和也因为劳累过度和营养不良,患了浮肿。为了让老伴能休息片刻,沈从文只得写信说自己的病很重,让她来看他,她才急急地请了假,两人得以有十天的团圆,并看了病。虽然两人意识到可能要在湖北度过余生了,但沈从文还是侥幸给周恩来总理写了信,请求回北京治病,并渴望重新工作。周总理很快给予了批示。

1972年2月,沈从文回到北京。一到北京,国家文物局就安排他重新校阅《中国古代服饰研究》书稿,沈从文再次全身心地投入到工作中,曾经积累的文物和资料化为灰烬,一切只能从头开始。但他不担心,他只是担心自己的时间不够用,而且没有住处,更没有地方放资料。不久,张兆和办理了退休手续,回京照顾沈从文。回京后,单位给她在羊宜宾胡同安排了住处,加上孙女沈红,祖孙三人挤在约十九平方米的房子里。据沈红回忆:

香港商务印书馆李先生为出版服饰大书来访,难以相信他的居所如此简陋。屋内局促,两人站在院子里聊天,聊着聊着大雪飘来,"漫天大雪,两个男人,一个小院,一部书稿,水乳交融,记载着两个人对中华文化的承担,多么富于浪漫的诗情画意!"②

直到1980年,中国社会科学院将沈从文调入社科院历史研究所后,分给他们一套三十六平方米的新宿舍,这一问题才得到解决。1986年,住房条件得到改善,只可惜沈从文此时已经因中风不能再进行研究工作了。

1988年5月10日,八十六岁的沈从文告别人世。四妹充和在他墓碑上题"不折不从,亦辞亦让,星斗其文,赤子其人",高度概括了他的一生。

---

① 张允和:《从第一封信到第一封信》,《最后的闺秀》,生活·读书·新知三联书店2012年版,第53~54页。
② 沈红:《奶奶的花园》,《水:张家十姐弟的故事》,安徽文艺出版社2009年版,第319页。

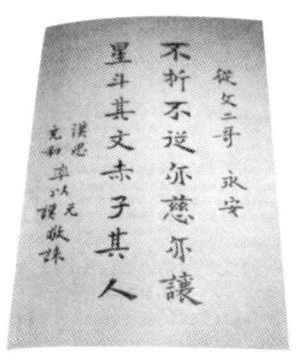

充和题写的沈从文墓碑

在此前后,张兆和一直致力于沈从文资料的整理工作。1996年,《从文家书》出版。在《后记》中,张兆和这样写道:

从文同我相处,这一生,究竟是幸福还是不幸?得不到回答。我不理解他,完全不理解他。后来逐渐有了些理解,但是,真正懂得他的为人,懂得他一生承受的重压,是在整理编选他遗稿的现在。过去不知道的,现在知道了;过去不明白的,现在明白了。他不是完人,却是个稀有的善良的人。对人无心机,爱祖国、爱人民,助人为乐,为而不有,质实素朴,对万汇百物充满感情。

照我想,作为作家,只要有一本传世之作,就不枉此生了。他的佳作不止一本。越是从烂纸堆里翻到他越多的遗作,哪怕是零散的,有头无尾的,就越觉得斯人可贵。太晚了!为什么在他有生之年,不能发掘他,理解他,从各方面去帮助他,反而有那么多的矛盾得不到解决!悔之晚矣。①

2002年12月,沈从文诞辰一百周年之际,北岳文艺出版社出版了三十二卷本的《沈从文全集》,总字数超过一千万字,其中首次出版的内容

---

① 张兆和:《从文家书·后记》,《从文家书——从文兆和书信选》,上海远东出版社1996年版,第319页。

约占总篇幅的百分之四十四。这是张兆和用尽生命的全部能量为沈从文准备的最后一份礼物。2003年2月16日,在全集出版后的第三个月,张兆和追随丈夫而去。

第八章 张充和与傅汉思

◎

> 记取武陵溪畔路,春风何限根芽,人间装点自由他,愿为波底蝶,随意到天涯。　描就春痕无著处,最怜泡影身家。试将飞盖约残花,轻绡都是泪,和雾落平沙。
>
> ——张充和《桃花鱼》

青梅在手

因为允和出生八个月就过继给二房叔祖母识修做孙女,从上海抱回了合肥老家,因此每一次回苏州的日子都值得珍惜。所有的亲情,都汇聚在苏州寿宁弄和九如巷的那一方花园里,令充和终生难忘。回忆也总是在这里发酵。

充和第一次回寿宁弄家中是1920年,时年六岁。之前,她一直与肃穆养祖母识修住在一起,没有同龄的兄弟姐妹可以玩耍,没有母亲的娇宠,养成了她清冷的性情与独处的习惯。见到三个姐姐五个弟弟,她既高兴又陌生,像到了另一个世界。而对于在苏州的姐弟们来说,充和既是客人,又是自己家人,这种感觉让姐弟们也是既新鲜又兴奋。大家吵吵嚷嚷地要办"学校",老师是现成的,三个大的姐姐:元和、允和、兆和;学生也是现成的,小妹充和、大弟宗和、二弟寅和。为了照顾年龄小的弟弟妹妹,陆英给"老师"分配"学生"时,颠倒了顺序。元和的学生是二弟寅和,允和的学生是充和,兆和的学生是大弟宗和。三个大姐姐欢喜得要命,特别是允和,把做老师这件事当成一件大事,怎样对付这个小四妹着实让她动了一番脑筋。虽然小四妹一口合肥土话,但她三岁会背唐诗,五六岁会背整篇的《千字文》和《三字经》,而且当时正在学作对子、写古诗,古文基础远比姐姐们扎实,实在不容小觑。允和思来想去,认为自己唯一比四妹强的就是新文学了。她决定就靠这个来让四妹"臣服"。她给充和做了一个书包,又给她起了一个最能代表新文学有革命性的名字——"王觉悟",并且小心翼翼地用粉红丝线将名字绣在了书包上。

然而,充和却不买允和的账:"为什么要改名叫觉悟呢?"

"觉悟么,就是一觉醒来恍然大悟,明白了一切。"

"明白了什么?"

"新世界里,大家都要明白道理,要民主、要科学,才能救中国。"允和本想卖弄一番,却发现真解释时竟很难解释清楚。

"我不懂你要明白什么道理,既然你是明白道理的人,那我问你,你为什么要改掉我的姓,我姓张,不姓王。王是皇帝的意思。成者为王,败者为寇,皇帝和土匪是一样的人。你是说,土匪也觉悟了吗?我才不要这么难听的名字呢!"充和撇着嘴,不屑地说,"还老师呢,连名字都起不通!"

允和被充和绕糊涂了,见她这么瞧不起自己,气极了,大哭一场,拿了把剪刀,一边哭一边把书包上的名字一点一点地拆掉。陆英在一边羞她:"这么大的人了还哭,小妹妹都不哭,丑死了。"

好在姐妹间没有隔夜仇,第二天便和好如初,允和开始教充和绣花了。

充和第二次回家是1927年,她十三岁,张家已搬到了九如巷。这时陆英已经过世多年,继母韦均一的孩子宁和也两岁了,张家有了姐弟十个人。养祖母识修带充和来苏州,经常把充和送到九如巷同姐姐们玩,不过这次在苏州充和只住了不到一个月,回合肥前三个姐姐非常不舍地为她饯行。

晚上,姐妹四人关起楼门,准备四个碟子、一壶酒,学着古人的样子,为妹妹饯行。姐妹几个谁也不会喝酒,只是举举杯做做样子。但二姐允和率真爽气,拿起碟子一饮而尽,没多久就醉倒在了床上。大姐元和说:"今天送四妹,不可无诗,我们四人联句,一人一句。"元和先来第一句"更深夜静小楼中",第二句本该是二姐的,可她已呼呼大睡,叫也叫不醒。只好三姐兆和接"姐妹欣然酒兴浓"。大姐接着接了第三句"盘餐虽少珍馐味",充和接第四句"同聚同欢不易逢"。

年少的充和深深地沉醉在姐姐们给予的关怀中,感受着姐妹之间的情义。夜深了,她百感交集,觉得有三个姐姐真好,翻来覆去不能入睡,起来作了一首五律:

黄叶乱飞狂,离人泪百行。今朝同此地,明日各他方。默默难开口,依依欲断肠。一江东逝水,不作洗愁汤。

第二天早上,十二岁的大弟宗和听说几个姐姐半夜又吃又喝又作诗,很是羡慕,于是也作了一首长短句送给充和:

天气寒,草木残。送妹归,最难堪。无钱买酒饯姐行,只好对着酒店看。无钱醉,无席餐。望着姐归不能拦。愿姐归去能复来,相聚乐且欢。

充和看了既高兴又感动,心中不免又感慨一番。

1930年,充和十六岁,养祖母识修去世。养祖母灵柩出殡后,合肥的叔叔便预备送充和回苏州,离开前,充和恋恋不舍地在家里的每一角落走了一圈子,与厨房里的公鸡、树上的柿子、玫瑰的枯枝、书房的墙壁,还有那布满尘埃、藏有数以千计书卷的藏书楼一一告别。此一去,合肥便远远地在身后了。

这次回苏州,是真正的回家。但是姐姐们都已去上海读大学了,允和按照父亲武龄的意见进了乐益读初一,但在学习上遇到了些困难。语文没有问题,养祖母为她请过好几位老先生,尤其是九岁后的六七年时间里,她跟考古学家朱谟钦先生专心读古文,还跟朱先生学格律学写诗、写真草篆隶各样书法,积累了深厚的古文底子。问题是英文和数学从未接触过,实在听不懂。但英文只要下点功夫,用点时间和精力,背背单词,搞明白语法,很快就能解决。数学就没那么容易了,她连加减乘除也算不清,更看不懂几何证明、数学方程式。允和将她中学时的数学老师周侯于介绍给充和,从四则教起。兄弟们也试图帮助她,但她一看到数字图形头就大,最后只得不了了之。

少女张充和

充和最喜欢的是上昆曲课。"开始跟着学校的昆曲课听昆曲、学昆曲——那时候我父亲的学校是开昆曲课的,一个星期上几次课,有专门的老师教,几个学生一起学。慢慢就觉得不够了,父亲便单独给我请老师。我的昆曲老师姓沈,名叫沈传芷,我唤他沈先生、沈老师,是昆曲界'传'字辈的名角儿……""这位沈老师什么都会,小生、冠生、正旦、花旦、小旦的戏,他都会唱,就是不唱老生。他教我的时候,其实还不到三十岁。"①

一接触昆曲,充和就完全陷入了狂热的爱好,与几个姐姐一样,成了昆曲的爱好者、传播者。"小时候,我可以去楼上书室里随便翻阅书籍。不管我找什么戏曲小说来看,祖母从不加阻挠,其实作品里十之八九都有艳史,香艳的场面和对话比比皆是。我读的第一部长篇是《桃花扇》(清代传奇剧本),接着读了《牡丹亭》和一些古典小说。我很爱读这些作品,但不知道这些剧是可以唱的,直到回到苏州,父亲带我去戏园看昆曲,我

---

① 苏炜:《天涯晚笛:听张充和讲故事》,广西师范大学出版社2013年版,第23~24页。

才发现许多曲本我都读过。我常在很长的戏里一下就认出我读过的一幕,或在一个唱段里认出我熟悉的词句。这种熟悉的,似曾相识的感觉引我入了昆曲的门。"①

"一·二八"事变后,张家去上海。充和考上了务本中学,随后又转到允和所在的光华实验中学,允和当老师,住老师宿舍;充和做学生,住学生宿舍,这下真的成了老师和学生。

这期间,在上海的兰馨戏院,充和第一次登上了舞台,"唱《游园惊梦》。我唱杜丽娘;唱花旦春香的,是李云梅;唱柳梦梅的小生,我不记得了,大概是当时上海现找的年轻人。同台演的还有《蝴蝶梦》。那是正式的演出,不是普通学校那种玩票式的表演"②。此后,作为票友,充和一发不可收拾,成为昆曲舞台的常客。

1933年,充和到北京参加三姐兆和的婚礼。婚礼后,她就留在了北京,准备参加第二年的大学入学考试。

1934年,充和以张璇之名报考北京大学,一是怕考不上,被人笑话,二是怕大家知道她与兆和是姐妹,从而沾沈从文的光。入学考试包括国文、历史、数学、英语。结果可想而知,国文考了满分,尤其是作文《我的中学生活》写得神采飞扬,受到阅卷老师的激赏。而数学却得了一个大大的零分,当时北京大学有"如果考生有一门成绩为零,则不能录取"的规定。考试委员会里有教授觉得这样的学生不录取可惜,建议批改数学试卷的老师重新审核,看看能不能给几分。但数学老师看了又看,还是只能给零分。后来教授们只好找理由想其他办法录取了充和。抗战时期,充和在云南碰到数学家许宝骙,许先生告诉充和:"你当年进北大的那个数学零分,是我给你打的。"

那年,北大国文系只招录了三名女生。开学那天,国文系主任胡适当着全部新生的面说:"张璇,你的算学不太好,你要好好补一补呀!"充和吓坏了,不知道怎么补,特地跑到教务处去问。教务处的人说,录都录了,还怎么补呀,胡适先生是在吓唬你呢。

---

① 金安平:《合肥四姐妹》,生活·读书·新知三联书店2007年版,第294页。
② 苏炜:《天涯晚笛:听张充和讲故事》,广西师范大学出版社2013年版,第29页。

北大国文系当时名师济济,胡适和钱穆教思想史,冯友兰教哲学,闻一多教古代文学,刘文典教六朝和唐宋诗。充和回忆说:"闻一多在北大上课,给我们读楚辞。他好像是湖北人吧,用老辈人的吟诵法给我们吟唱,很好听,那是真正的楚声呀……罗膺中(罗庸)的吟唱也很好听,他教词,从清华过来兼课,他的唱词法也很受学生欢迎,后来我们就在一起唱昆曲。"①

名师亲授,本应使充和受益良多。但充和却以为在北大就读,收获不大。北大"有好多我不了解的活动,像政治集会,共产党读书会等",很多学生参加了激进的政治活动,无法静心向学,充和宁愿将时间花在与朋友们之间的交往及学习戏曲上,找正在清华大学就读的宗和,听清华开设的专业昆曲老师每周一次的昆曲课。此外,由于沈传芷在青岛,她两个暑假都专门跑到青岛,跟沈传芷学戏。

断章无题

1933年秋天的达子营胡同二十八号,是一个非常热闹的场所。充和参加完姐姐的婚礼后,就在这里住下来,巴金应沈从文之邀正在沈家做客,此外,朱光潜、靳以、李健吾、卞之琳、萧乾等人也是沈家小院的常客,还有那些求教于沈从文的文学青年们。"一枣一槐庐"虽小,却充满热情。

一天傍晚,在达子营二十八号的那棵槐树下,大家围坐在一起,正聊得热闹。这时,刚刚从北大毕业、闲来无事的卞之琳走了进来,打过招呼,然后习惯性地在树影下稍远的地方找个凳子,安静地坐了下来。此时的充和大约正在兴奋地讲着一天的见闻,夕阳将她染得红红的,似一帧跃动的剪影。卞之琳望着这个顽皮中带着促狭、满身洋溢着青春的女孩,仿佛有一只看不见的手,在他毫无防备之时将他拽入一个巨大的旋涡,没有料到,自己就这样在一个黄昏猝不及防地坠入了一见钟情之中。

---

① 苏炜:《天涯晚笛:听张充和讲故事》,广西师范大学出版社2013年版,第89页。

卞之琳1929年考入北京大学英文系,1930年开始写诗,他醉心于法国象征派,并且善于从中国古典诗词中汲取营养,形成了自己独特的风格。他的诗精巧玲珑,联想丰富,跳跃性强,善于从日常生活中发现诗的内容并进一步挖掘出常人意料不到的深刻内涵,诗意偏于晦涩深曲,冷僻奇兀,耐人寻味,被公认为"新文化运动"中重要的诗歌流派"新月派"的代表诗人,出版了诗集《三秋草》。他,正如一颗璀璨的新星在民国诗坛上冉冉升起。

卞之琳的诗被认为跳出了男欢女爱的小家子气,他因此也颇为自负地表示,绝不自划樊篱局限于脂粉气息的私生活描写中。可是,与充和的这场偶遇,却实实在在地影响了卞之琳后来的创作风格。

当时,靳以和郑振铎租下北海前门东侧三座门大街十四号前院,筹办文学刊物《文学季刊》。巴金也经常过去帮忙看稿,出点主意,他们都非常看重卞之琳的才气,把《文学季刊》的附属月刊《水星》交给卞之琳打理。三座门大街十四号院在沈从文家和北大之间,由于生性活泼的张允和在沈家已经与大家熟悉了,所以上学放学时常大大方方地出入于十四号前院,还经常和文学季刊社的社员们一起去看电影,看戏。

开朗的充和却并未注意到卞之琳的关注,相反她觉得卞"并不跟大家一起玩的,人很不开朗,甚至是很孤僻的"①。

张充和活泼好动的性情与沉静内敛的卞之琳有很大不同。张充和像一枚开心果,常常逗得大家大笑不止。

几十年后,当已经老去的卞之琳再次回首年轻时的这一幕幕依然别有风味。然而当时二十岁出头、年轻羞涩的卞之琳却总也不知如何开口,只能揣着满心无法说出的爱意,望着爱人在月色的清辉下谈笑风生,看她在阳光下笑语盈盈地来来去去。于是,他和早年的沈从文一样,选择用书信来表达自己细细密密的心思,然而他又与沈从文不管不顾一股脑儿地将心中满腔的爱恋向爱人抛过去不一样,却又不明明白白地把爱恋写在纸上,充和收到了他许多的信,读来,"说的也只是日常普通的事,只是写

---

① 苏炜:《天涯晚笛:听张充和讲故事》,广西师范大学出版社2013年版,第97页。

得有点啰唆"①。如他的诗一样,他希望通过琐碎的生活,借以暗喻自己的爱情。

张充和虽不过二十岁却读了十几年的古文,对新文学、新诗的兴趣,远不如对古诗词的兴趣。她说:"我写旧诗,他却不写旧诗。我不太看得懂他们写的新诗,包括卞之琳埋头写的那些新诗。"②事实上她觉得卞之琳写的新诗没有嚼头,心灵上难以引起共鸣。因年轻和社会阅历的不够,却又努力地要挖掘某种内涵深刻的哲理,使得这些新诗及写新诗的人在她眼里"有点爱卖弄","有些装腔作势"。

与卞之琳相处则完全相反。充和说:"他人很好,但就是性格很不爽快,不开放,跟我完全不相像,也不相合。我永远搞不清楚他,我每一次见他都不耐烦,觉得他啰里啰唆的。""他是另一种人,很收敛,又很敏感,不能惹,一惹就认真得不得了,我们从来没有单独出去过,连看戏都没有一起看过。"因为性格的不同,某种对对方认真与敏感地有意无意排斥,使得充和从一开始就躲避着这份没有表白但却热烈的情感。充和晚年回忆说:"我年轻的时候爱玩","常常和别人单独出去玩。唯独就是不能跟卞之琳单独出去,我不敢惹他"③。

这样的交往大约持续了两年。其间,卞之琳曾想过逃离,他想趁自己还未深陷情网,用距离来阻断刚刚萌芽的爱情,于是去河北保定的育德中学做代课老师。但没有想到,因为不能时时相见,爱与思念反而变得愈加强烈。

1935年10月,卞之琳写了一首诗给她,这首诗就是《断章》——

你站在桥上看风景
看风景的人在楼上看你④
明月装饰了你的窗子
你装饰了别人的梦

---

① 苏炜:《天涯晚笛:听张充和讲故事》,广西师范大学出版社2013年版,第99页。
② 苏炜:《天涯晚笛:听张充和讲故事》,广西师范大学出版社2013年版,第101页。
③ 苏炜:《天涯晚笛:听张充和讲故事》,广西师范大学出版社2013年版,第97~99页。
④ 卞之琳:《雕虫纪历(1930—1958)》,人民文学出版社1984年版,第40页。

这是卡之琳最有名的一首诗,这样的相思,着实让他无法安心在保定待下去,于是在一个学期过后便辞职又回了北平。

1935年底,充和突然患上了肺结核。大姐元和来北平把充和接回了气候更为宜人的苏州养病。充和因而休学离开了北大,康复后没多久战争打响,因此没有拿到北大的学位。

1936年10月,因母亲病逝,卞之琳回老家江苏海门奔丧。母亲入土为安之后,对张充和一直放不下的卞之琳,专程去苏州探望养病中的张充和,并在九如巷盘桓数日。有朋自远方来,虽然对方并不是自己的意中人,病中的充和还是十分欣喜,陪同卞之琳游览了苏州名胜天平山等风景。此后,卞之琳多次到苏州,即使后来充和不在苏州了。一生住守于九如巷的充和的弟弟寰和与卞之琳有过许多交集,他回忆说:"四姐在时,他经常来;四姐去了北京、美国,他还是会来。"来九如巷的卞之琳给张寰和的夫人周孝华留下的印象是"木讷"。"不管是坐着闲聊,或者一家人出去游玩,他总是显得有些不合群,很少说话,像是活在自己的世界里。和风风火火热情活泼的充和就如同冷热两个极端。"

无论张充和还是其家里人,都明白这个执着的追求者的性格与充和差距太大,两个人没有可能在一起。其实卞之琳也知道这一点。卞之琳后来在他的《〈雕虫纪历〉自序》中,对此"单恋",如此述及:

在一般的儿女交往中有一个异乎寻常的初次结识,显然彼此有相通的"一点"。由于我的矜持,由于对方的洒脱,看来一纵即逝的这一点,我以为值得珍惜而只能任其消失的一颗朝露罢了。不料事隔三年多,我们彼此有缘重逢,就发现这竟是彼此无心或有意共同栽培的一粒种子,突然萌发,甚至含苞了。我开始做起了好梦,开始私下深切感受这方面的悲欢。隐隐中我又在希望中预感到无望,预感到这还是不会开花结果。仿佛作为雪泥鸿爪,留个纪念,就写了《无题》等这种诗。①

---

① 卞之琳:《雕虫纪历(1930—1958)》,人民文学出版社1984年版,第6~7页。

1937年,日军正逼近北平。卞之琳游荡于江、浙、沪等地。5月,他在杭州把这一年所作十八首诗加上前两年各一首,编成《装饰集》,题献给张充和,因为这些诗都是为她而写的。8月,时任四川大学文学院院长的朱光潜聘请得意弟子卞之琳到川大外文系任教。10月10日,卞之琳一抵达成都就给避居在合肥老家的张充和写信,邀请张充和到成都去谋求一个发展的机会。当时,充和的二姐允和、二姐夫周有光,领着一儿一女也滞留于成都。张充和待在家乡,眼见得战火从北方迅速向南方蔓延,于是,与四弟宇和、堂弟镕和一起离开老家,辗转向四川逃去。

　　1938年3月中旬,充和历尽艰辛到达成都,暂时借住于湖广馆。卞之琳生怕刚刚来到一个陌生环境的充和无聊,常常写信给张充和,以期给她一点安慰。可是这种平静的交往,很快就因川大几个教授的"热心"而节外生枝被打断了。据宇和回忆说:"当年在成都,四川大学的几位热心教授,给诗人帮腔,定期设宴,邀四姐出席。四姐讨厌这些,一气之下悄悄离家出走。"

　　此时的卞之琳,也知道感情终不可勉强。或许,整个民族的伤痛、全体国民的哀痛,远远超越于诗人这么一点私人情伤。他说:"大势所趋,由于爱国心、正义感的推动,我也想到延安去访问一次,特别是到敌后浴血奋战的部队去生活一番。"①于是在这一年的夏天,他暂时放下自己的感情,与好友何其芳、沙汀夫妇奔赴延安去了。

　　一年后,他再回四川大学复职。后到昆明西南联大及天津南开大学任教,又一次见到刚刚从重庆回到上海的张充和。于是他在江南逗留了近半年,后去英国牛津大学拜里奥学院(Ballio College)出国访问一年。待1948年底回国时,张充和已与傅汉思结婚,双双去了美国。卞之琳于是埋头写作长篇小说《山山水水》,以追念自己的恋爱历程。

　　1955年10月,四十五岁的卞之琳与工人日报社女编辑青林(原名青述麟)结婚。

　　1980年卞之琳访美,与当时任美国耶鲁大学艺术系讲师的张充和见

---

① 卞之琳《雕虫纪历:1930—1958》,人民文学出版社1984年版,第8页。

面,将三十多年前沈尹默圈改过的张充和的几首诗稿,物归原主。作为回赠,张充和送给了卞之琳她近年来唱的几支昆曲曲段的录音带。

1986年12月6日,张充和应邀到北京参加汤显祖纪念活动,客串演出昆曲《游园惊梦》,卞之琳应邀欣然前往剧场观赏。2000年12月2日,年满九旬的卞之琳溘然长逝。得知消息的张充和,隔海托人给卞之琳送来了花圈。

西南笙歌

1937年,日军日益迫近,形势非常紧张,充和惦记着家人,赶回了苏州。结果一回去就遇到了日本人的第一次轰炸,火车被炸停了,真的出不去了。充和用大幅白布写了"国难当头"四个大字,挂在乐益的墙上。之后,带着家人躲到苏州附近的山里住了一段时间,后来一部分人先聚到合肥,再去西南。武龄、韦均一及最小的弟弟宁和则留在合肥乡下的山里。

充和到四川后,被杨振声邀到了云南昆明,为教育部工作。在教育部属下的教科书编辑委员会中,沈从文负责现代小说,朱自清负责散文,充和负责诗词、昆曲及音乐。

充和随沈家与沈家九妹岳萌同住,房间很小,她用木板架在四个煤油桶上充当书桌。战乱中条件十分艰苦,一应的吃穿用都跟她在合肥和苏州不能比,但她并不挑剔物质的匮乏,唯一保留着一点"大小姐式的娇气"的是笔墨纸砚,"我不爱金银珠宝,但纸和笔都要最好的"。简陋的小房间很快成了音乐、书法爱好者的聚集处,或者唱曲、吹笛、弹琵琶或古筝,相互应和;或者笔墨纸砚排开,以字会友;或者谈天说地。人们都喜欢她屋中和谐的气氛,小屋里时常飘出欢悦的笑声。

"那时候,几乎每次大家一起吃饭,饭桌上,我都是年纪最小的,二十几岁,却跟杨荫浏、杨振声他们玩在一起……"回忆起这段生活,充和脸上总是笑意盈盈的。充和加入这个大家庭后,因为兆和的关系,大家都叫充和"四小姐",充和请大家直称呼其名字,大家又觉不妥,遂亲切地称呼她为"四姐",当然只有沈从文与兆和叫她"四妹"。

因为杨振声、沈从文都在西南联大教书,北门街往来的朋友也以西南联大的为多。闻一多当时也在西南联大,也经常过来,渐渐地跟充和也熟稔起来,见充和写字,便刻了个印章送给了她。这枚图章刻在云南特有的一种玉质黄藤上,很特别,虽很粗很轻,但质地却细密,拿在手上暖暖的。这个印章,充和一直留着。

除了在家里吃,大家有时也出去下馆子。但当时通货膨胀严重,西南联大教师工资低,要养一大家子,维持温饱,非常不容易。而充和单身没负担,反而显得很阔气,"那时候二十多岁,每个月领五十多块钱的薪水,还能资助我在昆明联大读书的五弟的生活费"①。于是朋友出去吃喝,常常都是充和请客,充和喜欢并珍惜与大家一起的快乐日子。

杨荫浏(1899—1984)当时也住在昆明,后来,又与充和一起到重庆北碚的礼乐馆工作。他是中国民族音乐学的奠基者,在中国音乐史研究方面做出了巨大的贡献。他既可以信手拿起箫、笛、笙、胡琴等民族乐器进行弹奏,又对钢琴和西洋音乐十分在行,充和演唱昆曲时,他经常为她吹笛配乐。他还将充和所唱的昆曲从工尺谱翻译成五线谱,然后让音乐系的学生去唱,再请充和唱一遍进行比较。他用中国乐器进行配乐,注上各种符号,这样认认真真地翻译了十个旦角戏,最后印成了书,写明"张充和的唱法",作为音乐学院学生的教材。

1940年,教科书编辑委员会随教育部一起搬到了重庆。当时重庆的文化界,有不少诗人、书法家和画家,文艺活动相当活跃。许多沦陷区的文化人士先后来到重庆,使抗战时期的重庆成为后方的一个文化中心。充和如鱼得水,和不少文化人有诗词翰墨往还,昆曲演唱、表演的机会也多了。

在重庆,充和与当时"中央信托局"经理项馨吾(1898—1983)共同发起组织了重庆曲社。项馨吾也是著名昆曲家,早年曾得到俞振飞之父俞粟庐先生的指点,先是唱旦角,后转唱官生。他唱法细腻,兼擅吹笛。充和与他一起演出,演《牡丹亭》时,项馨吾扮小生柳梦梅,充和扮杜丽娘;演《长生殿》时,项馨吾扮演唐明皇,充和扮演杨贵妃。当时重庆政界、文

---

① 苏炜:《天涯晚笛:听张充和讲故事》,广西师范大学出版社2013年版,第53页。

化界很多人都加入了曲社,甚至曲坛川字辈的新人也慕名加入。曲社每两个礼拜活动一次,大家一起度曲、唱戏、排练、演出。充和的艺术才华在流亡生活中显得愈发难得,她精湛的昆曲表演令很多人难忘。在西南联大念书的汪曾祺曾听过她的演唱,说:"她能戏很多,唱得非常讲究,运字行腔,精微细致,真是'水磨腔'。我们唱的'思凡''学堂''瑶台',都是用的她的唱法(她灌过几张唱片)。她唱的'受吐',娇慵醉媚,若不胜情,难可比拟。"①张大千家也经常举办曲会,充和多次应邀去他家聚会、唱曲,她的一曲《思凡》让张大千赞赏有加,立即画了两幅小品赠送她。一幅为仕女持扇立芭蕉下背影,暗寓她演戏时的神态;一幅是水仙花,描绘充和甩出水袖时的身段。两幅均题上款曰"充和大家"。

1941年,充和在重庆国泰戏院主演的昆曲《游园惊梦》,轰动了整个文化界,章士钊作了诗,很多诗人唱和,沈尹默(1883—1971)也和了两首,抄录在纸上托人转给充和。充和与沈尹默认识后,经常向他求教,视其为老师。每次充和去拜访时,他总坐在一张小桌前写字,充和就站在边上为他拉纸。虽然他的字被不少人认为直追宋代,但他让充和不要学他的字,要学就学他学书法追随的各流各派的老祖宗。

书法也是充和一生的爱好。她五岁开始学习书法,最初以颜字打基础,后兼学诸家,于隶书、章草、今草、行书、楷书皆有所擅。二十多岁所作小楷,已气息清朗、格调高雅,沈尹默说她的字是"明人学晋人书",认为她在书法上大有前途,愿意给予指点,

充和在《刺虎》中的扮相

---

① 汪曾祺:《晚翠园曲会》,《汪曾祺全集》(卷六),北京师范大学出版社1998年版,第212页。

并建议她多研习汉碑、古代墓志。充和也很用功,她每天花三个小时临帖,雷打不动,练到后来,她的臂力足够她双手撑起身体悬空而走,年老后,"她的手臂还和少女时代一样有力"。

1943年,国民政府成立国立礼乐馆,隶属于教育部,掌管礼制乐典的厘定、音乐教育,编审与教育部有关的礼乐典籍图表工作,分礼制、乐典、总务三组,充和被分在乐组,"负责做中国古乐,做外交仪式音乐,弘扬昆曲等国乐,从古诗里选出合适的诗词曲目做礼仪教化之用"。

礼乐馆成立后,即投入到礼乐的审议、制订和礼乐书籍杂志的编辑整理工作之中。经过几年的努力,编辑了《中华民国通礼草案》,对各种礼仪进行了规范,其中涉及祭礼、葬礼、庆祝礼、就职礼、册封礼、成年礼、觐见礼、相见礼等,并且明确各个礼仪的行礼环节,并附有辨位图或席次图,便于人们行礼时各就其位。充和记得,当时"连乡下人结婚,也要制订证婚的礼乐仪式。乡下人可以到礼乐馆来,按新式礼仪结婚,由公证人公证,由杨荫浏钢琴伴奏。仪式很简单,但很隆重"①。

这一阶段,充和的书法也最为精进。一方面得益于沈尹默的指点,更主要的还是她自己的努力。在礼乐馆,她用毛笔誊写整理出二十四篇礼乐,一手隽永的书法令众人惊艳。虽然充和无意成为书法家,但她的书法却为她赢得了多方赞誉,甚至称她为"当世小楷第一人"。文学家董桥多次写文赞誉她,称她的"毛笔小楷漂亮得可下酒,难得极了"。

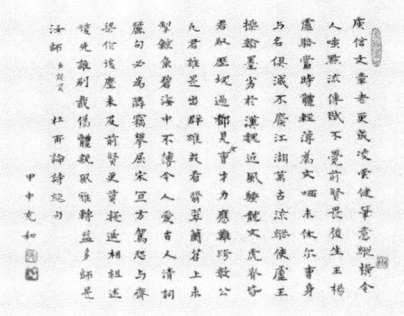

充和的书法作品

---

① 苏炜:《天涯晚笛:听张充和讲故事》,广西师范大学出版社2013年版,第52页。

此外,这一时期,她还写了一系列的诗词,尽管处于抗战时期,她的词句并没有因烽烟战火而变得粗粝,仍然雅致空灵,"词旨清新,无纤毫俗尘"。这些诗词后来大都被收进她的代表作《桃花鱼》中:

记取武陵溪畔路,春风何限根芽。人间装点自由他。愿为波底蝶,随意到天涯。

描就春痕无着处,最怜泡影身家。试将飞盖约残花。轻绡都是泪,和雾落平沙。

——《临江仙·桃花鱼》

天涯晚笛

抗战结束后,充和与教育部礼乐馆一起离开重庆,于1946年回到苏州。1947年充和应北京大学校长胡适先生的邀请,到北平,预备在北大开昆曲课和书法课,当时学校在北大红楼给了充和一间宿舍,但充和更喜欢和三姐在一起,因此经常住在沈从文家。正是在沈从文家,她认识了傅汉思。

傅汉思1916年出生于德国柏林的一个语言学世家。他的祖父和父亲都是知名的希腊语学家,他的舅舅是著名的拉丁语学家,在德国都很有名。1935年,十九岁的傅汉思随全家搬迁至美国加利福尼亚州,进入斯坦福大学,就读古典语言文学专业,1937年毕业。之后进入加利福尼亚大学伯克利分校学习,1938年获西班牙语硕士学位,1942年获罗曼语博士学位,通西班牙、葡萄牙、法国、意大利等几国语言。胡适担任中国驻美国大使(1938—1942年),到美国各高校演讲之时认识了傅汉思。"二战"期间,傅汉思曾在美国战时新闻处(Office of War Information)和战略服务处(Office of Strategic Services)工作。战争结束后,在加利福尼亚大学伯克利分校教书,结识了当时在该系东方语文学系执教、主讲中国古典文学和中西比较文学的陈世骧(1912—1971),并对中文产生了浓厚的兴趣。

陈世骧给他起了一个中文名——"汉斯"。他与充和婚后,充和将"汉斯"改成"汉思","汉朝的汉,思想的思",以示对祖国的思念。

胡适担任北京大学校长后,邀请傅汉思到中国担任北京大学西班牙语系主任,凭着这股对中文的热情和兴趣,他欣然应允。"他到了北大,就跟季羡林成了好朋友——因为季羡林是留德的,他的德文很好呀。季羡林又把他介绍给了沈从文先生。可以说,就是在北大这一段,汉思才开始把兴趣转向中文,最后做上了中国古典研究。我们认识的时候,内战已经开始了,我在北大开的昆曲书法课,还没正式开始教,就打仗了。"①

沈从文家当时住在中老胡同三十二号院,算是北大的宿舍,院里住着大批的北大教授,如校长胡适、文学院代理院长朱光潜、外语系主任闻家驷、外语系教授冯至、语言专修科主任袁家骅等,此外还有其他各系的顶级教授。傅汉思经常跑过来与这些教授们交流。他最喜欢到沈从文家,借着请教中文问题,可以留下来谈天、吃茶、吃饭。沈从文喜欢在家里招待朋友,到沈家的人很多,由于沈从文的好客与好脾气,包括年轻的学生和热心写作的人都拿这里当成自己家,傅汉思这个外国人在这里觉得既受重视又自在,因此经常不请自来。但是没过多久,傅汉思去沈家的目的就不再只是串门聊天,而更是为着沈家住着的"窈窕淑女"。沈龙朱对此回忆道:

四姨就是在我们家恋爱的。我们住在北大的时候,我们单独为四姨开辟出一间房子。我们那一串宿舍是一间两间三间四间,接着一个厨房客厅厕所,都很小。个别的当中有出去的门,但都是封死的。家里把这一串尽头的一间给了四姨,把相连的那门堵死,她单独住在那。她可以单独开门出去。

四姨当时在北大。杨振声把我们接到颐和园霁清轩度暑假,四姨也去了,傅汉思也去了,这样他们就恋爱了。回到城里,也住得近了。他们到景山去遛弯的可能性就多了。因为我们家在沙滩,出去是景山,再过去

---

① 苏炜:《天涯晚笛:听张充和讲故事》,广西师范大学出版社2013年版,第109页。

就是北海,很近很近。

傅汉思的中文洋味很足,但是他能够跟你慢慢交流,跟小虎说话,跟我说话都行。小虎把他称之为"四姨傅伯伯"。傅是姓,叫"四姨父"可以,叫"傅伯伯"可以。但小虎创造性地把两个掺在一起,大家觉得非常有趣。

是在四姨和傅汉思没确定关系的时候,弟弟用这个词的。①

很快,沈从文发现,傅汉思登门,不再是为了来找他学中文,这位美国年轻人已经转移了目标。于是,傅汉思一进门,沈从文就大叫:"四妹!找你的!"这让傅汉思觉得有些忸怩:"沈从文以为我对充和比对他更感兴趣。从那以后,我到他家,他就不再多同我谈话了,马上就叫充和,让我们单独在一起。"②

这位帅气儒雅的洋人小伙子很快就打动了秀外慧中的中国大家闺秀。"汉思当然是很主动的,我发现他人不错,很老实,也很热情开朗,我们就这样交往起来了。"③

充和与汉思认识一年之后,于1948年11月21日在北平结婚,他们准备了一个中西结合的仪式。由美国基督教的牧师主持,美国驻北平领事馆的副领事到场证婚。沈从文、金隄作为介绍人。由于汉思的父母远在美国,杨振声教授代表男方家属参加婚礼。兆和全家、充和的两个堂兄弟,以及几个好友参加了婚礼,加上牧师夫妇一共十四人。

1948年,充和与傅汉思结婚

然而,"那时候,城外已经炮火连天了"。

12月17日,北大正在举办五十周年校庆纪念,一大清早,美国大使

---

① 刘红庆:《沈从文家事》,新星出版社2012年版,第144~145页。
② 刘红庆:《沈从文家事》,新星出版社2012年版,第144页。
③ 苏炜:《天涯晚笛:听张充和讲故事》,广西师范大学出版社2013年版,第107页。

馆的一位领事急匆匆地跑到傅汉思家,让他们马上走,说北平只剩下一个小型军用机场还开着,大机场都飞不了飞机了,再不走,就只能困在城里,兵荒马乱的年月,大使馆不能保证傅及家人的安全。两人匆匆忙忙收拾了一些重要的随身物品,带着女工"小拐奶奶",就跟着领事去了机场。临走,充和急急忙忙给兆和打了一个电话,告诉她要走了,简单交代了几句家里的事情。机场已经乱成一团,围成人堆,拼命往飞机上挤。轮到傅汉思和充和时,只让他们两个上,不让保姆"小拐奶奶"上。"小拐奶奶"是充和从苏州带来的,跟充和感情很好,因为她丈夫叫"小拐子",所以充和一直这样叫她。她的丈夫在苏州,把她一个人扔在北京怎么行呢,充和发急了,"如果不能带她,我就不走了"。充和不走,傅汉思也走不成,领事只得帮着从中协调。后来当兵的说,人可以带,但东西就不能带了!充和千不舍万不舍,她临走收拾的,都是家里最好的宝贝书籍、书画,这下不得不全都扔在机场。他们先到青岛,再到上海,然后折回到苏州。

汉思跟着充和回苏州小住了一阵,1949年1月,汉思决定还是带充和回美国,辗转于1月底他们在上海港乘"戈顿将军号"海轮前往美国。"小拐奶奶"坚持要送充和,到码头,看着充和上船,她已经哭得泣不成声了。充和看着她,突然想起抗战时章士钊送给自己的诗:"文姬流落于谁事,十八胡笳只自怜。"当时充和还非常不满,虽然章士钊将她比作旷世才女蔡文姬,表示他对她的欣赏,但是蔡文姬流落到西域嫁了胡人,不得不倚仗异族,而她虽因战乱背井离乡,避乱于重庆,但还是在自己的国家里,且她始终竭尽所能,自食其力,二者如何能等同!可是此时此景,却真的应了章先生的诗,她这一次真是远离家乡与家人,往后更是远隔重洋,真的只能"十八胡笳只自怜"了。

刚到美国后不久,汉思在斯坦福大学伯克利分校找到工作,不过这是份兼职,对中文的兴趣使汉思希望以后做汉语及中国文学方面研究,因此,他想再念一个中文博士。当时在伯克利分校教授中国语文和语言学的语言学家赵元任也鼓励汉思再去读一个博士学位。充和也极力支持。但汉思则有些担心,他们才回到美国,经济上相对困难,充和在各方面也都不是很熟悉,自己再去读学位,肯定会影响家庭生活。充和一边为他打气,一边打消他的顾虑,说:"我来做事,我来养家,你放心去读一个中文的Ph.D。"说到做到,很快她就在伯克利分校找了一份图书馆管理员的工作。

在朋友及家人的支持下,汉思申请到了哈佛大学的中文博士课程。从此,汉思整个人就沉入了浩瀚的中国古代典籍中,研究中国古代的诗词汉赋,很快就成为著名的汉学专家。他运用西方语言学的研究方法进行中国古典文学的研究,将中国诗歌与西方诗歌,特别是与他熟知的西班牙和德国诗歌做比较研究,给读者一种完全不同的阅读视角与阅读体验。凭借出色的研究成果和学术成就,1959年,汉思斯在坦福大学得到了第一份正式教授中国文学的教职。

1958年,在伯克利分校时,充和与汉思就有了一个男孩,取名为伊恩·弗兰克尔,到斯坦福大学后又有了一个女孩,取名为爱玛·弗兰克尔(中文名为傅以谟)。孩子小,需要照顾,汉思到斯坦福大学任教后,充和就在家专门照顾孩子。但在余暇间隙里,充和仍然没忘自己喜爱的昆曲与诗词。胡适到伯克利分校教书的时候,最喜欢的就是到充和家写字,因为他知道充和家笔墨纸张总是全的,而且是最好的。

1961年,傅汉思接到耶鲁大学东亚语言文学系的聘书,于是全家从美国西海岸的加利福尼亚州搬到了东北部的康涅狄格州,安定下来。此后,充和与汉思一直住在这里。汉思在耶鲁大学工作了二十六年,直到1987年七十一岁时退休。充和则在耶鲁大学的美术系兼职,教中国书法和昆曲,一直做到七十岁退休。耶鲁大学博物馆也经常请充和去帮忙,为博物馆东亚部做一些资料工作。

在耶鲁,让充和最自豪的是做了很多传播中国文化的工作,她影响和带动了一群热爱中国文化的美国学生研习中国书法,学写中国古体诗词。她还带动了很多人学习昆曲,在耶鲁,一有机会她便登台唱昆曲,没有笛师,就事先将笛音录好,备唱时放送;没有搭档,就培养自己的女儿爱玛,"引诱"她跟自己学昆曲。经充和调教,爱玛九岁便能登台演出,母女二人穿着旗袍站在耶鲁的舞台上,母亲清丽雅致,女儿漂亮可爱,悠悠的笛声和唱词令许多耶鲁师生为之陶醉。后来,四位师从她学昆曲的高足为促成昆曲被联合国科教文组织列为"人类口头和非物质遗产代表作"一事还立下了汗马功劳。

说起在耶鲁的生活,充和回忆说:"汉思的朋友多,人缘好,从来就没有什么复杂心思,他性子慢,我快。他一慢,我就急,俩人倒也没吵过什么架。可是说来也奇了,他性子慢,可比我的事情做得多;我比他快,可做的事情反而比他少,你说怪不怪?他不爱说话,闷头闷脑地做事。他对中国历史比我还熟,文章写得很多,做出的事情,一件就是一件地摆在那里,让我不得不服气。"①

事实上,汉思与充和夫妇二人志趣相投,凭借着对中国诗词、历史的深厚造诣,他们热心地传播着中国文化。充和在中国书法及昆曲的海外传播上做了大量的工作,汉思也同样为中美文化的交流做出了应有的贡献,他将中国许多古代诗词、文章翻译为英文,其中,他翻译的南北朝叙事诗《木兰诗》被用作1998年迪士尼动画电影《花木兰》的官方翻译。1980年沈从文访美讲学,汉思做他的翻译,深受听众的欢迎。他还为充和的诗集《桃花鱼》做了翻译,在这本制作精美的册子里,左边是充和的手书诗词小令,右边是汉思熨帖的英译文,十分相契。此外,夫妻俩还合作完成了《书谱》《续书谱》的英译本工作,经常共同参加昆曲演出,充和吹笛演唱,汉思任司仪和解说,其深入浅出、生动活泼的介绍十分有助于西方观众很好地欣赏和理解这一东方古典艺术。

凭借自己的成就汉思得到过许多荣誉,同时他还担任哥伦比亚、慕尼黑大学的客座教授。历史学家史景迁,汉学家宇文所安、康达维都是傅汉思的学生。汉学界对他有很高的评价。2003年8月26日,汉思去世。

而退休后的充和,每日与书画、昆曲为伍,在静谧中安享时光。在学生和友人的请求下,2004年金秋,充和在北京举办了旅美六十年来的第一次书画展。她信手点染的仿古山水和自作诗,隽秀的隶书对联,朱黑相间的昆曲工尺谱,以及八十四岁高龄时临唐代书家孙过庭的《书谱》第一百通长卷,都令人叹止。2006年,西雅图艺术博物馆为充和举办了"古色

---

① 苏炜:《天涯晚笛:听张充和讲故事》,广西师范大学出版社2013年版,第120页。

古香"书画展。2009年为庆祝她九十六岁生日,耶鲁大学东亚图书馆举办了一场名为"张充和题字选集"的书展。

有人说,张充和的一生,是唯美的,不需要如藤萝附丽于任何亲人、名师或爱人,毛笔一支、昆曲一首,自显露出一段真名士的风流浪漫来。

2015年6月17日,民国闺秀、"最后的才女"张充和在美国去世,享年一百零二岁,"合肥四姊妹"遂成绝响。

第九章 诗意张家六兄弟

◎

乱世姻缘

> 三十年来是书生,一旦坠落在风尘。反手低头过闹市,弯腰屈膝亦伤情。生死存亡置度外,是非真假不分明。自问生平无憾事,任他辱骂与欺凌。
>
> ——张宗和

妻子孙凤竹死后五个月,1944年11月,正在安徽立煌古碑冲教书的张宗和,因为思念亡妻,就利用闲暇时间将自己与妻子的故事写成了《秋灯忆语》一书,以纪念两人一起度过的那段虽然短暂但是刻骨铭心的日子。故事开始于1936年。

1936年夏天,张宗和从清华大学毕业,毕业之际宗和计划着去一趟青岛旅行,于是写信约正在家中养病的四姐充和一起去,让充和从苏州到青岛,自己则直接从北平到青岛。

充和听说她的昆曲老师沈传芷当时正在青岛教人唱昆曲,所以一到青岛立即打电话给沈老师。当天晚上曲友的汽车就接他们聚到一起,非常热闹,其中有一对孙家父女,爸爸唱老旦,女儿凤竹也跟着在学曲。几支曲子唱完,大家就熟络了起来,尤其是孙小姐,给姐弟俩留下了很深的印象。孙小姐十七岁,虽不是十分漂亮,但姐弟俩一致认为是一位很迷人的女孩子,曲也唱得不错。

遂后张家姐弟俩经常去各家唱曲,曲会结束后,各家多半会准备酒席,请大家吃完再回去。老吃人家的,姐弟俩很不好意思,就出钱请孙伯伯在家里代办一桌酒席,回请大家。席间,大家一杯杯地敬宗和,宗和不大能喝酒,坐在他边上的孙小姐就偷偷地替他兑汽水。

除了唱曲,几个年轻人也常在一起下馆子、看电影、在海边散步、游泳。活泼大方又聪明的孙小姐赢得了宗和的好感,他常常不自禁地望着她。

不久,宗和接到父亲电报,让他回苏州到乐益女中任教。走的那天,孙小姐去送他,宗和很是不舍。回苏州后,宗和先是在乐益女中教书,后去了南京励志社中学教书。其间,他和孙小姐一直有书信往来,一年学期结束,充和应孙伯伯的邀请,又去了一趟青岛。此次在青岛,充和索性替弟弟向孙家提了亲。孙家欣然接受,凤竹也很开心。

"八一三"上海战事爆发,8月15日苏州第一次遭日机轰炸。张家携老扶幼开始了逃难生活:香山—苏州—合肥—西乡张老圩—六安—汉口。1938年,张家在汉口暂时安定住下,而孙家则由青岛至香港、九龙,最终在广州安定下来。即使在这样的逃难途中,两个年轻人的书信联系依然没有中断。

1938年7月底,在汉口,由孙伯伯出面,替女儿与宗和订了婚。在沅江边的小山里,宗和一边读着凤竹的来信、看着她的照片,思念着她,遂决定请假到广州去看她。

此时的孙家,生活每况愈下,孙小姐不仅生了肺病,还因为水土不服添了湿气。孙伯伯要养活一大家子人,经济陷入了恐慌。

见宗和来到广州看自己,凤竹又激动又兴奋,竟然连夜发起了烧。广州眼看也要失陷,孙家决定让凤竹跟宗和先行离开。凤竹烧一退,两个年轻人就从广州出发,经柳州、贵阳,历经一个多月,才抵达重庆,碰到了周有光和张允和。凤竹的身体本就虚弱,加上舟车劳顿,又没有充足的休息,在路上就开始吐血。到重庆后,宗和立刻把凤竹送进了仁爱堂医院,每天去医院里陪她治疗。此时,宗和得到了孙伯伯在去成都的路上因为车祸离世的消息,但他不敢告诉凤竹,一直瞒着她。

1938年底,宗和找到了一份差事,由教育部派到云南教书。因为不敢让凤竹坐汽车一路颠簸,所以两人商量,宗和先走,凤竹随后再乘飞机到昆明。1939年2月5日,两人在昆明结了婚,杨振声做证婚人,梅贻琦代表长辈讲话。结婚前,不少人劝宗和,说孙小姐有病,不宜结婚。但宗和觉得自己应负起责任,把凤竹一个人丢下,无论如何他是不会放心的。

结婚当天晚上,来了不少曲友,大家又兴奋地唱起昆曲,吹拉弹唱闹到很晚。凤竹又累又高兴,次日一早,又吐血了,躺在床上不能起来。宗和在云南宣威乡村师范学校教书,课很多没有太多时间陪凤竹。暑假两人去了呈贡,兆和、充和都在那里,为了便于照顾生病的凤竹,宗和开学后便将凤竹留在了呈贡。可是凤竹因想念宗和,病反而加重了,信一日日地来,宗和又忍不住把她接到了宣威。不久,凤竹怀孕,为凤竹的身体着想,宗和希望妻子不要这个孩子。但凤竹却以为自己活不了多久,希望将来有一个孩子陪着宗和,所以坚决要留下孩子。1940年7月8日,凤竹手术生下了他们的女儿——以靖。

宗和与孙凤竹

孩子的出生,给本来就很艰难的生活带来了更多不便。宗和此时又接到昭通师范学校的邀请,又一路颠簸着去了昭通。

有了孩子,凤竹也很忙碌,战时吃住条件差,凤竹因此越来越消瘦,动不动发烧、咳嗽、吐血。在昭通住了一年半,初时宗和的薪水还勉强够养一家三口,后来物价飞涨,凤竹也不得不找了份工作,到图书馆当职员。

1942年10月,宗和应云南大学文法学院院长姜亮夫之约,到云大任教,他先行一步到昆明,顺路去呈贡看望了正在西南联大教书的沈从文和三姐兆和。在云南大学,宗和并不安心,一方面想念妻子孩子,另一方面想回合肥老家,此时父亲武龄已去世,他觉得自己是家中长子,理应回去照顾家里的事情,而且,回合肥老家对凤竹的身体更为有利。凤竹也赞成回合肥,她给宗和的信上说:"昨天接到耀平兄和二姐的信,我想了半夜,想想在外面苦,真是非回家不可——你想,多宝贵的时光,多宝贵的精力,全花在洗衣煮饭这些杂事上,岂不可惜。死在这上头,也值得吗?——我自己晓得,长久拖下去,我根本就没有命回家了。"①两人婚后一直在奔波,无法过上安定的日子,于是两个人决定,离开昆明,先去重庆,再回合肥。

1943年夏天,张家姐弟汇集在重庆江北允和家,开了一个家庭会议。参加会议的有允和夫妇、宗和一家三口、在北碚礼乐馆做事的充和、在中央广播电台做事的定和、在经济部做事的寰和,以及从成都金陵大学赶来的宇和,大家商议后一致决定宗和一家及宇和一同回合肥去。抗战后期,大家生活艰难,有了小家庭的宗和、定和,更是艰苦。回合肥,可以想办法给大家筹点钱以备应急之需。宗和是老大,由他回去解决家里的田产等问题较为合适,而宇和是农学院毕业的,可以回去发挥专长。在朋友的帮助下,宗和筹借到五万元,终于12月26日出发了,又一次路上的颠簸开始了。走到成都时,凤竹才得知父亲已去世,宗和带她去给父亲上了坟。经过德阳、广元、宝鸡,1944年1月22日才到西安。一到西安,宗和就病倒了,凤竹也不停地咳嗽。他们无奈只好先在西安安心养病。直到2月26日才再次上路,3月中旬,才终于赶到合肥西乡张老圩。

累,加上水土不服,才到家,还没来得及去拜访家里的长辈,宗和再次病倒了,前后折腾了一个多月才好。而宗和刚好,凤竹也累得倒下了,宗和认为张老圩的房子小、不通风,不利于凤竹身体恢复,于是又将家搬到了张新圩。6月17日搬好家,宗和预备安安心心地让凤竹养病。这是凤

---

① 张宗和:《秋灯忆语——张家大弟张宗和的战时绝恋》,人民文学出版社2013年版,第56页。

竹跟宗和在一起的七年里最好最安定的日子,饭有人做,孩子有人带,还有亲友帮着照顾凤竹,宗和希望这一次凤竹能好好地将身体养好,去除病根。可惜这样的日子只过了两周,7月1日,凤竹就去世了。

凤竹去世后不久,宗和离开合肥到立煌古碑冲安徽学院(即后来的安徽师范学院)教书。在安徽学院期间,宗和与戏曲家赵景深交往较多。就是在这一时期,宗和开始着手写作与凤竹的文章,赵景深建议定名为《秋灯忆语》。

抗战胜利后,宗和回到了苏州,筹备乐益女中复校事宜,姐妹兄弟商量由宗和任校长。1947年,他见乐益已恢复正常教学秩序便应朋友之邀到贵州大学任教,让五弟寰和任乐益校长,自己去了贵阳,此后一直待在贵州。在去贵阳之前,家人为他做媒,与淮军名将刘铭传的后代刘文思再婚了。婚后,他们生下了女儿张以端、张以㲄。刘文思对以靖视若己出,以端、以㲄小时候都不知道姐姐不是母亲的亲生孩子,一直以为母亲偏心,喜欢姐姐。

宗和全家福(张宗和、刘文思与三个女儿以靖、以端、以**㲄**)

作为长子,宗和一方面得到了家人的宠爱,另一方面也受到了严格的管教,因此从小性格腼腆、不大爱说话,允和曾写过《大弟新娘俏》回忆小时扮家家的故事,说宗和是个温和、忠厚的人。宗和读书十分用功,高中毕业后考上了东吴大学,但他不满意,第二年又考上了清华大学历史系。"文革"期间,宗和被当作"反动学术权威",被批斗、抄家,妻子和女儿也都被赶到乡下劳动。

1977年5月15日,宗和在贵阳去世。他的《秋灯忆语》曾于1945年在安徽立煌印过一版,"文革"抄家,所有的文字、相片都被抄走。直到20世纪80年代,张以靖才辗转打听到昆明一亲戚家中还存有一本,特地去拿了回来。后来,在贵州书法家戴明贤的引荐下,才得以于2013年在人民文学出版社出版,与世人见面。

多才俊彦

仙佛茫茫两未成,只知独夜不平鸣。
风蓬飘尽悲歌气,泥絮沾来薄幸名。
十有九人堪白眼,百无一用是书生。
莫因诗卷愁成谶,春鸟秋虫自作声。

——黄仲则《杂感》

在六个兄弟中,有关寅和与宁和的资料最少。

寅和是老二,字孝恭。从小谦和礼让,处处"甘居下游"。他非常敬佩哥哥宗和,跟在宗和后面,与宗和一起演戏,一起编辑家庭刊物《水》。他与宗和一起搭班子唱京戏,他唱《空城计》,宗和演司马懿,他演孔明;唱《西游记》,宗和演如来佛,他演接引佛。

他很好学,在小学里负责管理学校的图书馆,没多久就把全图书馆的书都看完了,老师没办法,只好去上海采购新书,供他阅读。

大学,他读的是姐姐们念的光华大学,毕业后到日本留学。允和回忆说:"他人很聪明,诗写得很好。"他喜欢清代诗人黄仲则的诗,自己也有"春暖花开日,襄园柳色新"的佳句。寰和对他的印象是,"会作诗、英文很好,会抽烟,是六兄弟里唯一

张寅和

会抽烟的"。

大学毕业后,他在申报和解放日报社做会计工作。战时,寅和留在上海。一天,他接到顾传玠的消息,说是日本人要烧毁乐益女中图书馆的藏书,他立即赶回,连夜把藏书搬到吴子深小妾家,才得以保全。

新中国成立后,从事教学工作。他自己说:"生平在申报甚至解放日报时期的工作,都没有从中感到什么乐趣。只有当了教师之后,特别是和青年人接触多了,倒觉得这七八年来颇有点意思。偏又中途生变,健康上大变故,也是没有办法的事。"

寅和是十姐弟中最早去世的,他去世时才五十九岁。20 世纪 60 年代,他患上了肺气肿,在家养病。他的女儿以韵回忆:

"文革"中爸爸最空闲(养病)的几年,正好哥哥(以遂)和姐姐(以韶)均在外地工作,我和弟弟(以迅)年龄尚小不懂事,缺少倾诉对象,而他的内向性格、环境的压抑,也导致了他的沉默寡言。现在我已为人妻、为人母了,回想父亲在"文革"中的几年,他真是身心皆苦。①

他病中的几年是在床上度过的,肺气肿使他呼吸困难。"开始,每晚睡觉还能半躺半坐地睡上几小时,以后病情逐渐严重,借助氧气袋,每天晚上也只能趴在特制的小矮桌上睡一会儿,以致额头结了一厚厚的老茧。由于长期坐在床上不活动,两腿弯曲僵硬,最后去世时怎么弄也弄不直了。"②

躺在病床上,他致信外地的长子以遂,回忆在苏州寿宁弄度过的美好时光,回忆花园里的柳树、鱼池,尤其是胡桃成熟时,摇落胡桃,几个弟兄头顶脸盆,冒着果子雨在树下抢成一团,然后或者直接剥了吃,或者放在糕点里做馅。他还让以遂寄点生胡桃来,让他能再次感受一下儿时的温馨。

在他去世不久,允和于 1973 年 3 月 10 日写下了《哭二弟》:

---

① 张以韵:《信中情》,《浪花集》,新世界出版社 2005 年版,第 256~257 页。
② 张以韵:《信中情》,《浪花集》,新世界出版社 2005 年版,第 255~256 页。

前年度春节,欢聚在沪滨。病榻迎姐到,絮絮话昔今。
寿宁旧家宅,二弟锡名寅。啼声颇宏大,歌喉惊客宾。
满堂小儿女,椿萱乐晨昏。大弟新娘俏,二弟美郎君。
踏落凤罗裙,痴憨笑语频。张家五子戏,苏城尽知闻。
诸葛空城计,七岁学抚琴。纶巾大姐制,鹤氅二姐针。
人小城围大,闻声不见人。今朝喜相见,肺疾苦深沉。
揾泪难分手,床前氧气存。见瓶如见姐,再见更精神。

音乐奇才

趁着这黄昏,我悄悄地行,行到那薄暮的苍冥。一弓月,一粒星,似乎是她的离魂。她太乖巧,她太聪明,她照透了我的心灵。

趁着这黄昏,我悄悄地行,行到那衰草的孤坟。一炷香,一杯水,晚风前长跪招魂。唤到她活,唤到她醒,唤到她一声声回应。

——张充和

三弟定和是一个音乐家。

定和生于1916年12月27日,他出生时,武龄已经有了四女二子,没有了初为人父的激动与兴奋,但定和出生的这一年不同寻常,时袁世凯称帝复辟,蔡锷率护国军出击四川,逼其取消帝制。武龄感慨共和来之不易,遂为儿子取名定和,意为"重定共和",字锷还,取"蔡锷还中国"之意。定和出生的第二年,全家就从上海迁居苏州了。

从现有资料来看,定和是一个感情丰富、富有艺术气质的人。定和五岁时,母亲陆英就去世了,此后一直由高干干照顾他。因此,定和与高干干的感情深厚,情同母子。她与定和一家相濡以沫共同生活了四十多年。

定和一生都叫高干干"m妈"。1996年,定和在医院过八十岁大寿。他让家人将他少年时期为充和诗作《趁着这黄昏》所作曲的原始稿拿到医院,加工完成定稿,深情地唱给自己的孩子、孙辈们听,以纪念他的"m妈"。

高干干与定和全家

定和从小就很有音乐天赋,对韵律特别敏感。1928年,年仅十二岁的定和与四弟宇和、朋友高奕鼎成立了以九如巷名命名的九如社,目的是与姐姐哥哥们组织的水社相抗衡。他们还创作了《九如社社歌》:"九如巷之中九如,我等振起精神。前途之广大永无尽,努力努力身前进!"词由十岁的宇和完成,从未学过作曲的定和为其谱了曲。

此后一发不可收,小小年纪的定和又为父亲武龄的《乐益女子学校校歌》、二姐允和的《摇摇小宝贝》、四姐充和的《趁着这黄昏》、四弟宇和的《插秧歌》等诗作,为《春晓》(孟浩然诗)、《寒蝉凄切》(柳永词)、《春归何处》(黄庭坚词)、《枫叶芦花并客舟》(郑板桥集句)、《滚滚长江东逝水》(杨慎词)等古诗词,以及《雁子》(陈梦家诗)、《运河上日暮》(逸汀诗)、《沙扬娜拉》(徐志摩诗)、布谷(刘大白词)等现代诗作谱了曲。此外,他还善于演奏各种乐器,经常与姐姐及兄弟合奏或为他们唱曲时配乐。在东吴大学附中读高一时,每到黄昏休息,他就跑到大哥宗和的宿舍里,同他合奏曲子,宗和吹箫,定和拉二胡。

"九一八"事变后,定和离开东吴附中,转到上海美专附中学习绘画。高中毕业后,他有些犹豫,是学美术还是音乐,后来考虑再三,为以后便于找工作计,决定还是学习美术,因此进入上海美专的图案系。

在这一时期，他喜欢上了摄影，加入了美专的摄影会，并在校内开了摄影展。在参观了定和的摄影展后，当时的摄影家陈家枢写了一篇评论文章，对定和的《归宿》这幅作品给予了很高的评价。1935年，因受到当时放映的优秀电影的影响，定和梦想当一名电影摄影师，但后来因患白癜风不能在户外强光下工作，他不得不放弃了这一爱好。

但音乐如同生长于他身体中的细胞一样跟随着他。于是，他一边在美专学美术，一边在上海国立音乐专科学校上黄自先生的和声课，学习钢琴、小提琴、音乐理论和作曲。后来黄自先生搬到江湾，定和就到他家里上课，一直到1937年"七七事变"发生。这种学习更加唤醒了定和内心对音乐的渴求，使他清醒地认识到自己对音乐的炽热的爱，最终在临近毕业前从上海美专图案系转到新华艺术专科学校学音乐，并于1936年夏毕业。沈从文在《定和是个音乐迷》中写道："蕴藏于定和生命中的特长，即那点混合了忧郁幻想与奔放热忱而为一，对艺术几乎近于宗教虔敬的情绪，欲消纳它，转移它，当然只有用无固定性音符捕捉热烈而缥缈观念、重新组织加以表现的音乐，方可见功。定和因此就改学了音乐。"

定和跟随黄自先生前后学习了近四年时间的音乐，得到黄自先生的亲自指点，可说受益终身。受黄自先生的影响，并有感于"国破山河在，城春草木深"的凄凉，定和创作了大量爱国歌曲。1938年春，定和孤身来到重庆，住在中央电影制片厂葡萄园小楼。不久，五弟寰和也到重庆，与他会合。初到重庆，定和作曲、寰和作词，联袂创作了《风萧萧》《抗战建国歌》《当兵去》《复仇歌》《江南梦》《江南昔日风光好》等六首歌曲，这些歌曲寄托了游子对沦陷敌手的江南的思念，抒发了爱国青年在国难当头誓死抗敌的豪情。其时定和风华正茂、才情横溢，为唤起民众抗战，他又为吴祖光的《凤凰城》《正气歌》、郭沫若编剧的《棠棣之花》、田汉的《复活》（译本）、梁实秋的《奥赛罗》（译本）、顾毓琇的《岳飞》、余上沅的《募寒衣》等剧本谱曲，引起强烈反响。一系列的作品奠定了定和在乐坛的地位。1995年，为纪念抗日战争胜利五十周年，定和把自己在抗战中写的一些抗日歌曲"自抄、自印、自装帧，订成《迢遥的音痕》，寄赠亲友，留作惨痛历史的最后胜利的纪念"。

创建于 1935 年的"国立戏剧学校",是我国有史以来的第一所戏剧专科学校。1935 年这所学校创建于抗日战争爆发后,疏散长沙、转迁重庆,于 1938 年底迁往四川江安,并于 1940 年夏改名为"国立戏剧专科学校"。校长余上沅是第一批留美的戏剧教育家,教务主任是曹禺,教师有张骏祥、黄佐临、吴祖光等,定和也任教于此。结识了他的学生即后来成为著名话剧演员的吕恩(原名俞炳顺),二人陷入了爱情。然而这段本应互为安慰、互相取暖的战

抗战时的张定和

争中的爱情,却从一开始便成为互相伤害的利刃,成为两人一生的隐痛。也许性格使然,也许因为学习艺术的人感情过于强烈和敏感,两人在一起的时间里争吵不断,最终不得不分手。当吕恩回首往事时,她对于其后与吴祖光的婚姻已经能够坦诚面对,却对于与定和的这段感情依然流露出无法释怀的伤痛。定和在《定和自叙》中写道:"1940 年,患上了胃溃疡。大口吐血,一吐半痰盂。都认为是九死一生,幸在大城市医院,用保守疗法,幸免于难。"未提吕恩半个字。

而对于同期发生的事情,吕恩在文字中是这样描述的:

"1940 年暑假……我们快开学了,我接到一位朋友从重庆来信,他要回上海希望能见我一面,我计算来往还能赶上开学,便匆匆离开了江安……"

"来重庆不久,我的朋友突然大出血,送南岸医院,我陪床,一个多月后病愈。我学校回不去了,他上海也没去成。我们在重庆要吃饭,要生活,要躲警报。我们只好到南岸长生桥教育部第二巡回施教队暂时安身。"

"次年夏季……我已有了一个三个月的孩子,我们的结合是在无可奈

何中凑成的,没有感情。"①

1941年8月中旬,吕恩即离开了定和,去重庆郊区覃家岗青年剧社报到。允和与吕恩一直是很好的朋友,面对他们的争吵与分手,允和很无奈。有光回忆说:"吕恩之前和张允和的弟弟张定和结过婚,那时候年轻,吵架,张定和的脾气也不好,吵架以后离婚,生一个孩子,叫张以达,非常好,是有名的作曲家。张以达有一个女儿,钢琴弹得好得不得了,现在到美国去了。两个人离婚以后,吕恩和我们还是照样往来,跟张允和关系很好。"②

这段短暂的婚姻使定和在很长一段时间内不能振作起来。他一个人带着孩子独自艰难地生活,直到1946年2月,他才在家人的撮合下,与王令诲结为夫妻。

1943年2月5日、6日,定和在成都举办了个人音乐会,演奏他抗战以来创作的部分歌曲。不久,定

定和与王令诲结婚照

和又在重庆举办了个人作品演奏会。1946年8月,"张定和音乐作品演奏会"在上海隆重举行,节目均为抗战歌曲:《抗战建国歌》《江南梦》《流亡之歌》《嘉陵江水静静流》《艺术战壕颂》等。上海《大公报》出了一期《定和特刊》,亲朋好友纷纷为他捧场,四姐充和为刊头题字,沈从文撰写了《张定和是个音乐迷》。吴祖光在《写在演出之前》称:"许多艺术家在这次抗战里展露了他们的天才,定和先生该是其中值得骄傲的一个……"

新中国成立后,定和历任中央戏剧学院教师、中央戏剧学院艺术研究室研究员、中央实验歌剧院作曲、中国歌剧舞剧院创作员及指挥等职。先后为田汉《十三陵水库畅想曲》、欧阳予倩《桃花扇》、陈白尘《大风歌》,以及《霓虹灯下的哨兵》《铜雀伎》《阿Q正传》《天鹅》《夜袭》等大家耳熟能

---

① 吕恩:《回首我的艺术人生》,中国戏剧出版社2006年版,第5~6页。
② 李怀宇撰写:《周有光百岁口述》,广西师范大学出版社2008年版,第81页。

详的话剧、歌剧、舞剧、电影谱写了音乐,创作了一百多首脍炙人口的抗日爱国歌曲及抒情艺术歌曲。1987年,《铜雀伎》作为唯一的舞剧参加中国第一个艺术节,荣获创作一等奖,成为中国歌剧舞剧院的保留节目。1992年,定和获得国务院颁发的政府特殊津贴。2002年,获第二届中国音乐金钟奖荣誉奖。面对荣誉,他谦虚地说:"我搞创作的时间不短,写的东西也不算少,但自觉少有建树,感到惭愧。"

作家张昌华先生曾托宇和代信,想去采访他。他回信谦云:"回忆我自己走过的路、做过的事,无非是风云际会,多出自偶然。早年曾在戏剧学校工作,写了一些话剧插曲。曲随戏定,戏不演了,曲遂无用。自忖并无建树。"并引沈从文的"我和我的读者行将老去",以乏善可陈、"静"度晚年而婉拒。①

回顾定和的人生,充满艰辛坎坷,且备尝荣辱。他自幼身体弱单薄,九死一生;抗战期间,多次死里逃生;"文革"时被批斗,精神与身体都备受摧残。做过农夫、牧羊人和伙夫,整整十二年远离他视若生命的音乐。好在,后半生,他有王令恪相伴,并育有以遒、以童、以连三个孩子。2011年春,他以九十五岁高龄谢世。

"白云飘,青烟绕,绿荫深处是我的家。小桥呵,流水呵,梦里的家园路迢迢呵……"音乐的魅力穿越了时空,虽斯人已逝,但其留下的旋律依然回响着。

自然之子

孟夏草木长,绕屋树扶疏。众鸟欣有托,吾亦爱吾庐。
既耕亦已种,时还读我书。穷巷隔深辙,颇回故人车。
欢然酌春酒,摘我园中蔬。微雨从东来,好风与之俱。
泛览周王传,流观山海图。俯仰终宇宙。不乐复何如!

——陶渊明《读山海经》

---

① 张昌华:《张充和的少作与张定和的绝唱》,《文汇读书周报》,2011年12月9日。

宇和是张家的第四个儿子,是个植物学家,是张家姐弟中唯一一个学习自然科学的人。

在充和的记忆里,宇和特别会照顾人。养祖母去世后,充和从合肥回到苏州,像是土包子进了城,什么都不懂。几个姐姐都出去上大学了,家里照顾陪伴她的是宇和。"抗战开始后他陪着我从苏州一直跑到成都,他不但照顾我,还照顾叔叔一家,他的个性很成熟稳重,从来没见他发过脾气,做事非常周到的。"①

宇和与充和一样,生下来没多久就被抱养走了。抱养他的,是祖父张华奎的姨太太,他们叫姨婆婆。姨婆婆没有儿子,只有一个女儿。旧社会的姨太太没有地位,没有儿子的姨太太更没有地位,在大家庭里抬不起头来。为了让姨婆婆有男丁接续香火,善良的陆英把宇和抱给了姨婆婆做孙子。从此,宇和跟着姨婆婆过,叫姨婆婆奶奶,所以宇和很小学会了照顾人。

也许因为有相似的经历,充和与宇和特别接近,在心理上也对宇和有更多的认同。2006年,当宇和去世的消息传到美国康涅狄格州,充和几乎不能自已。

充和回忆说:"宇和是个植物学家,也很懂音乐,艺术感很好。"宇和最早的创作就是《九如社社歌》歌词,当时他不过十岁,写的歌词已经有模有样了。宇和篆书的字也写得很好。他小的时候,武龄曾有意培养他对篆书的兴趣。武龄自己很喜欢古文字学,并花了很大的精力去研究篆书。家里到处写满了难以辨认的篆书,这些曲里拐弯、难以辨认的字引起了正在上小学的宇和的极大兴趣。于是宇和就把自己背得出的唐诗用自认为是篆书的字一本正经地写在一个小本子上拿给父亲看。武龄一方面肯定宇和的热情与认真,另一方面开始教宇和篆书的写法。虽然宇和后来没有往篆书发展,但他对书法的爱好却未有退减。他的字清秀端丽,别有一番风味。

张家的孩子由于受家庭的影响,成人后多往文学、艺术、教育等方面

---

① 苏炜:《天涯晚笛:听张充和讲故事》,广西师范大学出版社2013年版,第81页。

发展,只有宇和因为九如巷得天独厚的条件,研究起园子里的花草果蔬,最终选择了植物学作为一生的研究方向。他十三岁左右已经读了不少植物学、农学方面的书籍,收集了各种植物的种子,并以家中的院子为实验场所进行实践。他对九如巷的院子进行了全面的规划,划分为种植果树、种植花草、种植蔬菜的区域。他最喜欢的是种蔬菜。他看书上说,虫子喜欢在夜里出来吃蔬菜,因此,半夜里经常一个人打着手电筒在菜畦里捉虫子,乐此不疲。经他打理的瓜果蔬菜也的确长势良好,得到了从农村出来的干干们的肯定。

十八岁时,宇和去日本留学,进入东京帝国大学,学习农学。但没多久,"七七事变"爆发,宇和回国。这时,苏州的家人已撤到合肥,他也回到合肥,经充和提议去成都找二姐允和,于是两人一路艰辛赶到成都。三姐弟团聚后,充和去了昆明编教科书,宇和则留在成都上了金陵大学,读农科。

金陵大学的农科,是当时全国最好的农科,汇集了美国几所著名的农学院出身的现代农学家。在金陵大学农科学习期间,宇和是品学兼优的好学生,得到了金陵大学生中最高荣誉金钥匙奖。鉴于宇和出色的学业成绩,毕业后,他被留校任助教。

1943年夏天,张家姐弟决定,由宗和一家和宇和一同回合肥去。宗和回去解决家里的田产等问题,宇和则发挥之长,回去可以办农场。"回到安徽想办农场,我们自己的田地,当时新的思潮想办农场,不用佃户来收租"①,设想虽好,但种种复杂情况是这群年轻的兄弟姐妹们没有考虑到的,最终未能实行。

兄弟姐妹们不知道的是,宇和跟大哥一家回乡,忍痛放弃了当时金陵大学公派留学丹麦的机会。宇和金陵大学学生时代的同宿舍好友盛绪敏,后来对宇和的夫人周孝棣说:"当时他回去,我们都为他惋惜,放弃了公费留学的好机会太可惜了。"周孝棣说宇和回去是服从亲情需要,他从未对任何人主动提起过公费留学之事。宇和极重情意,尤其是对家庭亲

---

① 《张寰和:九如巷的张家旧事》,《苏州日报》,2013年10月28日。

情,"他视手足亲情重于一切"①。

因为这一次错失良机,抗战胜利后,当七弟宁和准备去法国留学时,他积极想办法筹措经费,这"足以说明他对去国外学习的态度"。

在合肥,虽然农场没办成,但回乡是受兄姐们之托,因此,他将家中田产情况进行了整理,用科学方法把账目记得清楚明白,并定时制成报表报告给兄姐们,在报告中有设想、有建设。周有光收到报告后说,这可以作为学位论文,对其事无巨细、认真细致、一丝不苟的态度及报告的科学程度评价非常高。

由于最初的目的难以实现,宇和还是希望能回成都金陵大学继续任教,但此时归途已受阻。不得已,在金陵大学同学贾宏宇的介绍下,他到立煌担任了安徽省农业改进所园艺部主任。

在立煌时,宇和与周孝棣相识,并结为夫妻。周孝棣的曾祖是淮军的名将周盛传,张家有女儿嫁到周家,周家也有女儿嫁到张家。周孝棣的姑妈是张家的媳妇,和宇和的几个姐姐关系都很好,她将周家两姐妹——姐姐周孝棣和妹妹周孝华分别介绍给了宇和和寰和。

1945年抗战胜利后,宇和与周孝棣一起离开立煌,回到苏州,与兄弟们一起为乐益女中复校忙碌出力。周孝棣毕业于东吴大学,在乐益女中担任化学老师,颇得学生们的喜爱。1953年秋,周孝棣调任南京工学院化工系任教。

新中国成立后,宇和被分配到江苏省农林厅工作,1956年调入中山植物园任助理研究员。宇和对个人得失很少计较,但对于损害集体利益的事却从不沉默。20世纪70年代末,有领导要

宇和全家福

在植物园内兴建办公室,大家虽然都认为此举将破坏植物园的规划,极不合适,但大都敢怒不敢言。宇和为了维护植物园的利益,挺身而出,以个

---

① 周孝棣:《不思量,自难忘:抹不去的点点滴滴》,《水:张家十姐弟的故事》,安徽文艺出版社2009年版,第306页。

人名义多次上书力陈弊端,经过不懈努力,最终取得了南京市城建局和园林局的大力支持,此事才得以平息。由于他做事雷厉风行,因此他的朋友袁延年赠他一个雅号——淮勇,一是因为他是淮军著名将领张树声的后代,二是他做事勇往直前确有淮军作战的气概。

在专业上,宇和也颇有建树。1964年,应上海科技出版社之约曾翻译出版日本松本和夫的《柑橘栽培生理》一书。相继出版了《中国果树志:板栗榛子卷》《果树砧木的研究》《现代果树科学集论:果树引种驯化》《植物的种质保存》《植物的"驯服"》等植物学著作。

退休后,宇和担任《园艺学报》的编辑,他积极为植物学专业的年轻人作嫁衣。此外,他利用整理园子挖出的树根做根雕,创作了不少传神的雕刻作品。2006年,宇和去世,他要求家人不要立碑,而是将自己的骨灰撒在南京植物园,与园里的土地融为一体。

坚守乐益

> 亲爱的老井啊!
> 你滋润了故园中的花花草草;
> 你滋润了心里美的无花果树茁壮成长;
> 你更滋润了九如巷人们意气昂扬!
> 亲爱的张家人,归来吧! 老井在呼唤你,
> 呼唤你归来享受老井水的清澈有清香!
>
> ——张允和

五弟张寰和是位教育家。

在哥哥姐姐面前,寰和是"小五弟"。张家四个女孩排行在先,称作"大毛""二毛""三毛""四毛",往后几个都是男孩,都唤作"哥"。三姐夫沈从文追求兆和时,给弟弟们讲故事,寰和就拿自己的月费买汽水给他喝,因为受了寰和的优待,沈从文一直称他为"小五哥",特别写故事给他看,有些故事文末特意写明给张家小五哥,如《月下小景》中的《女人》注

明为张家小五哥辑自《杂比喻经》,《扇陀》注明为张家小五哥辑自《智度论》。"讲的有些是佛经故事,当时我也看不懂,沈二哥说,你将来会看懂的。"

曾经的九如巷里,"学校占地二三十亩。家就在学校的后面,家和学校有一个门是通着的。张家九如巷住处在学校之前是一块空地。爸爸买下来这块地造起了房子,这是 1921 年的事情。"而几十年后留给张家的,已经很小很小了。姐姐兄弟们回来,只能是"男归男,女归女",大家挤在一起打地铺。即便如此,寰和与夫人周孝华一直坚持住在这里。"如果我们也走了,根没人守了,家就没有人了。所以,我们不走。"不仅如此,他们坚持在房产证

帅气的张寰和

上写下兄弟姐妹十人的名字。这是张家的根。

早在抗战前,武龄就希望自己的儿女中有人能接手管理乐益女中,元和回来过、充和回来过、宗和回来过,然而,他们都有自己的事业,来了,又都走了。最后,留下的是"小五弟",接过乐益,接过九如巷,几十年如一日,为大家坚守住这永恒的宁静与温馨,守住一方永远的精神家园。如今,院子里百余岁高龄的水井和无花果树仍然还在,承载着张家人儿时记忆的九如巷,成为张家及张家后人梦里寻根的精神寄托。

1936 年,寰和考进复旦大学新闻系。但读了不过一年,战争就爆发了,寰和只得跟着家人逃难。先回苏州,再到合肥,不久合肥也局势紧张,寰和又跟随家人到了武汉。在沈从文的推荐下,转学到武汉大学。但武汉大学没有新闻系,征求寰和的意见把他安排到了政治系。

在武汉时间虽不长,但寰和却记忆犹新。与沈从文一同从北京过来的有一大帮朋友,大家借住在武汉大学珞珈山前东湖畔的一幢松木小屋里,寰和也与沈从文及其朋友一起住,四人按年龄排行,兄弟相称,"沈从

文是沈二哥,萧乾是萧三哥,当时北大文学院长杨振声的大儿子杨文衡称杨四哥,我是小五哥"。松木小屋的凉台栏杆上,搭拼了不少"福"字,大家于是将小屋称之为"五福堂",并尊称沈二哥为"五福堂主",沈从文欣然以一家之主自居。

1937年11月,北京大学、清华大学、南开大学在湖南岳麓山下组成了长沙临时大学,寰和随沈从文等离开武汉,到了长沙。遂后日军又沿长江一线步步紧逼,长沙临时大学又于1938年2月迁入昆明;4月,改名国立西南联合大学。寰和一路跟着,进入西南联大政治系学习。

到昆明后,寰和在学校里住,周末经常去三姐兆和家蹭饭,因而结识了很多人。沈从文和兆和也对这个小弟很照顾。

1941年,寰和从西南联大毕业,经清华大学历史系主任蒋廷黻介绍,到重庆行政院工作。抗战结束后,他跟着大哥、四哥也回到合肥,准备一同将田产改办农场。但没有成功,便留在合肥教书。当时家里帮他定了亲,未婚妻周孝华也是宇和的妻子周孝棣的妹妹,战前,在合肥乡下避难时,寰和就曾看到过周孝华,当时周孝华只有七八岁的样子,而张寰和已经十七八岁了。此时,周孝华还在聚星中学读书,是寰和的学生。1945年,寰和与周孝华结婚。结婚那天,正在上海国立音专读书的小弟宁和,特地从上海赶来,为五哥五嫂演奏了婚礼进行曲。

1946年7月,十个姐弟回到苏州,再一次召开家庭会议,商议乐益女中由兄弟姐妹中谁接手办下去。当时其他的兄弟姐妹各自都有了工作与家庭,有的在北京,有的在上海。由于国民政府回迁南京,寰和那时已经不在行政院工作了,宗和在立煌古碑冲安徽学院的工作也告一段落,所以大家商量,就让宗和与寰和接手恢复乐益的相关工作。1946年乐益复校,再次招生。先是由大哥宗和做校长,1947年宗和去贵州大学教书,离开苏州,由寰和接办。从此,寰和再没有离开过苏州。张家孩子各有才学,各有志向,好男儿更应志在四方,寰和也曾想往北京发展,但为了父亲留下的这份重担,他留下了。这时,他和周孝华已经有了第一个孩子。周孝华接着在乐益女中继续完成学业,好多人认为他们是师生恋爱,其实他们早已经是夫妻。

乐益女中才恢复的时候,十二岁的沈龙朱跟妈妈兆和一起留在苏州,在苏州念了一年初中。他回忆说,这一年,是非常开心的一年。乐益又成为张家下一代的乐土。

1956年,私立学校由政府接管,乐益女中被并入了苏州一中,寰和被调往苏州第六初级中学担任校长,而后六中又分开并入五中和新苏示范,寰和调到第八初级中学,即现在的"景范中学",继续担任校长,直到退休。其间经历了"文革",被关进牛棚,后又下放到江苏射阳劳动。

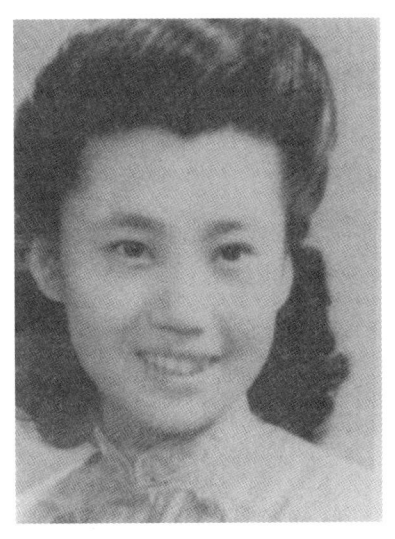

宇和之妻周孝华

寰和一生低调,在邻居们的眼里,这个在九如巷走进走出的,就是一个善良、普通的老人。景范中学的老教师和那些与他共过事的同事对张校长的印象则是儒雅、诚挚、平和。

小的时候,姐姐们组织了"水"社,哥哥们则组织了"九如社"。那时,姐姐们和哥哥们都很忙,他们忙着写社歌、定社规、出版杂志,还常常开会讨论社里的事,因为寰和年岁小,他们都不愿意带他。不服气的寰和索性自己另立"山头",成立了"涓流社",在邻居中招兵买马。七十年后的寰和,接过了二姐允和于1996年复刊的家庭刊物《水》。从第十三期开始,《水》改在苏州出版,直到第三十三期,都由寰和与夫人周孝华接办,寄到各地,发行数量也由复刊之初的二十五份增至三百份。寰和非常有才华,在重庆时,与三哥定和合作,由他作词,三哥谱曲,创作了《风萧萧》《江南梦》《当兵去》《抗战建国歌》《江南昔日风光好》等作品。此外,他还有《山居杂忆》《忆昆明》《昆明湖畔》等文章刊登在报刊上面。又受父亲武龄的影响,从小喜好摄影,为家人与友人拍了许多珍贵的纪念照,张家四姐妹早年留下的大部分照片基本上都是寰和拍摄的。

寰和在坚守九如巷的同时,如燕子衔泥般整理着姐姐哥哥们的档案,开始是无意识地留存,后来变成了有意识地归纳、整理,他尝试学习档案馆的做法,将刊载家人文章的报纸裁下,收集家人已发表出版的文章书籍及限量印制的书法诗集等,并在此基础上进行分类,重做一份珍贵的家庭档案。"每人一个部分,有的资料少,一个档案盒都没装满,有的就比较多,要好几个档案盒。"①

2014年11月21日,合肥张家第五子,沈从文笔下的"小五哥"张寰和于苏州辞世,享年九十六岁。"谦谦有礼,君子之美",亦成历史。

交响指挥

> 和以致福,善可钟祥,承熙永誉,邦家之光。
> ——张家"和"字辈以后的谱系

宁和是合肥张家长门长孙"和"字辈中最小的一个弟弟。在他之前,母亲韦均一还生育有一个女儿(育和)、一个儿子(宣和),但生下来不久都夭折了。为了纪念宣和,所以宁和后来被姐姐哥哥们称为七弟。

宁和自小体弱多病,作为母亲韦均一唯一亲生的孩子,韦均一对他的照顾既小心翼翼,时时处处都考虑得十分周到,又非常严格,甚至包括每天的作息。允和一直记得这位小弟每天在早饭后被迫坐在马桶上苦兮兮的样子。

虽然宁和与姐姐哥哥们不是一母所生,但他与姐姐哥哥们的感情却一直很深。也许是受三哥定和的影响,宁和从小也喜欢音乐。他很自觉地刻苦练习小提琴,寰和在合肥结婚时,宁和还特地从上海背着小提琴到婚礼上去演奏,为五哥五嫂的婚礼增色不少。

抗战胜利后,宁和想去法国巴黎音乐学院学习,得到了全家人的支持。姐姐哥哥们虽经济不宽裕,但都鼎力相助,用最短的时间筹集到了留学所需的费用。宁和在法国师从一位颇有声名的指挥家学习指挥,并顺

---

① 褚馨:《名人档案:寻找那些遗失的历史拼图》,《姑苏晚报》,2012年6月10日。

利地完成学业,成为当时国际青年交响乐队中唯一的中国人。在那里,他遇到了比利时国家乐队的终身小提琴手吉兰,两人一见钟情,相亲相爱并结为终身伴侣。允和与周有光从美国"绕地球一周"返回中国时,曾到法国看望宁和、吉兰夫妇,并请这对经济拮据的小夫妻出去饱餐了一顿,算是改善伙食。

宁和与吉兰

新中国成立后,宁和、吉兰夫妇回国参与祖国建设,宁和被任命为中国交响乐团第一任指挥。当时,吉兰的母亲对小夫妻俩不放心,随后也跟到北京,与他们一起住了一阵,看到他们在北京的生活虽然说不上豪华,但平和、安定、幸福,这才放心归国。宁和本来希望一直定居北京,在国内发展,但在回比利时探亲问题上遇到了麻烦。1960年,当他们夫妇申请一同回比利时探亲时,因为新出台的政策规定,只能吉兰一个人走,宁和不能走了。宁和急了,后经过多方努力,两人才被批准同时走。谁想这一去,待他们再次踏上故土,已是近四十年后的事了。宁和夫妇定居比利时后,有三个孩子,女儿以大,儿子阿蓝和张弟弟。

1999年9月19日,宁和与吉兰在离开中国近四十年后,从布鲁塞尔回到北京,与家人团聚。二姐允和、三姐兆和、三哥定和、四哥宇和、五哥寰和等在国内的姐妹兄弟都赶来相聚于北京后拐棒胡同允和家中,这是继1946年聚会后的又一次相聚。

全家福(1946年上海摄),左起,前排:周小平(允和子)、沈龙朱、沈虎雏(兆和子);二排:元和、允和、兆和、充和;三排:顾传玠、周有光、浓从文;四排:宗和、寅和、定和、宇和、寰和、宁和

只是,这也是张氏十姐弟之间最后的一次聚会。

宁和于2004年去世,享年七十九岁。

第十章 诗礼传家启示录

◎

君子之所以教者五:有如时雨化之者,有成德者,有达财者,有答问者,有私淑艾者。

——《孟子·尽心上》

有人曾问一位诺贝尔奖获得者:"您在哪所大学、哪个实验室学到了您认为最主要的东西?"这位白发苍苍的获奖者回答:"在幼儿园。"提问者一下愣住了,又好奇地问:"在幼儿园您学到些什么?"获奖者认真地回答:"把自己的东西分一半给小伙伴们;不是自己的东西不要拿;东西要放整齐;吃饭前要洗手;做错了事情要表示歉意;午饭后要休息;要仔细观察周围的大自然。从根本上说,我学到的全部东西就是这些。"

人生百年,立于幼学。著名教育家叶圣陶认为,教育就是养成良好的习惯。教育专家孙云晓也说:"养成教育是最根本的教育。"一个人在幼年时期所受的教育,所形成的良好习惯与健康人格对其一生起着决定性的主导作用。张家十姐弟在各自的人生发展中各有所长,各有所成,可以说正是深厚的家庭文化熏陶的结果,也是父亲武龄对他们心智、精神影响的结果。俗话说"三代培养一个贵族",一个家族要建立起一种足以影响家风的家学渊源,需要经过几代人的努力,才能在家族内部形成一种自觉的文化气场,在这个气场下,使得家族的一代又一代在潜移默化中得到熏陶。良好的家风熏陶,促使家庭成员良好的生活习惯、志趣爱好、道德品行的养成。家长的人文追求、志向喜好、品质道德等通过日常生活影响着子女的成长及人格形成,使子女的世界观、人生观及行为习惯都刻上了深深的家族烙印。

张家家庭教育的成功,近年来引发了社会各界的关注。尤其是提起张家四姐妹,有人说:"那样的环境,那样的家庭,那样的时代,熏陶出那样的大家闺秀,已经是最后的绝唱了。"绝唱是怎样唱响的?我以为有以下几点:一是耕读传家德为本;二是立身立学重读书;三是以身作则树榜样;四是顺其自然任发展。

耕读传家

"公祖讳世科,太学生。考讳杰。皆有名德。"据李鸿章所撰写的《张公荫谷墓表》来看,张家祖上就出过太学生这样的生员,是一个世代读书之家。而张荫谷、张树声,也为秀才出身。

在没有建立起完整的公共教育体系的时代,家庭教育至关重要。家庭教育的成功与否,不仅是关系到子女是否能出类拔萃,也是家族巩固和兴盛的关键,甚至是一个家族在整个国家和社会政治生活中的立足之本。"所谓治国必先齐家者,其家不可教,而能教人者,无之。故君子不出家而成教于国。"把"修身""齐家"作为"治国""平天下"的基础,作为关系国家和社会兴亡的大问题对待,足以说明家庭教育的重要性。

肥西张氏家族自其始迁祖张鳌公起,就一直敦行"耕读传家"的传统,肥西《张氏族谱》中《蓝畦张赠公家传》称:"自鳌公至冠群公,世有隐德,乡里推为善门。公生而岐嶷,长而敦敏,积学励行,惟日孜孜。道光己丑,督学穆堂胡公案临本郡,得公卷,大异之,遂补郡博士弟子员。"张鳌公为其后辈树立了榜样。特别是张荫谷,对子女的教育更加重视。张荫谷早年未能达到自己预期的功名，因此更加关注九个儿子的教育，"垦荒不忘读书"，以期"耕读传承家声"。白天耕作，晚上与儿子们共读，教授他们做人行文之法，"至深夜仍然娓娓不倦"。

张树声随从李鸿章、曾国藩以镇压太平军和捻军起家，但本质上仍为一介书生，有着几千年文人建功立业的远大抱负，他希望国富民强，因此写下了大量的奏议向朝廷献计献策。对于"外患"，他认为中国应对之道应是"育才于学堂，论政于议院……务实而戒虚，谋定而后动"。他还身体力行地在广东兴办西式学堂，认为要掌握西方知识，必须要进行西式教育，"不从学堂出者，大抵皮毛袭之，枝节为之，能知其所当然，不能明其所以然也"。

从张树声本人来看，他身上有儒家子弟的不少特质。他为人做事积极主动，善于抓住机会，从而成为淮军的先头部队；他为官多年，却少有官僚之气，作风务实；他不因循守旧，大力提倡西学，改革旧制。在传统中不断创新，在静默中勇于进取。

我们无从了解张树声是怎样教育孩子的。但从他给三弟树槐的信中，可以看到他对家中子弟勤俭持家、刻苦读书以求功名的期望。从张华奎于光绪十五年（1889）登进士三甲，且为官后"秉公办事，长于交涉，敏于除弊，舆情悦服"的处事之道，也可以从侧面说明张树声在家庭教育上的可圈可点。

虽然张武龄八岁时张华奎即去世，但生活在这样家庭里，武龄从小就养成了关心世事、阅书读报、手不释卷的习惯。一种自我期待和一般家庭所不具备的人文气质潜移默化地固化下来。在五四运动之前，武龄就常常思考：祖父靠战功留下的家业，该怎么用才最有意义。他思考的结果是办一所他理想中的学校。此后他以毕生之力用于办学。乐益女中办学十七年耗资二十五万银圆，"这桩事业手笔之大，令人叹为观止"。应该说，这反映了武龄办学的决心和他独到的教育理念。在家庭教育上，他吸收了五四思想中"民主、平等、尊重"等理念，营造了一个爱读书、温馨、自由发展的环境与氛围，使孩子们在家庭的耳濡目染中，将"诗礼传家""书香门第"秉性相传，造就了在文学、历史、戏曲、书法、音乐上各有所长的十姐弟。

武龄虽然对于孩子在兴趣爱好的选择不多加干涉,不将自己的观点强加于孩子,但他却非常在意引导孩子们的德行。比如,他觉得女儿们玩带赌博性质的牌戏不好,就采取以利诱之的方法,答应她们能登台唱戏就给她们做漂亮衣服,引导她们学习昆曲,转移她们的兴趣,最终培养了孩子们这一高雅的终生爱好。

定和一直记得儿时的一件事:

在我童年时,一个星期天,我和四弟宇和在父亲办的乐益女中的雨中操场上,拿了体育课用的童子军棍四根,做成两副高跷踩着玩。被父亲看见。父亲严肃地对我们说:"这是学校的东西,不是我们家的东西,你们不能随便拿来玩。"我原以为学校是我父亲出钱办的,我玩一会儿再放回去,应该没有什么关系。后来才知道,学校虽是私办,但已经成为一个社会事业,就应该是"社会的"了,当然也就是"公的"了,不能公私不分。这次教训,我一辈子都牢记在心。①

充和在养祖母识修身边亦是如此。充和印象中的养祖母,博学、有礼,富有同情心,且不拘泥于旧俗,一生都保持着每天早起吟诵古诗词和经书的习惯,从不间断。充和才会说话,就能随口背诵心经等经书,养祖母的书房里,十三经、二十四史等各类典籍、诗词歌赋应有尽有,使充和从小养成了读书的习惯,并把读书视为最大的乐趣,直到九十多岁她仍然每天练习三个小时的书法。养祖母识修还教充和日常生活坐、立、行的姿态,以及在长辈面前要恭敬、在别人说话时不能插嘴等各种礼仪。浸润于良好的家庭教养,才有了后天博学多才的大家闺秀。"她自童年时期时便走进了古典的精神世界,其中有经、史、诗、文,有书、画,也有戏曲和音乐。换句话说,她基本上是传统私塾的出身,在考进北大以前,几乎没有接触过现代化的教育。进入20世纪以后,只有极少数世家——所谓书香门第——才能给子女提供这种古典式的训练。"②

家庭是孩子成长的始发地,家庭教育是一切教育的起点和根本。尤

---

① 张定和:《定和自叙》,《水:张家十姐弟的故事》,安徽文艺出版社2009年版,第171页。
② 白谦益编:《张充和诗书画选》,生活·读书·新知三联书店2014年版,序言。

其是孩子的早期培养和教育尤为重要,"人在年少,神情未定",有很强的可塑性,家庭采取正确的教养态度和教育方法,有利于孩子形成良好的品德习惯,为孩子日后的全面发展、成为身心健康的社会人打下坚实基础。

立身立学

韦均一的弟弟韦布一直认为,武龄的富,"富在他的精神生活,可贵在他满身满屋书卷气"。

"立身以立学为先,立学以读书为本。"武龄深谙此中的道理。他对书籍的热爱,对知识的渴求,孩子们都看在眼里。在元和的记忆里,"父亲最喜欢书,记得小时候在上海,父亲去四马路买书,从第一家书店买的书丢在第二家书店,从第二家买的书丢在第三家书店……这样一家家下去,最后让男仆再一家家把书捡回来,住的饭店的房间中到处堆满了书"。

搬到苏州后,在离寿宁弄不远的观前街上,有两家规模较大的书店,武龄经常光顾,一来二去老板、伙计都与他熟悉了,之后书店进了新书,每样一本,店主会主动送到张家来。"当时苏州的缙绅富户不少,但像父亲这样富在藏书、乐在读书的实在不多。"家里,"四十平方米的两间大屋里,四壁都是高及天花板的书架,摆得满满的线装书,整整齐齐"。他的藏书非常之多,既有善本,有当代"许多流派的新书名著";"也有大量的宋词、元曲、传奇、唱本、各式各样的戏剧论文和剧本,其中也包括中、苏、日本最新的剧本"。他还订阅有二十几种不同的报纸,既有周报、日报、晨报、晚报,也有最流行的小报或传奇类报刊,每天一一翻阅浏览。

武龄为孩子们营造了一个爱好读书、自由读书的环境。而且,在张家书从来不是放在书架上做样子的,"我们家的书到处都是,连地上都堆满了书报"。孩子们可以自由地翻阅,武龄从不限制。新书如此,古书、藏书也是如此。在寿宁弄八号的家里,共有四个书房,父亲一个,母亲一个,孩子们共用两个。孩子们将阅读看成是一件必不可少的事,如同吃饭、睡觉一样,是生活中非常自然而然的事。所以女儿们在少年时代就在家中组织了"水社",创办社刊《水》,展示自己稚嫩的作品,以示对文学艺术的追求。而后几兄弟不甘示弱,随之成立"九如社",推出社刊《九如巷》。

因为读书,因为诗书之家的文化与礼仪,给孩子们的童年和青少年时期的生活带来了巨大的快乐,使孩子们到老都认为在苏州的日子是一生中最幸福的日子。允和说:"每天早上一吃过饭我们就往花厅跑,上午读书,下午唱戏,从没觉得读书是件苦事情,我一生再没碰到过这么美的书房。"

"张家的读书风气很浓。"不仅孩子们对读书有浓厚的兴趣,甚至保姆们也对认字读书唱戏产生了兴趣。为帮助孩子们认字,陆英让人做了很多卡片,一盒子一盒子装着。没事的时候,就拿出一盒子,让几个孩子比赛,看谁认得多。后来,陆英又带动保姆们一起认字读书。干干们虚心向孩子请教,大家你追我赶,比谁认的字多,有的干干因此养成了阅读的习惯,主动买书读。因为环境的习染,最终形成了自然而然的习惯,如同天生的品格。

读书的作用是不言而喻的。因为喜欢读书,孩子们将求知的触角伸向四面八方,从各个领域或门类中吸取营养,如哲学、美学、经济学、音乐、书法、绘画,并且这些营养悄悄地融进了孩子们的血液、精神、行动之中,对孩子们的学习生活、兴趣爱好发生作用,在不知不觉中改变着孩子们的人生轨迹。林语堂说:"读书的意义是使人较虚心,较通达,不固陋,不偏执。"纵观张家十姐弟丰润的人生及平和宽厚的性格,确实如此。

以身作则

寅和在给大哥宗和的信中说:"有一次看高尔基《我的童年》,里面的外祖父一家相互之间的阴刁恶毒,难以想象(两个舅舅吵着分家,敌视,搅得全家不宁,暗害高尔基的父亲和雇工)。我觉得我们姐妹兄弟之间就从未有过这类心思,即使在分产时,我也不记得'我们'之间有何不快。也许有人说我们各人有职业,所以不在乎,有也好,没有也好。但我觉得并非如此,这是从小养成的基本看法,否则,'越是有,越是贪',也许是会闹口舌的。关键是我们上一辈看了爸爸的样,下一辈看了你的样,于是心平气和,什么事也没有了。"①

张家的孩子成年后对家乡的田产进行了分配,既没有重男轻女,更没有你争我抢,男女平等,平均分配,武龄的妹妹虽然出嫁多年,但她仍然有一份,姐弟还把最好的一份给了继母韦均一。

孩子们认为之所以大家都能平和对待钱财、家产,是因为有父亲与大哥的榜样。武龄将毕生精力及全部家产致力于乐益女中的办学。一般而言,办私校,校主最终是营利的。而武龄办学,却实实在在是一种为社会谋福利的奉献精神,为女子接受教育、为男女平等尽自己力所能及之力。乐益女中不仅所收学费低廉,而且每学期设减免费额给品学兼优或家境清寒的学生。"学校每年的学费收入不及三千五百元,而教职工薪金开销达九千元以上,差额全由武龄补足。"每逢开学,元和等姐弟都不确定是否能各自返校继续求学,他们都知道,要等乐益女中筹足该学期的经费,若有多余的钱,他们才能成行。所以,成年后姐弟们金钱观念都比较淡泊,虽然从小生于富贵之家,但都能自食其力,在生活中量力而行,既不攀比,也不浪费。

武龄因为接受了"五四"新思想,对于旧的礼教、旧的习俗非常反感,他对孩子们讲"民主",讲"平等相待",讲"尊重",对家里雇佣的保姆、长工等也讲"民主",讲"平等相待",讲"尊重"。定和回忆说,高干干的外孙丁仲元曾写信告诉过他一件事:"我在教职员办公室找到大先生把话说完了就退着往门外走,刚要转身跨出门槛时,被大先生叫住了。他说:'你这样退着走出去不好,这是旧的礼仪。以后要改掉,去吧。'宗和先生虽语气平和,但面色愠怒,显示出其对旧时代的一切不合理的东西的厌恶和憎恨。"定和说:"从这里可以见到我父亲给大哥的影响,可以间接地感觉到我们的父亲的思想和为人。我父亲的为人所称道的事,在此不及一一赘述。他给我们姐妹兄弟的慈爱和言传身教,使我们终生享用不尽。从这点说,我们作为他的儿女,是幸福的。"②

---

① 张寅和:《家书抵万金》,《水:张家十姐弟的故事》,安徽文艺出版社2009年版,第258页。

② 张定和:《定和自叙》,《水:张家十姐弟的故事》,安徽文艺出版社2009年版,第177页。

这种影响不仅对于第二代,在第三代、第四代身上仍然延续着。寅和的女儿以韵说,父亲对待子女男女平等,小的时候看到邻家弟弟一手拿糖、一手握饼,而姐姐则只能在一旁眼巴巴地看着,非常庆幸自己有一位开明的父亲。她回忆道:"父亲的不会圆滑、诚实做人的原则,也使他在'文革'中吃了不少苦,但是并不为此而改变自己。平时,他对我们四个子女的教育,不仅言传,更有身教。受父亲的影响,我们兄妹四个对待工作都认真负责,对待朋友真心实意,讨厌攀龙附凤,更憎恶落井下石……我想,这是来自于爸爸的教诲。"[1]

武龄在大庭广众之下很少发言,即便说话,声音也很低,但旁人总能感受到他的乐观精神。他尊重生命,鼓励身边所有的人,包括佣人的孩子,希望他们在生命旅程中有所作为。孩子们从小就知道生命是有目标的,但不必使用蛮力来达到。在父亲身上,孩子们了解到,人性比抽象的原则更加高贵;他们也了解到,人性也不可能与自己所持的原则相违背或起冲突。通情、达理、有志、同情,是父亲给他们的遗产。这些东西加起来不见得能成就一个伟人,然而,有了这些,这一定是一个大写的人。

顺其自然

因为张家十姐弟均有才气,且各有所成,所以时常有人请教武龄的教育秘诀。遇到这样的问题,寰和总是很干脆地回答:父亲从来不管他们,父亲对待他们的态度,就是自由。无论学什么,做什么,哪怕是婚姻都是自主。

事实上,从武龄对女儿的早期教育中可以看出,他对于教育既有理想,又有自己独到的理念。他期望女儿们兼有新、旧学之长,在母亲在世时坚持不让他送女儿外出求学的情况下,他请了三位老师,既有老学究于老师,也有思想进步的王孟鸾,还有教算学、常识、体操、跳舞和英文的女老师吴天然。他与他们一起选编教材,包括《文选》《孟子》《史记》中的各

---

[1] 张以韵:《信中情》,《浪花集》,新世界出版社2005年版,第234~255页。

类文章。"每次提出新的构想之后,就为子女或学生找来合适的老师,然后充分授权,不再干预。"大方向把握住了以后,老师、孩子们都有自由发挥的空间。

在乐益女中,也是如此。乐益各种思想、各种党派的老师并存,"推行通才教育,学生读白话与翻译作品,也不偏废古文和诗词歌赋";既重视文化、体育,也重视各种能力素质的培养与发展。从1932年乐益毕业纪念刊中学生的作品可以看出,"有人写散文,也有人写诗歌、短篇小说或戏剧。有些作品对社会不平耿耿于怀,有时对国家前景充满疑虑……散文中的佳作写得很细腻,分析事理头头是道:有些学生观察日本内务,探讨温和派政治家是否能节制军国主义者;也有人探讨中国与西方及俄国改善关系的利弊;或探讨与日本及得势军阀和解是否值得"。孩子们对于政治、对于社会有自己的想法和观点,无论成熟与稚嫩,都能够自由地发表自己的言论。这个结果,也正是他原来所希望的:女孩子能接受教育,接触新思想,接受新生活,用知识和文化的力量,使她们摆脱旧的陈腐的道德观念的束缚,成为身心健康的对社会有用的人。他期望他的学生不依附于任何人或势力,独立自主,走自己的路。

宇和在苏州中学读书时,学习很优秀。但年少气盛,觉得党义课老师不会讲课,只会照本宣科,于是写信给教党义的老师,建议老师如果没有备课,就多读些书,随信还附上他开的参考书,然后签名盖章,亲自送到老师手里。老师告到校方,校方以故意侮辱师长为名勒令他退学。宇和不服,去找教导主任,教导主任解释说,党义课老师都是国民党党部委员,学校开这一门课是政治任务,他们本来就不是老师,这个你父亲办学应该知道。武龄拿着学校的退学通知,没有发火,听宇和讲了来龙去脉后,他轻声对宇和说,你没有错,教导主任也没有错,然后问宇和以后怎么办。宇和说:"考别的学校。"他点点头,拍拍宇和的手,一句责备的话也没有。很快,宇和就考了另一所学校。

武龄兴趣非常广泛,他喜欢文学,也喜欢科学。他买各种不同的书,也买很多新式的东西,如照相机、电影摄影机、留声机、唱片,等等。他有很多稀奇古怪的想法,韦均一的弟弟韦布因此赠给他一个"张奇友"的雅号。在宗和的日记里,我们可以看到,他想"把乐益变成一所博物馆,把门房的顶上装上玻璃,里面布置星球和宇宙";他想"造滑冰池,又要改造脚踏车,使两轮车变为三轮车";他还曾设想,在大门后一个升旗用的平台上,修建天文台,观察天象。当然,他的这些不太切实际的幻想大多没有实现,但他一直保着一颗天真的好奇心,也愿意与孩子们分享这些奇思怪想。

武龄是个性情温和的人,也从不臧否人物。允和十一岁时,武龄问她喜欢哪个诗人。允和回答是纳兰性德。"这个回答大大出乎爸爸的意料。爸爸好高兴,马上就把《饮水》《侧帽词》的小本子给我。他说:'性德是性情中人,很可惜三十一岁就死了。这样的才子历史上也少见。'"[①]只用简洁的两句话,把自己对诗人的理解及体会告诉了女儿。

就是这样一位在孩子们眼里没有权威、想法奇特、不指手画脚的父亲,却给了孩子们丰富的人生与可以自由把握的未来。正因为他不臧否人物,才能让孩子用自己的眼睛去看世界。正因为他有着广泛的兴趣,并且不强加于孩子,孩子们才会对摄影、戏曲、音乐、书法、文学、新闻等涉猎丰富。正因为他不以父母的权威来好为人师,命令孩子们一定要怎么做,不拿自己的人生阅历做参照物来改变孩子们的人生轨迹,孩子们才有自己的想法与主见,自己解决生活中遇到的各种挫折,自己选择自己想要的人生。

教育专家认为,家庭环境对孩子成长的影响,往往能决定孩子一生的价值取向,左右孩子对人生观、幸福观的评判标准。一个在父母的争吵打骂中成长起来的孩子,他的家庭观念会很淡泊,对社会、对人生的理解也会很偏激,对家庭、对社会缺乏责任感;在一个温馨宽松的家庭气氛中成长起来的孩子,会对家庭充满依恋、对社会对人生的理解宽厚而平和,从而有更多的机会走向成功。张武龄深谙其中的诀窍与奥妙,故能尽自己所能一直都保持着家庭的平和安定,让孩子们能在一种宽松、自由、和睦

---

① 金安平:《合肥四姊妹》,生活·读书·新知三联书店2007年版,第99页。

的氛围里健康成长,让他们顺其自然地成长,孩子们才最终成为有情趣的、乐观积极的、婚姻幸福的、宽容大度的人,最终都快快乐乐地活到了九十多岁,甚至百岁多!

附录 安徽合肥张氏家族世谱图

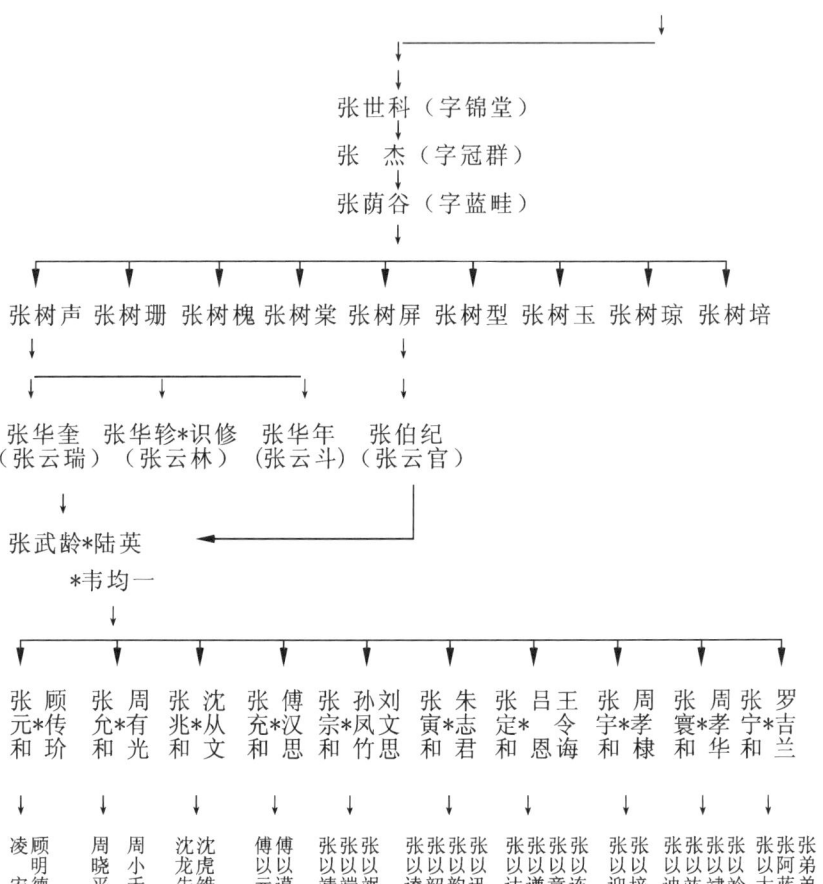

注：在张武龄的十个成年子女当中，除张宁和为韦均一所生外，其他九个子女均为陆英所生。

主要参考书目及文献资料

[1]《合肥四姊妹》,金安平著,凌云岚、杨早译,生活·读书·新知三联书店,2007年12月。

[2]《水:张家十姐弟的故事》,张允和、张兆和等著,张昌华、汪修荣编,安徽文艺出版社,2009年1月。

[3]《张家旧事》,张允和口述,叶稚珊编写,生活·读书·新知三联书店,2014年7月。

[4]《今日花开又一年》,周有光、张允和著,中国文史出版社,2011年9月。

[5]《最后的闺秀》,张允和著,生活·读书·新知三联书店,2012年11月。

[6]《曲终人不散》,张允和著,中央编译出版社,2012年1月。

[7]《浪花集》,张允和、张兆和等编著,新世界出版社,2005年4月。

[8]《昆曲日记》(上、下),张允和著,欧阳启名编,中央编译出版社,2012年8月。

[9]《古色今香》,张充和书,孙康宜编注,广西师范大学出版,社2010年5月。

[10]《天涯晚笛:听张充和讲故事》,苏炜著,广西师范大学出版社,2013年7月。

[11]《曲人鸿爪》,张充和口述,孙康宜撰写,广西师范大学出版社,2010年1月。

[12]《张充和诗书画选》,张充和著,白谦慎编,生活·读书·新知三联书店,2010年6月。

[13]《百岁忆往》,周有光口述,张建安采写,生活·读书·新知三联书店,2012年11月。

[14]《周有光百岁口述》,周有光口述,李怀宇撰写,广西师范大学出版社,2008年5月。

[15]《晚年所思》,周有光著,江苏文艺出版社,2012年7月。

[16]《我的人生故事》,周有光著,当代中国出版社,2013年10月。

[17]《周有光年谱》,范炎培著,群言出版社,2012年11月。

[18]《从文家书——从文兆和书信选》,沈从文、张兆和著,沈虎雏编选,上海远东出版社,1996年2月。

[19]《与二哥书:一个叫三三的女子》,张兆和著,中国妇女出版社,2007年6月。

[20]《星月皎皎水边城——沈从文与张兆和的情爱世界》,止戈编著,东方出版社,2009年7月。

[21]《沈从文全集》,沈从文著,北岳文艺出版社,2009年9月。

[22]《沈从文家事》,刘红庆著,新星出版社,2012年6月。

[23]《我所认识的沈从文》,荒芜编,岳麓出版社,1986年。

[24]《雕虫纪历:1930—1958》,卞之琳著,人民文学出版社,1984年。

[25]《秋灯忆语——"张家大弟"张宗和的战时绝恋》,张宗和著,人民文学出版社,2013年8月。

[26]《回首我的艺术人生》,吕恩著,中国戏剧出版社,2006年12月。

[27]《李鸿章与淮军》,丰吉著,辽宁人民出版社,2008年1月。

[28]《淮军志》,王尔敏著,中华书局,1987年8月。

[29]《晚清兵志——第一卷·淮军志》,罗尔纲著,中华书局,1997年1月。

[30]《肥西淮军人物》,肥西县政协文史资料委员会编,黄山书社,1992年6月。

[31]《肥西县志》,肥西县地方志编纂委员会,方志出版社,1994年11月。

[32]《张謇传记》,刘厚生著,上海书店出版社,1985年4月。

[33]《流动的斯文——合肥张家纪事》,王道著,浙江大学出版社,2014年4月。

后 记

读合肥张家的故事，几乎可以串起半部中国近代历史：合肥几个大姓的历史，淮军的历史，晚清的历史，20世纪20—30年代上海的政治与文化，民国时期的女子教育，苏州的共产党支部，抗战时的中国尤其是迁至西南的知识分子的生存状态，中国最古老的剧种——昆曲的辉煌、衰落与复苏，书法艺术，等等。

与张家紧密联系的，可以说有三个字，一个是"淮"，张树声兄弟九人由组建淮勇团练起家，成为合肥地区最有声望的家族之一，这其中写满了腥风血雨；一个是"曲"，从张武龄、陆英开始，一直到张家的四姐妹、六兄弟，都是昆曲爱好者，在他们的声音里、文字里，写满了"姹紫嫣红开遍""良辰美景奈何天"的感叹，昆曲也化为他们生命的一部分，甚至全部；一个是"水"，四姐妹于1929年开始创办的家庭刊物《水》，成为中国独一无二的油印家庭文学刊物，二十五期后因为兄弟姐妹天各一方，不得已而停刊，但在六十年后，却又奇迹般地由允和复刊，此后再由其弟寰和接任续编，从而成为书写张家及亲戚朋友之间记忆的一个载体。

今天，这些历史都已定格，激荡更迭的政治，晚清贵族的没落，民国昆曲的旧影，早期教育的写真，也都成了近现代知识分子共同的记忆。一如张家旧事，是张家兄弟姐妹生命中刻骨铭心的记忆，连同岁月沧桑，成为她们生命的底色……

"春梦了无痕"吗？不，张家旧事，像是水流，"姹紫嫣红"开遍后，依然缓缓地流动着，不管时代怎样变迁，始终充满活力，动人心弦。